MERIAN *momente*

ANTWERPEN BRÜGGE GENT

KERSTIN SCHWEIGHÖFER

Zeichenerklärung

 barrierefreie Unterkünfte
 familienfreundlich
 Der ideale Zeitpunkt
 Neu entdeckt
 Faltkarte

Preisklassen

Preise für ein Doppelzimmer mit Frühstück:

€€€€ ab 270 €   €€€ ab 190 €
€€ ab 90 €   € bis 90 €

Preise für ein dreigängiges Menü:

€€€€ ab 80 €   €€€ ab 50 €
€€ ab 35 €   € bis 35 €

ANTWERPEN BRÜGGE GENT ENTDECKEN 4

Mein Antwerpen Brügge Gent 6
MERIAN TopTen 10
MERIAN Momente 12
Neu entdeckt 16

ANTWERPEN BRÜGGE GENT ERLEBEN 22

Übernachten 24
Essen und Trinken 30
Grüner reisen 36
Einkaufen 42
Kultur und Unterhaltung 48
Feste feiern 54
Mit allen Sinnen 58

ANTWERPEN BRÜGGE GENT ERKUNDEN 64

Einheimische empfehlen 66
Stadtteile
Antwerpen 68
Im Fokus – Rubens und seine Zeit ... 90
Brügge 94
Im Fokus – Brügge und die
Herzöge von Burgund 108
Gent 112

Im Fokus – Jan van Eyck und das
Rätsel um das »Lamm Gottes« 128
Museen und Galerien 132
Spaziergang Antwerpen: Auf den
Spuren der Maler Rubens, Van Dyck
und Jordaens 144
Spaziergang Brügge: Das Goldene
Jahrhundert entdecken 150
Spaziergang Gent: Durch die
Altstadt (»Kuip«) 154

DAS UMLAND ERKUNDEN 158

Kunst im freien Raum: die Verbeke Foundation 160
Radtour im Süden von Gent 162

ANTWERPEN BRÜGGE GENT ERFASSEN 166

Auf einen Blick 168
Geschichte 170
Kulinarisches Lexikon 176
Service 178

Orts- und Sachregister 186
Impressum 191
Brügge gestern & heute 192

KARTEN UND PLÄNE

Regionenkarte .... Klappe vorne
Verkehrslinienplan Antwerpen
.... Klappe hinten
Antwerpen 70–71
Brügge 96–97

Gent 114–115
Spaziergang Antwerpen 147
Spaziergang Brügge 153
Spaziergang Gent 157
Tourenkarte Gent 163

Der Grote Markt von Brügge (▶ S. 99), in der Mitte ragt unübersehbar der Belfried auf.

ANTWERPEN BRÜGGE GENT ENTDECKEN

MEIN ANTWERPEN BRÜGGE GENT

*Willkommen in Antwerpen, Brügge und Gent.
Die drei flämischen Städte bezaubern Besucher mit ihrem
historischen Stadtbild, den Werken großer Künstler und
unvergleichlichen kulinarischen Genüssen.*

Die Sonnenstrahlen kitzeln auf der Nasenspitze und tauchen die prächtigen Gildehäuser mit ihren reich verzierten Fassaden in ein warmes, goldenes Licht. Vom Brabobrunnen schallt wie so oft das Lachen spielender Kinder herüber. Und das »bolleke«, das der Wirt vom Engel gerade vor uns auf den Tisch gestellt hat, schmeckt herrlich.
»Lekker!«, findet unser flämischer Freund Stefaan nach dem ersten Schluck von diesem typischen Antwerpener Bier in den runden, bauchigen Gläsern. Und seine Frau Veerle ergänzt: »Das haben wir uns aber auch verdient!«

◄ Kleine Pause am Graslei (▶ S. 116) mit den
mittelalterlichen Gildehäusern in Gent.

Schließlich war der Rubensspaziergang durch die Antwerpener Altstadt
ebenso interessant wie intensiv. Auf Schritt und Tritt sind wir dem Groß-
meister des flämischen Barocks begegnet. Im Rubenshuis, seiner Stadtresidenz, hatten wir das Gefühl, er würde gleich zur Tür hereinkommen.
Unglaublich, wie lebendig der Geist des Malerfürsten dort noch ist! Natürlich haben wir uns auch einige seiner Meisterwerke angesehen, gleich
vier Rubensgemälde hängen in der Kathedrale von Antwerpen.

ALTE UND NEUE KUNST IN DER SCHELDESTADT

Ihr filigraner Turm war jahrhundertelang das Wahrzeichen der Scheldestadt. Doch seit 2011 muss sie sich diesen Titel mit dem Museum aan de
Stroom teilen, kurz MAS genannt: einem 60 Meter hohen Backsteinturm
aus verdreht übereinandergestapelten Backsteinblöcken. Das gigantische
Mosaik auf dem Museumsvorplatz hat Luc Tuymans geschaffen, einer der
international erfolgreichsten Gegenwartskünstler.
Tuymans' MAS-Mosaik kommt am besten zur Geltung, wenn man von
oben draufguckt. Deshalb liefen wir die verglaste Galerie, die sich wie
eine Wendeltreppe um das neue Museum in die Höhe schraubt, bis ganz
nach oben, wo wir mit einer fantastischen Aussicht über die Schelde und
die Dachlandschaft der Altstadt belohnt wurden.
»Mein Muskelkater wird jetzt mit Sicherheit noch schlimmer werden«,
lacht Veerle. Schließlich steckt uns die fast 60 km lange Radtour durch
das malerische Leie-Gebiet von vorgestern noch in den Beinen. Wer hätte
gedacht, dass es südwestlich von Gent so idyllisch ist! Mit malerischen
Flussschleifen und kleinen Fährbooten, mit denen wir ans andere Ufer
übersetzen mussten. Zum Glück dachten wir daran, einen Picknickkorb
mitzunehmen, um unterwegs am Ufer eine Pause einzulegen und uns im
Gras lang auszustrecken. »Noch etwas weiter südlich beginnen die flämischen Ardennen, da wird es richtig bergig«, klärte uns Stefaan auf. Was
etwas heißen will, denn der Rest Flanderns ist völlig flach.
Die einzigen Berge, das sind hier die Kathedralen. Und die wiederum
wirken wie Stein gewordene Meisterwerke der Brügger Spitzenklöppel-
lerinnen. Denen haben wir im Brügger Spitzenmuseum bei der Arbeit
zugeschaut. Sie beherrschen ihr Handwerk so gut, dass regelmäßig Konkurrentinnen aus Spanien und Frankreich anrücken, um ihnen auf die
kunstfertigen Finger zu schauen.

Brügge ist die kleinste und gediegenste der drei flämischen Städte – und sie gleicht auch am meisten einem Freilichtmuseum, in dem sich die Touristen den Platz streitig machen. Aber darauf waren wir vorbereitet, schließlich steht die gesamte Altstadt auf der UNESCO-Liste des Weltkulturerbes, so gut erhalten ist das mittelalterliche Stadtbild von Brügge – und mit ihm das Erbe der Herzöge von Burgund, die hier einst mit Prunk und Prahl residierten. Am beeindruckendsten fanden wir Michelangelos »Madonna« in der Onze-Lieve-Vrouwekathedraal und das prachtvolle Hängegewölbe im Gotischen Saal des Rathauses. Aus ganz Europa kamen einst Geschäftsleute hierher, um Handel zu treiben.

STOLZE BÜRGER UND MÄCHTIGE REGENTEN

Dementsprechend selbstbewusst war das Bürgertum, und zwar in ganz Flandern. Und stolz wie sie waren, haben es diese Bürger ihren Herrschern immer schwer gemacht, ganz egal, ob es nun die Grafen von Flandern waren, die Herzöge von Burgund oder Kaiser Karl V.
Symbole dieser bürgerlichen Macht und für Flandern typisch sind die vielen Belfriede: Frech machen sie den Kirchtürmen weltliche Konkurrenz. Der höchste von allen ist mit 95 Metern der von Gent – er überragt sogar den Turm der Sint-Baafskathedrale! Was nicht von ungefähr kommen dürfte: Die Bürger von Gent gelten noch heute als die störrischsten Dickköpfe von ganz Flandern. Davon konnte auch einer der legendärsten Herrscher Europas ein Lied singen: Karl V., berühmtester Sohn von Gent. 1500 erblickte er in der Tuchmetropole das Licht der Welt.
»Aber das wissen die wenigsten«, sagt meine Freundin Veerle und blinzelt in die Sonne. Denn Gent ist immer noch die verkannte Schöne, die viele links liegen lassen. Auch für uns war sie zugegebenermaßen lange Zeit ein blinder Fleck auf der Landkarte.

DAS ELFTE GEBOT: DU SOLLST GENIESSEN!

Dabei besitzt Gent eine der lebendigsten und kreativsten Kunst- und Festivalszenen Europas. Antwerpen hat Luc Tuymans – aber Gent kann mit Künstlern wie dem Maler Michaël Borremans oder der Bildhauerin Berlinde de Bruyckere aufwarten; Die riesigen Pferdekörperskulturen der Belgierin, die ihr Heimatland 2013 bei der Biennale in Venedig vertreten hat, sind weltweit zum Begriff geworden. Und dann ist da in der St. Baafskathedrale noch der weltberühmte Genter Altar mit dem »Lamm Gottes« – eines der wichtigsten Meisterwerke der europäischen Kunstgeschichte, geschaffen von den Brüdern van Eyck. Bis 2017 wird der Altar

Tafel für Tafel restauriert; die fehlenden Teile werden so lange von Kopien ersetzt. Wir haben uns mit ein paar Büchern über das »Lamm Gottes« eingedeckt, auch weil wir mehr über den mysteriösen Raub von 1934 erfahren möchten: Eine der zwölf Altartafeln, die mit den »Gerechten Richtern«, ist seitdem spurlos verschwunden.

Mit dieser Lektüre bewaffnet und mit frischen Zimtbrötchen, setzten wir uns an die Genter Korenlei, eine der schönsten Grachten auf der Welt, ließen die Beine baumeln und den lieben Gott einen guten Mann sein.

Das Rätsel um das »Lamm Gottes« konnten zwar auch wir nicht lösen, aber dafür war der blinde Fleck auf der Landkarte weg! Gent kann problemlos mit seinen beiden Rivalinnen mithalten. Die drei flandrischen Schönen, so viel steht, haben gleichermaßen viel zu bieten.

Das fängt bei den zahlreichen kleinen Lädchen und Antiquitätengeschäften an, wobei es Veerle und mir vor allem die hinreißende flämische Designermode angetan hat, und hört bei den zahllosen Kneipen, Cafés und Restaurants auf. Denn auch kulinarisch kommt man hier überall auf seine Kosten. Bester Beweis: die große Schachtel feinster Bonbons aus Brügge in meiner Handtasche. Und die Riesenportion Miesmuscheln à la provençale in meinem Magen. Denn ein richtiger Flame isst auch mittags warm und gönnt sich eine anständige Mahlzeit. Nicht umsonst kennt Antwerpen ein elftes Gebot, das zugleich das oberste ist und für alle drei Städte gleichermaßen gilt: »Gij zult genieten!« – »Du sollst genießen!«

Eigentlich wollten wir noch den Skulpturenpark Middelheim besuchen, doch das werden wir wohl nicht mehr schaffen. Aber das Belle-Époque-Viertel Zurenborg könnten wir uns noch anschauen. Da ist eine Fassade schöner als die andere, weiß Stefaan. »Passt nur auf, ihr werdet aus dem Staunen nicht herauskommen!«, prophezeit er mit einem Blick auf die Uhr. Dann winkt er ab und ruft den Engel-Wirt herbei: »Nur nichts überstürzen!« Schließlich dürfe das elfte Gebot nicht missachtet werden. Deshalb wird jetzt erst noch eine Runde »bollekes« bestellt. »Gij zult genieten!« – in Antwerpen, Brügge und Gent.

DIE AUTORIN

Kerstin Schweighöfer lebt seit 1990 als freie Autorin und Beneluxkorrespondentin in den Niederlanden. Sie arbeitet für den Deutschlandfunk, »Focus« und für das Kunstmagazin »Art«.

In Antwerpen, Brügge und Gent ist sie häufig ihrer Arbeit wegen – etwa um über aktuelle Ausstellungen zu berichten –, aber auch, um mit Freunden das elfte Gebot zu befolgen.

MERIAN TopTen

Diese Höhepunkte sollten Sie sich bei Ihrem Besuch auf keinen Fall entgehen lassen. Ob Grote Markt, Begijnhof oder Sint-Baafskathedraal – MERIAN präsentiert Ihnen hier die wichtigsten Sehenswürdigkeiten.

1 Grote Markt, Antwerpen
Prachtvoller Marktplatz mit Rathaus, Zunfthäusern, dem Brabobrunnen und vielen Caféterrassen (▶ S. 75).

2 Onze-Lieve-Vrouwekathedraal, Antwerpen
Der Nordturm der größten gotischen Kirche der Beneluxländer gilt als Wahrzeichen der Stadt. Im Kirchenschiff sind vier Meisterwerke von Rubens zu bewundern (▶ S. 77).

3 Rubenshuis, Antwerpen
Wohn- und Wirkstätte des barocken Malerfürsten Peter Paul Rubens. Mit Renaissancegarten (▶ S. 78).

4 Begijnhof, Brügge
Gilt mit seinen weiß gekalkten Mauern und dem verträumten Klostergarten als schönster Beginenhof in ganz Flandern (▶ S. 95).

5 Reien, Brügge
Bei einer Bootsfahrt auf den Kanälen durch das »Venedig des Nordens« zeigt sich Brügge von seiner romantischsten Seite (▶ S. 102).

6 Gras- und Korenlei, Gent
Die beiden Prachtufer des ehemaligen Hafens sind von reich verzierten Lager- und Gildehäusern gesäumt (▶ S. 116).

MERIAN TopTen | 11

⭐7 Gravensteen, Gent
Die beeindruckende Wasserburg mit ihren 24 Türmen war der Sitz der Grafen von Flandern und wurde um 1000 nach dem Vorbild der syrischen Kreuzritterburgen erbaut (▶ S. 117).

⭐8 Sint-Baafskathedraal, Gent
In dieser Kirche wurde 1500 Karl V. getauft. Hier hängt auch eines der wichtigsten Werke der europäischen Kunstgeschichte: der 1432 entstandene Genter Altar mit dem »Lamm Gottes«, mysteriöses Hauptwerk der Gebrüder Hubert und Jan van Eyck (▶ S. 119).

⭐9 Museum aan de Stroom (MAS), Antwerpen
Moderner, eigenwilliger Backsteinbau, der verschiedene städtische Sammlungen beherbergt (▶ S. 134).

⭐10 Groeningemuseum, Brügge
Weltweit einzigartige Sammlung mit Meisterwerken der »Flämischen Primitiven« wie Jan van Eyck oder Hans Memling (▶ S. 138).

MERIAN Momente
Das kleine Glück auf Reisen

Oft sind es die kleinen Momente auf einer Reise, die am stärksten in Erinnerung bleiben – Momente, in denen Sie die leisen, feinen Seiten der Städte kennenlernen. Hier geben wir Ihnen Tipps für kleine Auszeiten und neue Einblicke.

Antwerpen

1 Ballsaal-Träume **D3**

Begeben Sie sich für eine Verschnaufpause im prächtig restaurierten Bourla-Theater in den ersten Stock ins Café-Restaurant De Foyer und bestellen Sie sich zumindest eine Tasse Kaffee – oder mehr. Wetten, dass Sie unter der märchenhaften Kuppel dieses ehemaligen Ballsaals zwischen meterhohen Palmen ins Träumen kommen? Hier lässt sich auch wunderbar dinieren sowie sonntagvormittags frühstücken oder brunchen. Beliebter Treff der Antwerpener zum Aperitif oder »high tea«.

Theaterbuurt | Komedieplaats 18 | Tram/Bus: Komedieplaats | Tel. 03/2 33 55 17 | www.defoyer.be | tgl. ab 11 Uhr, Sonntagabend geschl. | €€

2 Schmalstes Haus von Antwerpen **D2**

Staunen Sie beim Bummel durch das Schipperskwartier über den Einfallsreichtum eines jungen Architektenpärchens, das sich in der Huikstraat sein Traumhaus gebaut hat, gerade mal

2,20 m breit und vollverglast. Der außergewöhnliche Bau erinnert an übereinandergestapelte Schiffscontainer. Besonders schön kommt er am Abend zur Geltung, dann leuchtet jedes Stockwerk in einer anderen Farbe. Architekturfans sollten sich dieses Haus nicht entgehen lassen, es wurde mit dem »Belgian Building Award« ausgezeichnet.
Schipperskwartier | Huikstraat 47 | Tram: Melkmarkt

Belle-Époque-Rausch: die Cogels Osy-Laan   F2

Nehmen Sie die Tram Richtung Berchem zur Cogels Osy-Laan und tauchen Sie ein in den Luxus der Belle Époque: In diesem atemberaubend schönen Straßenzug am südöstlichen Stadtrand Antwerpens im Viertel Zurenborg, rund 15 Tramminuten vom Hauptbahnhof entfernt, reihen sich Prunkbauten des Jugendstils und des Art déco aneinander. Zahlreiche Skulpturen, Mosaiken, Inschriften und Symbole schmücken die palastartigen Häuser. In dieser Straße wohnte früher das reiche Bürgertum, zu den heutigen Bewohnern zählt der Sänger Helmut Lotti mit seiner dritten Frau. Zur Stärkung kann man sich anschließend bei Wattman niederlassen, einem Café-Restaurant mit Terrasse am Tramplein (Tramplein 3, www.wattman.be).
Zurenborg | Tram: Draakplaats

Déjeuner sur l'herbe: Middelheimpark, Antwerpen
    südl. D 4

Rotwein, Käse, Brot – nehmen Sie einen Picknickkorb mit zum Middelheimpark! Die elegante Parkanlage im Süden der Stadt lädt nicht nur zu wunderschönen Kunstspaziergängen ein. Die 300 Skulpturen namhafter Künstler wie Tony Cragg, Luciano Fabro, Juan Munoz und Panamarenko sind auch ein einzigartiges Ambiente für ein »déjeuner sur l'herbe« – Manet lässt grüßen! Und wer den Picknickkorb vergessen hat: Es gibt vor Ort ein schönes Café und Restaurant. Und einen Kunstpavillon, in dem zweimal im Jahr Wechselausstellungen stattfinden.
Middelheim | Middelheimmuseum | Middelheimlaan 61 | Tram: Grote Steenweg-Koninklijkelaan Berchem, Bus: Eglantierlaan-Beukenlaan Wilrijk | www.middelheimmuseum.be | Okt.–März Di–So 10–17, April, Sept. 10–19, Mai, Aug. 10–20, Juni, Juli 10–21 Uhr

Brügge

5 Ewige Liebe am Minnewater
C4

Ein kleines Tief am späten Nachmittag? Ruhen Sie sich aus auf einer der Bänke am Minnewater, einem romantischen Teich mit schneeweißen Schwänen im südlichen Stadtzentrum. Wer ewige Liebe erfahren will, sollte sicherheitshalber über die Minnewaterbrug gehen. Der Legende zufolge liegt am Ufer Minna begraben, eine junge Frau aus Brügge, die sich unsterblich in den schönen Krieger Stromberg verliebt hatte, aber in die Wälder flüchtete, weil sie einem anderen versprochen war. Als ihr Geliebter sie fand, war es zu spät: Völlig geschwächt starb sie in seinen Armen.

Minnewater/Onze lieve Vrouwe-Kwartier | Bus: Bargeplein

6 Italienische Renaissance im hohen Norden
C3

Verlassen Sie das quirlige Straßenleben und tauchen Sie in die Stille der Onze-Lieve-Vrouwekathedraal ein, um die »Madonna mit Kind« von Michelangelo zu bewundern. Seit 1514 steht das Kunstwerk aus weißem Carrara-Marmor in einem Seitenflügel. Die »Madonna mit Kind« dokumentiert die engen Beziehungen zwischen Brügge und Italien. Zu verdanken hat die Stadt dieses Meisterwerk ihrem Kaufmann Jan Mouscron, der einer Brügger Tuchhändlerfamilie mit Filialen in Rom und Florenz angehörte. Ursprünglich war die Madonna für ein päpstliches Prunkgrab in Siena bestimmt, dann aber übrig geblieben, da man den Aufbau des Grabes geändert hatte – worauf Mouscron die Gelegenheit nutzte und die Skulptur erwarb. Seitdem wird sie auch »Brügger Madonna« genannt.

Onze-Lieve-Vrouwe-Kwartier | Mariastraat | Bus: Onze-Lieve-Vrouwekerk | www.onthaalkerk-brugge.be | Mo–Fr 9.30–16.50, Sa 9.30–16.45, So 13.30–16.50 Uhr | Eintritt 2 €

7 Über den Markt schlendern
B3

Vergessen Sie das Hotelfrühstück, beginnen Sie den Samstagmorgen mit einem Bummel über den Samstagmarkt (8 bis 13.30 Uhr) rund um den Zand-Platz, decken Sie sich mit frischen Waffeln ein, mit Käse oder Nussrosinenbrötchen und schlendern Sie dann an der Salvatorskathedrale vorbei weiter Richtung Dijver: Dort findet von Mitte März bis Mitte November jeden Samstag der Folkoremarkt (10 bis 18 Uhr) mit vielen bunten Ständen entlang des Wassers statt.

Bus: Sint Salvatorskerk

Gent

8 Himmlische Gaumenfreuden vor himmlischer Kulisse
B1/2

Kleiner Hunger zwischendurch? Stillen Sie ihn am schönsten Ort von Gent, mit echten Genter Mastellen, runden

MERIAN Momente | 15

Zimtbrötchen. Am besten schmecken sie bei Bäcker Himschoots, dem ältesten der Stadt am Groentemarkt 1. Erobern Sie sich dann einen Steinwurf entfernt an den beiden Prachtufern Gras- und Korenlei ⭐ am ehemaligen Hafen im Herzen der Stadt einen Platz am Wasser, lassen Sie die Beine baumeln, sich den Gaumen kitzeln und den lieben Gott einen guten Mann sein. Freuen Sie sich über das bunte Treiben um Sie herum, die Schiffe auf dem Wasser – und bestaunen Sie die wunderschönen Gildehäuser: Das Haus Nr. 14 aus Sandstein wurde 1531 im Stil der Brabanter Gotik gebaut und ist das der freien Schiffer. Das Haus mit der Nr. 9 im Stil der flämischen Gotik mit Elementen der Renaissance war der Sitz der Getreidemesser. Das kleine Häuschen daneben war das Zollhaus, und daneben wiederum steht der schlichte romanische Getreidespeicher mit einem der ältesten Treppengiebel der Welt. Er wurde im 13. Jh. aus weißem Kalkstein gebaut.
Bus: Korenmarkt, Tram: Gravensteen

❾ Ein Hauch von Provence
🔖 C4

Fühlen Sie sich wie in Frankreich zwischen Weinreben und Lavendel! Der kleine Weinberg der Sint Pietersabdij im Süden der Stadt ist eine grüne Ruheoase, in der auch Kräuter und Obstbäume gedeihen. Schon im 9. Jh. bauten die Mönche hier Wein an, noch heute liefern die Rebstöcke Jahr für Jahr ein paar Flaschen Abteiwein.
Abteigärten der Sint Pietersabdij | Sint-Pietersplein 9 | Bus: Sint Pieters Plein | Tel. 09/2 43 97 30 | www.sintpietersabdijgent.be | Di–So 10–18 Uhr

❿ Leseratten aufgepasst! 🔖 B2

Die Leie ist zwar nicht so breit wie die Seine, dennoch kommen sich die Besucher des sonntäglichen Büchermarktes an der Ajuinlei ein bisschen vor wie in Paris, wenn sie am Wasser entlang von einem Antiquariatsstand zum anderen schlendern. Und dann in einem Café einen Cappuccino genießen.
Tram: Korte Meer | April–Sept., So 9–13 Uhr

NEU ENTDECKT
Worüber man spricht

Antwerpen, Brügge und Gent befinden sich stetig im Wandel: Sehenswürdigkeiten werden eingeweiht, es gibt neue Museen, Galerien und Ausstellungen, Restaurants und Geschäfte eröffnen und ganze Stadtviertel gewinnen an Attraktivität, die Stadt verändert ihr Gesicht. Hier erfahren Sie alles über die jüngsten Entwicklungen – damit Sie keinen dieser aktuell angesagten Orte verpassen.

◀ Besucher im Red Star Line Museum, an den Wänden Fotos von Auswanderern.

Antwerpen
SEHENSWERTES
Neues Havenhuis nördl. D 1

Am nördlichen Ende vom Eilandje, einem von Docks umgebenen ehemaligen Hafengebiet, entsteht ein weiteres architektonisches Wahrzeichen der Stadt: das neue Havenhuis, Sitz der Hafenverwaltung. Der spektakuläre Entwurf stammt von Star-Architektin Zaha Hadid, die ihrem Namen alle Ehre macht: Sie hat eine Art silbrig glänzendes Schiff entworfen, das aus der Luft auf einen denkmalgeschützten Backsteinaltbau gefallen zu sein scheint, um mit ihm eine spannende Symbiose einzugehen. Mit dem neuen und größeren Havenhuis will Antwerpen seine Position als zweitwichtigster Hafen Europas stärken.

Nördliches Ende vom Kattendijkdok | Bus bis Indiestraat | Eilandje

MUSEEN UND GALERIEN
Red Star Line Museum nördl. D 1

Erstes und einziges Auswanderungsmuseum Europas. Es erzählt seit 2013 die Geschichte der mehr als zwei Mio. Europäer, die zwischen 1870 und 1935 die Zelte hinter sich abbrachen, um auf den Schiffen der Red Star Line in ein neues Leben in der Neuen Welt aufzubrechen. Das Museum ist in drei unter Denkmalschutz stehenden Hafenhallen untergebracht, in denen die Schifffahrtsgesellschaft einst Papiere und Gesundheit der »landverhuizers« (»Land-Umzieher«) kontrollierten und ihr Gepäck desinfizierten. Museumsbesucher können an den Original-

schauplätzen in die Fußspuren der Auswanderer treten.

Eilandje | Montevideostraat 3 | Bus: Rijnkaai | www.redstarline.be | Di–Fr 10–17, Sa, So 10–18 Uhr | Eintritt 8 €

ESSEN UND TRINKEN
D'aa Toert C 2

»Old school« – Altmodisch eingerichtetes Kaffeehaus mit herrlichen Waffeln und Pfannkuchen in einer stillen

Seitenstraße. Es empfiehlt sich, zu reservieren! »Aa Toert« heißt übrigens »alte Torte« – ein Synonym für »ältere Dame«. Auf Deutsch würde man wohl »alte Schachtel« sagen.

Historisch Centrum | Oude Beurs 46 | Tram: Groenplaats oder Melkmarkt | www.daatoert.be

The Jane nördl. F 4

Göttliches Ambiente – Drei-Sterne-Koch Sergio Herman und seine rechte Hand Nick Bril haben im niederländischen Gourmettempel Oud Sluis in Sluis das Handtuch geworfen: Die beiden wollten wieder frei sein, unbeschwert von Auszeichnungen wie Michelin-Sternen – und haben deshalb noch einmal ganz neu angefangen: In der Kapelle des ehemaligen Antwerpener Militärkrankenhauses bescheren sie ihren Gästen gastronomische Erlebnisse in spektakulärem Ambiente unter einem 800 kg schweren Kronleuchter. Die Fenster wurden vom bekannten

Antwerpener Designduo Studio Job gestaltet, und die Küche befindet sich in einem gläsernen Kubus, genau dort, wo einst der Altar stand. »Waarom niet! Essen ist unsere Religion!«, sagt Sergio. Und was ist, wenn sie wieder einen Stern bekommen?
Zurenborg, ehemaliges Militärgebiet Groenkwartier | Paradeplein 1 | Bus: Zurenborgstraat | Tel. 03/8 08 44 65 | www.thejaneantwerp.com | Di–Sa, nur nach Reservierung online oder tel. tgl. zwischen 9–11 und 15–17 Uhr | €€€

EINKAUFEN

Concept Store Graanmarkt 13 D3

Mode, Kunst, Design, Essen und Trinken – alles unter einem Dach im Graanmarkt 13, einem Concept Store mit Hotel im Theaterviertel. Ganz unten befindet sich das Restaurant, darüber eine Galerie und eine Boutique mit Designermode, die aber auch besondere Düfte und handgemachtes Porzellan im Sortiment hat. Und ganz oben erstreckt sich seit Mai 2014 auf 280 qm ein Apartment mit vier Schlaf- und zwei Badezimmern, das für 1250 € pro Nacht gemietet werden kann.
Theaterbuurt | Graanmarkt 13 | Tram: Oudaan | Tel. 03/3 37 79 93 | www.graanmarkt13.be

Mode-Website und App
Fashion in Antwerpen

Die Stadt an der Schelde gehört zu den zehn wichtigsten Modemetropolen Europas – höchste Zeit für eine Fashion-Website: www.fashioninantwerp.be. Hier finden sich alle Infos über Mode-Events sowie zwei Stadtpläne mit den wichtigsten Modeadressen der Stadt zum Downloaden. Ein Stadtplan verzeichnet allgemeine Modeadressen, der zweite konzentriert sich auf internationale Luxushäuser sowie Lokalmatadore wie Ann de Meulemeester oder Dries Van Noten.

Für alle, die an Insidertipps von Fashion-Profis interessiert sind und mehr über Mode die Akademie und ihre berühmtesten Absolventen wissen wollen, ist die Mode-App »Fashion in Antwerp« genau richtig: fünf Spaziergänge durch die Stadt entlang 64 Locations erzählen die Geschichte der Mode von 1600 bis heute und geben Einblicke in die Ateliers von u. a. Dries Van Noten. Erhältlich bei iTunes und Google Play für 2,69 €.

AKTIVITÄTEN

City Card

Die Antwerp City Card gibt es in drei verschiedenen Ausgaben à 19, 25 oder 29 €. Online erhältlich. Alle Infos: www.visitantwerpen.be

Hop'n'stop durch die Stadt

Seit 2013 können Antwerpen-Besucher zur Entdeckungsfahrt durch die Stadt einen Hop'n'stop-Bus nutzen. Einfach aussteigen, wo man sich umschauen möchte, danach wieder einsteigen und zur nächsten Sehenswürdigkeit weiterfahren. Der Bus pendelt zwischen Altstadt und dem Eilandje mit MAS und Red-Star-Line-Museum.
Info-Tel. 04 97/11 39 74 | www.hopnstop.eu | Tageskarte: 10 €

Brügge
MUSEEN UND GALERIEN
Historium C2

Interaktiver Spaziergang durch das Mittelalter: Das Historium versetzt Besucher ins Jahr 1435. Dort erleben sie, wie ein junger Maler im Atelier des schon zu Lebzeiten berühmten Meisters Jan van Eyck arbeitet und die Liebe seines Lebens kennenlernt. Spezielle Effekte mit Musik, Licht, Wind und sogar Gerüche lassen das mittelalterliche Brügge lebendig werden.
Centrum-Markt | Markt 1 | Bus: Markt | www.historium.be | tgl. 10–18 Uhr | Eintritt 11 €, Kinder 5,50 €

Spitzenmuseum E2

Was wäre Brügge ohne seine Spitze! Das Spitzenmuseum (kantcentrum) gibt einen umfassenden Überblick über Techniken und Geschichte, dazu Demonstrationen und Workshops und hat natürlich einen Shop, in dem man Spitze kaufen kann.
Sint Anna | Balstraat 16 | Bus: Gouden Handstraat | Tel. 0 50/33 00 72 | www.kantcentrum.eu | tgl. 10–17 Uhr (Demonstrationen von Klöpplerinnen nur Mo–Fr!) | Eintritt 3 € (ab 2015: 4 €)

ESSEN UND TRINKEN
Cuvée D2

Ideal für die blaue Stunde – Weinhandel und moderne Bar, die durch ihre schlichte Eleganz besticht sowie durch ihre naturbelassenen Weine, die ohne künstliche Aromen hergestellt werden.
Centrum-Markt | Philipstockstraat 41 | Bus: Markt | Tel. 0 50/33 33 28 | www.cuvee.be | Di–Sa 11–20 Uhr

Gent
SEHENSWERTES
Stadshal Gent C2

So mancher Gent-Besucher reibt sich beim Erreichen des Emile Braunpleins verwundert die Augen: Inmitten von Meisterwerken der Gotik und Renaissance prangt dort frech und selbstbewusst die neue Stadthalle der Architekten Robbrecht en Dame und Marie-José van Hee: ein Doppeldach-Bau auf vier Pfeilern, die einen 40 m breiten öffentlichen Raum überspannen. Unter die-

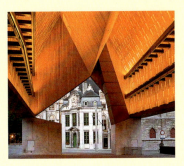

sem Dach finden Konzerte, Märkte und Tanzaufführungen statt, darunter wiederum liegt ein großes Café mit Restaurant für 300 Menschen. Der Bau ist umstritten, »Schafstall« heißt er im

Volksmund. Sogar die UNESCO musste schlucken und mit einem Entschuldigungsschreiben beschwichtigt werden: Denn die neue Stadthalle macht sich direkt neben dem Belfort breit, und der steht auf der Weltkulturerbe-Liste. Trotz aller Kritik wurde der Neubau für beispielhaftes Bauen in der historischen Altstadt mit dem belgischen Architekturpreis 2013 ausgezeichnet.

Torens | Emile Braunplein | Tram: Korenmarkt | www.destadshal.be

ESSEN UND TRINKEN

Balls & Glory ⚓ C2

Shop und Restaurant – 2012 eröffnet und prompt mit dem Preis für das beste neue Restaurantkonzept ausgezeichnet. Inzwischen gibt es auch Filialen in Brügge und Antwerpen. Alles dreht sich um den guten alten »gehaktbal«, das Fleischklößchen, schon zu Kinderzeiten Lieblingsessen des Restaurantgründers Wim Ballie. Hier mit innovativen Füllungen zubereitet: Tomate/Mozzarella, Apfel/Kirsch, Trüffel, Kerbel – alles ist möglich. Es gibt die »balls of the day«, »retroballs«, »happy balls« und für die ganz Hungrigen »glory balls«, ein jeder 220 g schwer und um die 5 € teuer. Selbst Vegetarier kommen auf ihre Kosten – mit »veggie balls«.

Vrijdagmarkt | Jakobijnenstraat 6 | Bus: Reep | Tel. 04 86/67 87 76 | www.ballsnglory.be | Mo–Sa 10–21 Uhr | €

J.E.F ⚓ B1

Kein Firlefanz – J.E.F wie Jason und Famke. Das Pärchen hat sich mit diesem minimalistisch eingerichteten Restaurant einen Traum erfüllt. Genauso puristisch ist die Menü-Karte.

Chefkoch Jason Blanckaert stellt kreative Menus zusammen und überrascht mit Kombinationen wie geräucherter Forelle, die mit Joghurt, Gurke und Radieschen serviert wird.

Gravensteen | Lange Steenstraat 10 | Tram: Langesteenstraat | Tel. 09/3 36 80 58 | www.j-e-f.be | Di–Fr 12–14 und 19–22, Fr 12–14 und 19–1, Sa 19–22 Uhr | €€

De Vitrine ⚓ D2

Nachhaltige Küche – Retro-Restaurant mit Bar und offener Küche in alter Metzgerei, wo Chefkoch Kobe Desramault, ein weiterer Jungstar der europäischen Kochszene (von Gault-Millau zum Chef des Jahres 2013 gekürt), seine Gäste in ungezwungener Atmosphäre kulinarisch zu überraschen weiß. Und das auch noch umweltbewusst und tierfreundlich: Fleisch landet nur beschränkt auf der Speisekarte, Jungtiere sind tabu.

Zuid | Brabantdam 134 | Tram: Korte Meer | Tel. 09/3 36 28 08 | www.de-vitrine.be | So, Mo, Samstagnachmittag geschl. | €€

VOLTA ⚓ westl. A1

Bio aus Eigenanbau – Schon das Ambiente ist einen Besuch wert! Chefkoch Davy De Pourcq hat sein Fach bei den Sterneköchen Sergio Herman (Oud Sluis, Niederlande) und Peter Goossens (Hof van Cleve) gelernt – und nun sein eigenes Restaurant in einem ehemaligen E-Werk, wo die Gäste zwischen 18 m hohen Mauern sitzen. Von Gault-Millau zum besten Gemüserestaurant Flanderns gekürt. Alles kommt frisch und bio aus dem eigenen Garten.

Coupure | Nieuwe Wandeling 2 B | Tram, Bus: Brugsepoort | Tel. 09/3 24 05 00 | www.volta-gent.be | €€

Vrijmoed C2
Preisverdächtig – Einer der »jungen Wilden« unter Belgiens Köchen verwöhnt hier seine Gäste: Michael Vrijmoed, 33, der das Vrijmoed 2013 eröffnete und noch im selben Jahr mit einem Michelin-Stern ausgezeichnet wurde.
Kouter | Vlaanderenstraat 22 | Bus: Duivelsteen | Tel. 09/2 79 99 77 | www.vrijmoed.be | Di–Sa 12–13.30 und 19–21.30 Uhr | €€€

Wasbar B3
Schräg und hip – In diesem Waschsalon kann man essen und trinken, sich mit Freunden verabreden, sogar Parties feiern. Freitags und samstags gibt's Livemusik und DJs, sonntags Brunch für 18 €. Die beiden jungen Wasbar-Unternehmer aus Gent haben ihre Idee inzwischen exportiert: Auch in Antwerpen gibt es eine Wasbar, und in Kürze soll jenseits der Grenze in den Niederlanden der erste Waschsalon der etwas anderen Art eröffnen.
Bijloke | Nederkouter 109 | Tram: Verloren kost | Tel. 04 85/42 34 32 | www.wasbar.com | Di–Fr 10–22, Sa, So 10–18 Uhr | €

AKTIVITÄTEN
City Card
Auch in Gent gibt es eine CityCard als preiswerte Eintrittskarte für alle wichtigen Museen und Attraktionen. Erhältlich für 48 oder 72 Stunden, zu 30 oder 35 €. Mit der Card können Kunstfreunde auch die Restaurierung des Genter Altars an allen Stätten miterleben: im Museum für Schöne Künste, dem Caermerskloster und der Sint-Baafskathedrale.

 Weitere Neuentdeckungen sind durch dieses Symbol gekennzeichnet.

Trinken, essen und Freunde treffen, während sich die Wäsche in der Trommel dreht: Die Wasbar (▶ S. 21) ist ein Waschsalon der etwas anderen Art und ein beliebter Treff für junge Leute.

Magisches Licht: Gildehäuser an der Graslei in Gent (▶ MERIAN TopTen, S. 116).

ÜBERNACHTEN

Wie hätten Sie es denn gern: knisterndes Kaminfeuer in einem mittelalterlichen Gemäuer oder modernes Design? Die drei flandrischen Städte haben all das zu bieten, und wer möchte, findet auch Schräges und Schrilles in knalligen Farben.

Die gut 180 Hoteliers, die es in Antwerpen, Brügge und Gent gibt, haben ein breit gefächertes Angebot. Nostalgieliebhaber aber kommen ganz besonders auf ihre Kosten, denn die drei flandrischen Schönen können nun einmal mit ganz besonders viel historischer Bausubstanz aufwarten: Egal, ob klassizistische Kutschhäuser und Spinnereien, barocke Stadtpaläste, Klöster oder Getreidespeicher, viele Hotels befinden sich in sorgfältig restaurierten Gebäuden, die vom Glanz vergangener Jahrhunderte zeugen und die Vergangenheit wieder lebendig werden lassen.

PREISWERTE ZIMMER VON PRIVAT

Wer **Bed & Breakfast (B & B)** bevorzugt, hat ebenfalls die Qual der Wahl: Die traditionelle flämische Gastfreundlichkeit sorgt dafür, dass viele Bürger ihre Häuser für Gäste öffnen und Zimmer vermieten. Nicht umsonst

◄ In den Schlaf finden trotz quirliger
Umgebung: Anleitung im Soul Suites.

konnte Jan Hoet, der 2014 verstorbene bekannte Kurator und Museumsdirektor, mit seinen »chambres d'amis« 1986 in Gent weltweit für Furore
sorgen: Er holte die Kunst aus dem Museum ins Wohnzimmer der Genter, die ihm und dann auch zahllosen Neugierigen für diese spektakuläre
Ausstellung bereitwillig ihre Türen öffneten. Die B & Bs gibt es ebenfalls
in allen Preisklassen und in allen Stilrichtungen: einfach und schlicht
oder üppig mit viel Samt, Brokat und erlesenen Antiquitäten. Auch das
Frühstück fällt in der Regel sehr reichhaltig aus und befriedigt den deutschen Geschmack – angefangen bei herzhaften Schinken- und Käsespezi-
alitäten bis hin zu frischen Beeren und herrlichem Gebäck.

BESONDERE EMPFEHLUNGEN
Antwerpen

home@feek 🚶‍♂️ D 1

Exklusive Designersuiten – Bed &
Breakfast, zentral gelegen im Schipperskwartier zwischen dem nördlichen
Hafen und der Altstadt. Es gibt drei
komfortable Suiten mit viel Design
und Jacuzzi, gestaltet von Frederik van
Heereveld, einem jungen niederländischen Designer, der mit seinem Label
»feek« international Erfolge feiert.
Schipperskwartier | Klapdorp 52 | Tram:
Lange Koepoortstraat/Klapdorp | Tel.
04 79/27 98 42 | http://home.feek.be |
3 Suiten | €€

Soul Suites 🚶‍♂️ C 4

Vintagepension im Trendviertel –
Das kleine Apartmenthotel befindet
sich im Epizentrum des Ausgehviertels
Zuid am Marnixplatz, zwischen Bars,
Terrassen und Cafés. Es ist geschmackvoll eingerichtet mit Vintage-Möbeln
und moderner Kunst. Jeder Gast hat
eine eigene Küche, Bad, Schlaf- und
Wohnzimmer. Viele Schriftsteller las-

sen sich hier nieder, um ungestört einige Wochen lang zu schreiben. Je länger
man bleibt, desto günstiger wird es.
Zuid | Marnixplaats 14 | Tram: Geuzen-
straat | Tel. 04 71/28 57 16 | www.
soulsuites.com | 3 Apartments | €€

Theater Hotel 🚶‍♂️ D 3

Theaterfreunde aufgepasst – Vier-
Sterne-Hotel im Theaterviertel von
Antwerpen. Wegen der Wochenend-
märkte müssen Gäste ihr Auto an
Sams- und Sonntagen zwar in der Tief-
garage der Schouwburg parken, aber
erstens ist die nur einen Steinwurf
entfernt, zweitens befinden sie sich
dafür mitten im brausenden Ausgeh-
viertel von Antwerpen, auch Quartier
Latin an der Schelde genannt.
Theaterbuurt | Arenbergstraat 30 |
Tram: Oudaan | Tel. 03/2 03 54 10 |
www.vhv-hotels.be | 127 Zimmer | €€

Waterfront Art & Guesthouse
🚶‍♂️ nordöstl. F 1

Kunstvoll schlafen am Hafen – Bed &
Breakfast auf dem Eilandje mit Blick

auf den Jachthafen. Inhaberin ist die Malerin Olga Dengo aus Mosambik; sie hat die beiden Zimmer mit moderner Kunst, Design und exotischen Accessoires stilsicher eingerichtet. Die Küche und das gemütliche Wohnzimmer stehen allen Gästen des Hauses zur Verfügung.

Noord/Eilandje | Verbindingsdok Westkaai 8 | Tram: Sint-Pietersvliet | Tel. 04 76/37 50 21 | www.waterfront-art.be | 2 Zimmer | €€

De Witte Lelie   🏨 D 2

Intimer Luxus – Kleines, zentral gelegenes Nobelhotel in drei historischen Gebäuden aus dem 17. Jh. Die Zimmer und Suiten sind elegant eingerichtet und verbinden klassisches mit modernem Design.

Centrum | Keizerstraat 16–18 | Tram: Groenplaats | Tel. 03/2 26 19 66 | www. dewittelelie.be | 11 Zimmer und Suiten | €€€€

Brügge

Bonifacius   🏨 C 3

Ins Goldene Zeitalter eintauchen – Das exklusive B & B-Gästehaus ist in einem historischen Gebäudekomplex aus dem 16. Jh. im romantischsten Winkel von Brügge gelegen – mit Sicht auf Bonifaciusbrücke und Liebfrauenkirche. Einrichtung mit rustikaler Nostalgieküche, gotischem Kamin im Wohnzimmer und einer Terrasse mit prachtvoller Aussicht. WiFi und Flatscreen-Fernseher sind ebenfalls vorhanden.

Onze-Lieve-Vrouwe-Kwartier | Groeninge 4 | Bus: Onze-Lieve-Vrouwe-Kerk | Tel. 0 50/49 00 49 | www. bonifacius.be | 3 Suiten | €€€€

Hotel de Orangerie   🏨 D 3

Luxuriös und romatisch – Zentral gelegenes Boutiquehotel in ehemaligem Kloster aus dem 15. Jh. Die 20 Zimmer sind mit kostbaren Stoffen und Antiquitäten eingerichtet. Die Terrasse liegt direkt am Wasser zwischen denkmalgeschützten Gemäuern, wo man beim »high tea« die Zeit vergessen kann. Bekam den »World Travel Award« als bestes Boutiquehotel Belgiens. Zimmer ab 165 €.

Centrum Markt | Kartuizerinnenstraat 10 | Bus: Markt | Tel. 0 50/ 34 16 49 | www.hotelorangerie.be | €€€

Huis Koning B & B   🏨 B/C 2

Klein und fein – Der Gast ist König in diesem historischen Treppengiebel-Backsteinhaus aus dem 17. Jh. mitten in der Altstadt, das drei liebevoll eingerichtete Zimmer zu bieten hat. Gefrühstückt wird in der offenen Küche oder auf der romantischen Terrasse überm Wasser. Das »Haus König« darf den Titel zu recht führen: Es landete auf der Liste der 25 besten B & Bs der Welt von Tripadvisor auf Platz 16 und innerhalb Europas auf Platz 10.

Centrum Markt | Oude Zak 25 | Bus: Poitevinstraat | Tel. 04 76/25 08 12 | www.huiskoning.be | 3 Zimmer | €€

Kempinski Hotel Dukes' Palace

     🏨 C 3

Auf den Spuren Burgunds – Zweifellos das geschichtsträchtigste Luxushotel im »Venedig des Nordens«: Dort, wo einst die Herzöge von Burgund residierten und in unermesslichem Prunk schwelgten, genießen nun Touristen und Geschäftsreisende aus aller Welt modernen Komfort – in denkmalgeschütztem Ambiente mit Marmorbädern, Kingsize-Betten, Spa und Originalfresken aus dem 15. Jh. Nicht umsonst wurde der Dukes' Palace mit dem World Travel Award für das beste Hotel Belgiens ausgezeichnet.

Centrum-Markt | Prinsenhof 8 | Bus: Markt | Tel. 0 50/44 78 88 | www.hotel-kempinski-brugge.be | 93 Zimmer und Suiten | €€€

Maison Le Dragon D 3
Residieren wie reiche Kaufleute – Elegantes B&B-Guesthouse mit dem Komfort eines Luxushotels, in einem renovierte Herrenhaus aus dem 16. Jh gelegen. Der Frühstücksraum ist im Louis-XVI.-Stil eingerichtet, der Salon wartet mit Rokoko-Deckengemälden und Wandvertäfelungen aus dem 18. Jh. auf.

Sint-Walburga | Eekhoutstraat 5 | Bus: Eekhoutpoort | Tel. 0 50/72 06 54 | www.maisonledragon.be | 3 Suiten | €€€

The Pand D 3
Klassische Eleganz – Zentral, aber ruhig hinter Platanen gelegenes altes Kutschhaus aus dem 18. Jh., in dem die Eigentümer ihrer Leidenschaft für Antiquitäten und Kunst frönen. Mit eleganten Salons, in denen man sich zwischen edlen Stoffen und üppigen Blumendekorationen am Kamin entspannen kann. Im Frühstücksraum mit AGA-Herd wird Champagnerfrühstück serviert. Wurde in der Kategorie »classic elegance« mit dem »Boutique Hotel Award« ausgezeichnet. Die Zimmer sind mit Himmelbetten und Ralph-Lauren-Stoffen ausgestattet.

Zimmer im Hotel de Witte Lelie (▶ S. 26) für Gäste, die einen kräftigen Farbrausch vertragen. Ansonsten dominiert in dem Gebäudeensemble aus dem 17. Jh. gediegene Eleganz.

Doppelt gut: Simon says (▶ S. 29) ist B & B und Coffeebar in einem. Die Wände hat der bekannte belgische Künstler Panamarenko mitgestaltet.

Centrum-Markt | Pandreitje 16 | Bus: Markt | Tel. 0 50/34 06 66 | www.pandhotel.com | 26 Zimmer und Suiten | €€€

Walwyck C2
Still und verträumt – Kleine Pension in altem Herrenhaus, die sich das Prädikat »Cool down Hotel« verliehen hat. Ruhig und malerisch gelegen an der Löwenbrücke mit verträumter Gracht, aber nur 250 m vom Markt entfernt. Alle Zimmer sind elegant und geschmackvoll in hellen, warmen Tönen eingerichtet.

Centrum-Markt | Leeuwstraat 8 | Bus: Markt | Tel. 0 50/61 63 60 | www.walwyck.com | 18 Zimmer | €€

Gent

Brooderie B1
Bezaubernde Backsteinromantik – In der Mini-Pension wohnt man direkt über einem Bäcker und einem Brunch- und Lunch-Restaurant. Das schnuckelige Backsteingebäude mit Treppengiebel und verwunschener Gartenterrasse befindet sich mitten im Altstadttrubel, gleich gegenüber dem Design Museum am Leie-Ufer. Es verfügt über zwei

Doppel- und ein Einzelzimmer, Gäste müssen Bad und Toilette teilen, Frühstück ist inklusive.
Graslei | Jan Breydelstraat 8 | Tram/Bus: Gravensteen | Tel. 09/2 25 06 23 | www.broodierie.be | 3 Zimmer | €

Chambre Eau B3
Privat am Fluss – Eine der fast 80 »chambres d'hôtes«-Adressen, die Gent zu bieten hat – für alle, die lieber in privater Atmosphäre untergebracht sein wollen. Direkt an der Leie beim Jachthafen, nur fünf Gehminuten vom Zentrum entfernt. Die Zimmer im historischen Stadthaus sind alle mit eigener Küche und Bad ausgestattet.
Kouter | Lindenlei 17 | Tram/Bus: Kouter | Tel. 04 74/98 53 45 | www.chambreeau.be | 3 Zimmer | €€

Hotel Harmony B/C1
Mittelalterliches Ambiente – Kleines Hotel im ältesten Viertel der Stadt, dem Patershol mit seinen vielen Gässchen und kleinen Restaurants. Das historische Gebäude wurde erst vor Kurzem zum Hotel umgebaut. Die Zimmer bieten einen wunderschönen Ausblick über die Türme der Altstadt.
Gravensteen | Kraanlei 37 | Tram/Bus: Gravensteen | Tel. 09/3 24 26 80 | www.hotel-harmony.be | 24 Zimmer | €€

Sandton Grand Hotel Reylof A2
Umweltbewusster Luxus – Vier-Sterne-Haus im prachtvoll renovierten Louis-XIV.-Stadtpalast eines Genter Kaufmannssohnes, zentral gelegen in der Altstadt. Wurde 2013 mit dem grünen Schlüssel für Umweltfreundlichkeit ausgezeichnet, denn dieses Hotel produziert seine eigene Elektrizität mit einem Gas-Motor und verwendet die Restwärme für das Wasser der Badezimmer und WCs. Wer ein Elektroauto hat, kann es hier aufladen. Neben Wellness und Champagnerbar kann der verwöhnte Gast auch Räder mieten oder sich in die Bibliothek zurückziehen.
Graslei | Hoogstraat 36 | Tram: Burgstraat | Tel. 09/2 35 40 70 | www.sandton.eu/gent | 159 Zimmer und Suiten | ♿ | €€

Simon says C1
B & B mit Coffeebar – Außen quietschbunt, innen gemütlich mit modernen Lampen, einer Vintage-Coffeebar und blauen Wänden, die der belgische Künstler Panamarenko mit einem Goldstift bearbeitet hat: Simon says liegt mitten im Zentrum am Rand des Mittelalter-Viertels Patershol, wird von vielen Einheimischen besucht und von Simon geführt, einem Briten, der sich während der Genter Feste in die Stadt verliebte und hängen blieb. In den zwei Luxus-Gästezimmer fühlt man sich eher wie ein Haus- denn ein Hotelgast (ab 110 € pro Zimmer pro Nacht incl. Frühstück).
Gravensteen | Sluizeken 8 | Tram: Sluizeken | Tel. 09/2 33 03 43 | www.simon-says.be | Di–Fr 9–18, Sa, So 10–18 Uhr | €€

Bei der Gilde der »chambres d'hotes« von Gent finden sich alle B & B-Adressen: www.bedandbreakfast-gent.be

Preise für ein Doppelzimmer mit Frühstück:
€€€€ ab 270 €   €€€ ab 190 €
 €€   ab 90 €   €   bis 90 €

ESSEN UND TRINKEN

Köstliche Muschelvariationen und unwiderstehliche Fritten: Wer sich auf die flämische Küche einlässt, entdeckt belgische Reichhaltigkeit kombiniert mit französischer Raffinesse. Für aufregende neue Akzente sorgen internationale Einflüsse.

Wer kennt sie nicht, die prachtvollen Stillleben, auf denen flämische Meister wie Frans Snyders oder Jacob van Es üppige Tafelfreuden festgehalten haben: Austern, Hummer, Wild und Geflügel, kostbare Weinkrüge und Früchte, Brot und Pasteten – alles Köstlichkeiten, unter denen sich die Tische zu biegen scheinen. Die Flamen sind Genießer, Schlemmen ist eine ihrer Lieblingsbeschäftigungen, daran hat sich bis heute nichts geändert. Auch an ganz normalen Wochentagen sind die Restaurants voll besetzt. Deshalb sollte man rechtzeitig reservieren!

KULINARISCHE HÖHENFLÜGE

Nicht zuletzt wegen der **Fritten,** die zu fast allem serviert werden, mutet die flämische Küche zuweilen etwas derb an, aber was die Qualität der Speisen betrifft, kann sie sich durchaus mit der französischen messen.

◄ Egal, ob mit Erdbeeren oder Schokolade:
Belgische Waffeln sind unwiderstehlich.

Wie hochklassig die flämische Küche tatsächlich ist, beweist die große Anzahl an Restaurants, die mit Michelin-Sternen ausgezeichnet sind. Und ebenso wie die meisten nicht-preisgekrönten Restaurants bieten auch sie häufig relativ preiswerte Lunch-Menüs an. Auf diese Weise lässt sich Haute Cuisine kosten, ohne dass man dafür ganz tief in die Tasche greifen muss.

AUSLÄNDISCHE EINFLÜSSE BEREICHERN DIE KARTE

Die Speisekarte selbst bietet in der Regel für jeden Geschmack etwas. Insbesondere in der Metropole Antwerpen ist die Küche schon seit Langem auch von ausländischen Einflüssen, etwa aus dem Libanon oder Marokko, geprägt. Die sogenannte **Fusionsküche** war hier schon Realität, noch bevor sie zum Begriff wurde. Und auch wenn Belgien mit mehr als 1000 Sorten Bier über ein beeindruckend großes Sortiment an Gerstensaft verfügt: Die Auswahl an Weinen ist ebenfalls groß und gut, sodass sich Weinliebhaber nicht beklagen werden.

MUSCHELORGIEN UND WAFFELSCHLACHTEN

Zu den heimischen Spezialitäten gehören »moules frites« in allen Variationen, also **Miesmuscheln** mit Pommes frites, wahlweise »à la provençale« oder »au naturel«, mal mit Curry, mal mit Gorgonzola. Die Flamen verputzen ganze Berge davon – wobei die Muscheln in der Regel aus der benachbarten niederländischen Provinz Zeeland kommen. Beliebte Vorspeisen sind »tomates aux crevettes«, mit Krabben gefüllte Tomaten, oder »garnaalkroketten«, Krabbenkroketten. Typisch flämische Hauptspeisen sind »waterzooi« (eine Rahmsuppe mit Gemüse, Kartoffeln und wahlweise Fisch oder Fleisch), »konijn op zijn vlaams«, (Kaninchen mit Bier und Pflaumen), »paling in het groen« (Aal mit Petersiliensauce) oder »witloof« (warmer Chicorée, mit Schinken umwickelt und mit Käse überbacken). Wer es nach diesen reichhaltigen Gerichten schafft, gönnt sich zum Nachtisch noch die traditionelle Kalorienbombe: »wafels« mit warmen Kirschen und Schlagsahne. Diese Waffeln sind unbedingt einen Versuch wert, denn wie gesagt: Schlemmen ist die Lieblingsbeschäftigung der Flamen, entsprechend groß die Auswahl an Köstlichkeiten. Und entsprechend viel Zeit sollten auch Sie sich bei Ihrem Flandernbesuch dafür nehmen!

BESONDERE EMPFEHLUNGEN
Antwerpen

Aahaar ⚑ E 3

Komplett fleischlos – Indisches Restaurant mit fantastischem Buffet, das ausschließlich vegetarische Gerichte anbietet. Viele indische Gäste, die das köstliche und preiswerte Essen ebenfalls zu schätzen wissen.

Lange Herentalsestraat 23 | Tram: Teniers oder Hbf. | Tel. 03/2 26 00 52 | www.aahaar.com | Mo–Fr 12–15 und 17.30–21.30, Sa, So 13–21.30 Uhr | €

Dôme sur Mer ⚑ östl. F 4

Schicker Fisch – Maritimer kleiner Bruder des Gourmettempels Dôme, aber etwas schlichter im Bistro-Stil gehalten. Das Seafood-Bistro bietet ausgezeichnete Qualität, für die man nicht ganz so tief in die Tasche greifen muss.

Zurenborg | Arendstraat 1 | Tram: Lage van Ruusbroecstraat | Tel. 03/2 81 74 33 | www.domeweb.be | Mo–Fr, So 12–14.30, 18–23, Sa 18–23 Uhr | €€€

Hoffy's Restaurant und Catering
⚑ F 3

Jiddische Köstlichkeiten – Die drei Hoffmanns-Brüder haben sich der jüdischen Küche auf höchstem Niveau verschrieben. Ihr Restaurant liegt mitten im jüdischen Viertel. Empfehlenswert für alle, die ein kulinarisches Abenteuer erleben wollen.

Centraal Station | Lange Kievitsstraat 52 | Tram: Lange Kievitsstraat | Tel. 03/2 34 35 35 | www.hoffys.be | Sa–Do, So 10–22, Fr 10–15.30 Uhr | €

Lam & Yin ⚑ C 2

Chinesisch mal ganz anders – Benannt nach Lam, dem Chefkoch, und seiner Partnerin Yin, die sich mit diesem Restaurant einen Traum erfüllt haben. Inzwischen mit einem Michelin-Stern ausgezeichnet, wurde es vom belgischen Gault-Millau zudem zum »besten asiatischen Restaurant 2011« gekürt. Auf der Karte stehen fünf Gerichte, die als Haupt- oder Vorspeise gewählt werden können, darunter Ente, Tintenfisch oder Jakobsmuscheln.

Historisch Centrum | Reyndersstraat 17 | Tram: Groenplaats | Tel. 03/2 32 88 38 | www.lam-en-yin.be | Mi–So 18–22 Uhr | €€€

Mojo Visbistro ⚑ C/D 4

Beliebter Einheimischentreff – Fisch- und Meeresfrüchte sind hier besonders gut und trotzdem bezahlbar. Etwas abgelegen in der Südstadt, Meeresfrüchteplatte 29,50 €. Jeden Donnerstag Paella-Abend.

Kasteelpleinstraat 54–56 | Tram: Stuivenberg | Tel. 03/2 37 49 00 | www.visbistro-mojo.be | Di–Fr 12–14 und 18–22 Uhr, Sa 18–23, So 18–21 Uhr | €

Puur Personal Cooking ⚑ südl. B 4

Ein-Mann-Restaurant – Hier steht Steven de Smeedt hinter seinem riesigen, schwarzen AGA-Herd und beglückt seine Gäste mittags mit einem Drei-Gänge- (30 €) und abends mit einem Vier-Gänge-Menü (50 €). Die Zusammenstellung der Speisen in seinem schönen Mini-Restaurant wechselt der passionierte Koche im wöchentlichen Rhythmus.

Zuid | Edward Pecherstraat 51 | Tram: Pacificatiestraat | Tel. 04/95-83 24 87 | www.puurpersonalcooking.be | Di–Fr 12–14, 19–21.30 Uhr | €€

Essen und Trinken | 33

't Zilte 🔖 D 1

Panoramablick garantiert – Gourmettempel des Zwei-Sterne-Kochs Viki Geunes. Das Restaurant befindet sich auf dem Dach des neuen Museums aan de Stroom und besitzt eine grandiose Terrasse.

Eilandje | Hanzestedenplaats 5 | Bus/ Tram: Van Schoonbekeplein | Tel. 03/ 2 83 40 40 | www.tzilte.be | Di–Fr 12–14, 19–21, Mo 19–21 Uhr | €€€

Brügge

A'qi 🔖 westl. A 4

Man ist, was man isst – In ganz Brügge ein Begriff: Außerhalb des Zentrums im Westen gelegener Gourmettempel, der nach dem Motto »Gott schuf das Essen, der Teufel die Köche« für überraschende Gaumenfreuden sorgt. Die exotischen Reize, die Chefkoch Arnold Hanbuckers der flämischen Küche entlockt, bescheren ihm jedes Jahr aufs Neue einen Michelin-Stern. Das A'qi ist benannt nach »qi« oder auch »chi«, was in der chinesischen Sprache »Lebenskraft« bedeutet – und genau die will er bei seinen Gästen steigern: Man ist schließlich, was man isst! Mit dem Bus vom Bahnhof aus in ca. 25 Min. erreichbar.

Sint-Andries | Gistelse Steenweg 686 | Bus: Sint-Andries Bremlaan | www. restaurantaqi.be | Tel. 0 50/30 05 99 | Mi–Sa 12.15–13.45 und 19.30–21.30, So 12.15–13.45 Uhr | €€€

Breydel de Coninc 🔖 C 3

Muscheln über alles – Dieser Familienbetrieb, zentral zwischen Burg und Markt, ist in ganz Brügge ein Begriff und hat sich auf Muscheln, Aal und Hummer spezialisiert.

Centrum-Markt | Breidelstraat 24 | Bus: Markt | Tel. 050/33 97 46 | www. restaurant-breydel.be | Mo, Di, Do, Fr 12–14.30 und 18–21.30, Sa 12–22, So 12– 21.30 Uhr | €€

De Passeviet 🔖 B 3

Herzhaftes und Süßes – Beliebter Treff für Leute aus dem Viertel. Die Salate, Pastas und Panini dieses Bistros stehen hoch im Kurs, ebenso die frisch gebackenen Waffeln und Pfannkuchen.

West-Brugge-Kwartier | Smedenstraat 48 | Bus: Zilverpand | Tel. 050/33 30 22 | Mo–Do 9.30–18, Fr, Sa 9.30–21.30 Uhr | €€

Quatre Mains 🔖 D 2

Zentrale Lage – Bistro-Bar mitten im Zentrum, ideal, um mit Freunden raffinierte Pasta zu essen oder eines der vielen Tapas-Menüs auszuwählen.

Centrum-Markt | Philipstockstraat 8 | Bus: Markt | Tel. 0 50/33 56 50 | www. 4mains.com | Di–Sa 12–15 und ab 18.30 Uhr | €€

De Refter 🔖 D 2

Wer was zu feiern hat – Kleiner Bruder des Brügger Sterne-Gourmettempels De Karmeliet, sozusagen die Bistro-Light-Version, wo man ebenfalls kulinarische Höhenflüge erleben kann – aber für weniger Geld.

Langestraatkwartier | Molenmeers 2 | Bus: Coupure | Tel. 0 50/44 49 00 | www.bistrorefter.be | So, Mo geschl. | Lunchmenü ab 18 € | €€

Sans Cravate 🔖 E 2

Familiäre Feinschmeckeroase – Chefkoch Henk van Oudenhove und seine Frau Véronique verwöhnen ihre Gäste in dieser Brügger Traditionsadresse in ungezwungener, freundlicher Atmosphäre. Noch besser schmeckt Henks mit einem Michelin-Stern ausgezeichnete Kochkunst beim Anblick der Ton-Kreationen von Gattin Véronique, die es schafft, trotz Restaurant und zwei kleinen Kindern ihrer Kunstleidenschaft zu frönen.

Langestraatkwartier | Langestraat 159 | Bus: Kruispoort | Tel. 0 50/67 83 10 | www.sanscravate.be | Di–Fr 12–14 und 19–21, Sa 19–21 Uhr | €€€

Gent

Balls & Glory 🚩 ⚓ C2

Shop und Restaurant – 2012 eröffnet und prompt mit dem Preis für das beste neue Restaurantkonzept ausgezeichnet. Inzwischen gibt es Balls & Glory auch in Brügge und Antwerpen. Alles dreht sich um den guten alten »gehaktbal«, das Fleischklößchen, schon zu Kinderzeiten Lieblingsessen des Restaurantgründers Wim Ballie. Zubereitet wird das immer halb-und-halb, sprich: 50 % Schwein, 50 % Rind und mit innovativen Füllungen: Tomate/Mozzarella, Apfel/Kirsch, Trüffel, Kerbel – alles ist möglich. Es gibt die »balls of the day«, »retroballs«, »happy balls« und für die ganz Hungrigen »glory balls«, ein jeder 220 g schwer und um die 5 € teuer. Selbst Vegetarier kommen auf ihre Kosten – mit den »veggie balls«.

Vrijdagmarkt | Jakobijnenstraat 6 | Bus: Reep | Tel. 04 86/67 87 76 | www.ballsnglory.be | Mo–Sa 10–21 Uhr | €

Cœur d'Artichaut ⚓ B2

Eurasische Kochkunst – Beliebtes kleines Restaurant in einem ansehnlichen Patrizierhaus aus dem 17. Jh. mit Hinterhof-Garten in der Innenstadt. Geschmackvoll mit fernöstlichen Elementen eingerichtet und spezialisiert auf klassisch-europäische sowie innovativ-asiatische Gerichte.

Kouter | Onderbergen 6 | Kouter | Tel. 09/2 25 33 18 | www.artichaut.be | Di–Sa 12–14.30 und 18–22 Uhr | €€€

Ha' ⚓ C2

Kulinarisches im Konzertsaal – Edel-Brasserie mit französischer Küche in einem ehemaligen Konzertsaal mit schweren, roten Samtvorhängen. Der ideale Ort für ein Candle-Light-Dinner nach einem Besuch der Oper, die gleich um die Ecke liegt. Sonntagsmorgens Brunch.

Kouter | Kouter 29 | Tram: Kouter | Tel. 09/2 65 91 81 | www.brasserieha.be | Mo–Sa 12–14.30, 18–22, So 9-13 Uhr | €€

Horseele 🚩 ⚓ südl. D 4

In der Fußballarena – Das Restaurant ist benannt nach Danny Horseele, dem Sterne-Koch, der es gewagt hat, in der Ghelamco-Arena, dem nagelneuen Stadion des örtlichen Fußballvereins KAA Gent, ein Lokal für Feinschmecker zu eröffnen. Eine einzigartige Kombination, die dem erfahrenen Chefkoch aufgrund der raffinierten Schlichtheit seiner kulinarischen Kreationen im Jahr 2014 prompt erneut einen Stern einbrachte. Mit umfangreicher Weinkarte.

Zuid | Ottergemsesteenweg | Bus: Proeftuinstraat | Tel. 09/3 30 23 20 | Eingang am Stadion bei der Pforte H, dann mit dem Lift in den 4. Stock | Di–Fr 12–14 und 19–21.15, Sa 19–21.15 Uhr. An Spieltagen geschl. | €€€

Essen und Trinken | 35

Stylisches Fleischklößchenparadies: Im Balls & Glory (▶ S. 34) gibt es den »gehaktbal« in zeitgemäßer Zubereitung inklusive einer vegetarischen Variante.

La Malcontenta B 1

Kulinarisches von den Kanaren – In dieser elegant eingerichteten kleinen Tapas-Bar mitten im Patershol kommen Liebhaber der spanischen und kanarischen Küche auf ihre Kosten. Das Restaurant ist berühmt für seine Paella und bietet auch sonst kulinarische Klasse zu guten Preisen. »Malcontenta« (»unzufrieden«) geht hier niemand raus!
Gravensteen | Haringsteeg 7–9 | Tram: Gravensteen | Tel. 09/2 24 18 01 | www.lamalcontenta.be | Di–Sa 17.30–1, So 16–1 Uhr | €€

Du Progres B 2

Schnörkellos gut – In dritter Generation geführtes Familienunternehmen mit großartigen Hausrezepten und einem guten Preis-Leistungsverhältnis.
Torens | Korenmarkt 10 | Bus: Korenmarkt | Tel. 09/2 25 17 16 | 11.30–22 Uhr, Di und Mi geschl. | €

Weitere empfehlenswerte Adressen finden Sie im Kapitel ANTWERPEN BRÜGGE GENT ERKUNDEN.

Preise für ein dreigängiges Menü:

€€€€ ab 80 €   €€€ ab 50 €
€€   ab 35 €   €   bis 35 €

Grüner reisen
Urlaub nachhaltig genießen

Wer zu Hause umweltbewusst lebt, möchte vielleicht auch im Urlaub Menschen unterstützen, denen ein verantwortungsvoller Umgang mit der Natur am Herzen liegt. Empfehlenswerte Projekte, mit denen Sie sich und der Umwelt einen Gefallen tun, finden Sie hier.

Mit dem Umweltbewusstsein der Flamen ist es – mit Verlaub – noch nicht weit her, vor allem nicht, wenn man es mit dem der Deutschen vergleicht. Aber es gibt in dieser Hinsicht gleich mehrere Silberstreifen am Horizont. So hat auch Belgien den internationalen »green key« eingeführt, ein Label für umweltbewusste touristische Unternehmen, das auf Flämisch »groene sleutel« heißt (www.groenesleutel.be). Mehrere Hotels haben bereits konkrete Umweltschutzmaßnahmen ergriffen und dürfen die Bezeichnung tragen. In Gent geht sogar eine der feinsten Adressen mit gutem Beispiel voran: Das Marriott bezieht Strom aus Wasser- und Windenergie. Und da sich Gent auch als »fietsstad«, als Fahrradstadt einen Namen machen will, vermietet das Marriott Räder.
Für Restaurants gibt es das »groene sleutel«-Label zwar (noch) nicht, aber auch hier geht Gent mit gutem Beispiel voran und hat als erste Stadt der Welt einen »Veggie-Tag« eingeführt. Das hat die quirlige Studentenstadt zur Stadt mit der größten Dichte an vegetarischen Restaurants in Europa

gemacht – hier gibt es mehr als in Berlin, London oder Paris. Auf der Liste der besten vegetarischen Städte Europas landete Gent 2013 hinter Prag und Berlin auf Platz 3. Eine Karte mit allen Veggie-Adressen findet sich auf www.gent.be und www.visitgent.be.

Als Feinschmecker haben die Flamen schon immer Wert auf feinste und frische Zutaten gelegt: Viele Restaurants besitzen deshalb ihren eigenen (Kräuter-)Garten und servieren ausschließlich Bio-Produkte, auch die ganz feinen Gourmettempel.

Parallel dazu wächst die Zahl der grünen Läden. Das gilt nicht nur für Naturkost, sondern auch für Kleidung. Inzwischen gibt es sogar eine Ladenkette, die sich ausschließlich auf gebrauchte Kleidung konzentriert: Think Twice, eine Initiative der Hilfsorganisation Humana (www.humana.org). Sie hat in ganz Belgien bereits acht Filialen, u. a. in Antwerpen, Brügge und Gent (s. u.).

Antwerpen
ESSEN UND TRINKEN

Céleste   C 2/3
Dicke Sandwiches, Salate, Kaffee und Kuchen bekommt man hier – alles selbst gemacht und natürlich ohne Farb- und Konservierungsstoffe. Auch eine beliebte Frühstücksadresse für viele Antwerpener.
Historisch Centrum | Hoogstraat 77 | Tram: Groenplaats | Tel. 04 73/90 06 97 | tgl. 10–18 Uhr | €

Lamalo   E 3
Ein absolutes Vegetarier-Paradies ist das Lamalo: Hier gibt es die besten »mezze«, mediterrane Vorspeisen, leckeres, selbst gebackenes Brot und feine Gerichte der sephardischen Küche, zum Großtei mit den typischen Zutaten Paprika, Reis, Safran und Olivenöl zubereitet.
Historisch Centrum | Appelmansstraat 21 | Tram: Opera | Tel. 03/2 13 22 00 | www.lamalo.com | Mo, Di, Do, So 12–15, 18–22, Mi 12–14 Uhr | €€

Lombardia   D 3
Dieses Geschäft ist der beste alternative Laden der Stadt und außerdem ein vegetarisches Kultrestaurant. Frische Obst- und Gemüsesäfte, Suppen und Tapas schmecken hier köstlich, auf den hauseigenen Ingwertee steht selbst der britische Popstar Sting!
Wilde Zee | Lombardenvest 78 a | Tram: Groenplaats | Tel. 03/2 33 68 19 | www.lombardia.be | Mo–Sa 8–18 Uhr | €

EINKAUFEN

Jutka & Riska   C 3
Zwei Schwestern aus Amsterdam bieten eine tolle Auswahl an Kleidern, Schuhen, Taschen und Accessoires an.
Sint-Andries | Nationale Straat 87 | Tram: Oudaan | Tel. 03/2 03 04 97 | www.jutkaenriska.com | Mo–Sa 10–18.30 Uhr

ROSIER 41   D 3
Wühlen, wühlen, wühlen! Hochkarätiger Vintage-Laden im Theaterviertel. Das Sakko von Ann de Meulemeester

oder die Handtasche von Balenciaga findet man hier mit etwas Glück schon für 200 €. Auch Dries Van Noten, Martin Margiela, Raf Simons, Marni, Jil Sander, D&G, Stephan Schneider und viele mehr sind zu haben.

Theaterbuurt | Rosier 41 | Tram: Nationale Bank | Tel. 03/2 25 53 03 | www.rosier41.be | Mo–Sa 10.30–18 Uhr

Think Twice Antwerpen 🏷 D 2

Eine echte Levi's für weniger als 15 €, Hippie-Ledertaschen für zehn €, dazu jede Menge Gürtel, Blusen, Ponchos – bei solchen Preisen braucht man nicht zweimal nachzudenken.

Lange | Klarenstraat 21 | (Theaterbuurt, Bus: Meir) und Kammenstraat 85 (Modeviertel, Bus: Groenplaats) | www.thinktwice-secondhand.be | Mo–Sa 10–18 Uhr

AKTIVITÄTEN

Zoo Antwerpen 👫 🏷 F 3

Der Antwerpener Zoo gehört zu den ältesten und bekanntesten der Welt, seine Gebäude stehen unter Denkmalschutz. Gleich neben dem Hauptbahnhof als Oase der Ruhe mitten in der Stadt gelegen und mit dem »groene sleutel« versehen: Weil es hier gelungen ist, den Wasserverbrauch zu halbieren, das Wasser zu recyceln, Papierbecher in den Restaurants durch Gläser und Tassen zu ersetzen – und weil nach Genter Vorbild der Donnerstag zum Veggie-Tag erklärt wurde.

Centraal Station | Koningin Astridplein 26 | Tram: Centraalstation | Tel. 03/2 02 45 40 | www.zooantwerpen.be | tgl. 10–17.30 Uhr, im Sommer bis 19 Uhr | Eintitt: 22,50 €, Kinder von 3–17 Jahren 17,50 €, unter 3 Jahren gratis

Brügge
ÜBERNACHTEN

Fevery 🏷 D 1

Das erste Öko-Hotel in Brügge ist ein kleines Familienhotel mit zehn Zimmern. Das heiße Wasser wird durch Sonnenenergie erzeugt, zum Frühstück gibt es Regionalprodukte und Handtücher werden nur auf Anfrage gewechselt. Für Touren in der Umgebung vermietet das Fevery Räder.

Sint-Gillis | Collaert Mansionstraat 3 | Bus: Snaggaardbrug | Tel. 0 50/33 12 69 | 10 Zimmer | €€

ESSEN UND TRINKEN

Frituur & Veggie Eetboetiek Royal
🏷 E 2

Schnellimbiss, der sich auf vegetarische und vegane Snacks und Burger spezialisiert hat. Zur Wahl stehen 13 Brotsorten, viele Saucen, Tees, Limonaden und Bio-Wein. Auch die Pommes frites, für die nur Rapsöl verwendet wird, sind köstlich.

Langestraatkwartier | Langestraat 181 a | Bus: Gerechtshof | Tel. 0 50/68 41 84 | www.frituur-royal.be | Mi–Do 11.15–13.45 und 17.15–21.30, Fr, Sa 11.15–13.45 und 17.15–23, So 17.15–21.30 Uhr | €

Hertog Jan 🏷 südl. A 4

Nach dem Motto »Das Einfache ist nicht einfach« kocht Küchenchef Gert de Mangeleer nur mit Zutaten vom eigenen Bio-Bauernhof. Das Drei Sterne-Restaurant hat eine eingeschworene Fangemeinde, die von der Zartheit der Lamm- und Fischgerichte schwärmt, die hier serviert werden.

Gemeinde Zedelgem, Loppemsestraat 52, mit Bus von Brügge Bf. in ca. 20 Min

Grüner reisen | 39

zu erreichen | Haltestelle Zedelgem-Abdijhoek | Tel. 0 50/67 34 46 | www.hertog-jan.com | Di–Sa 12–13.30, 19–21.30 Uhr (Küche) | €€€

Lotus C/D 2
Seit 25 Jahren ist das Lunchrestaurant Lotus ein Begriff, und dazu das bekannteste vegetarische Restaurant der Stadt. Das Tagesgericht steht auch bei Nicht-Vegetariern hoch im Kurs!
Sint-Walburga | Wapenmakersstraat 5 | Bus: Markt | Tel. 0 50/33 10 78 | www.lotus-brugge.be | Mo–Fr 11.45–14 Uhr | €

EINKAUFEN

Think Twice Brügge C2
Eine echte Levi's für nicht mal 15 €, Hippie-Ledertaschen für zehn €, Gürtel, Blusen, Ponchos … Günstige Preise und ein riesiges Angebot.
Centrum-Markt | Sint Jakobsstraat 21 | Bus: Markt | www.thinktwice-secondhand.be | Mo–Sa 10–18, So 13–17 Uhr

Gent
ÜBERNACHTEN
Le Silence de l'Escaut E4
Luxuriöses grünes Gästehaus am Stadtrand, das über eine »Charlesmagne-Suite« (zwei Schlafzimmer) und ein Studio mit Terrasse für junge Eltern mit Kleinkind verfügt. Der Aufenthaltsraum ist als Lounge-Salon gestaltet. Ideal für Radtouren, es gibt ein Lunchpaket und Kartenmaterial.
Zuid | Visserij 207/2 | Tram: Sint-Annaplein | Tel. 09/2 32 43 74 | www.escaut.be | 2 Zimmer, 1 Studio | €€

Marriott B2
Ein Luxushotel mit Vorbildfunktion. Direkt an der Leie gelegen, ist das Marriott wegweisend in Sachen Umweltschutz: Es gibt nur LED-Beleuchtung und Strom aus Wasser- und Windenergie aus dem Rhonetal, dem Zentralmassiv und den Pyrenäen. 2013 wurde das Marriott von Tripadvisor zum besten Hotel Belgiens gekürt.

Die Schwestern Jutka & Riska (▶ S. 37) bieten in ihrer eigenwilligen Boutique einen Mix aus Vintage-Designerstücken, eigenen Entwürfen und Accessoires an.

Graslei | Korenlei 10 | Tram: Sint-Michielsbrug | Tel. 09/2 33 93 93 | www.marriottghent.com | 139 Zimmer, 11 Suiten | €€€€

NH Gent Sint Pieters   A4
Im Süden am Sint-Pieters-Bahnhof liegt dieses umweltfreundliche, mit dem »groene sleutel« ausgezeichnete Hotel. Guter Ausgangspunkt für Radtouren in das malerische Leie-Gebiet, das hier beginnt. Räder können im Hotel gemietet werden, auf Anfrage bekommt man auch ein Lunchpaket.
Citadelpark | Koning Albertlaan 121 | Tram: Sint-Pieters | Tel. 09/2 22 60 65 | www.nh-hotels.com | 49 Zimmer | €€€

Sandton Grand Hotel Reylof
A2
Vier-Sterne-Haus in prachtvoll renoviertem Louis-XIV.-Stadtpalast, zentral gelegen in der Altstadt. Das Hotel wurde 2013 mit dem »grünen Schlüssel« für Umweltfreundlichkeit ausgezeichnet, denn es produziert seine eigene Elektrizität mit einem Gas-Motor und verwendet die Restwärme für das Wasser der Badezimmer. Wer ein Elektroauto hat, kann es hier aufladen. Nach Whirlpool, Sauna und Dampfbad kann sich der anspruchsvolle Gast in die Bibliothek zurückziehen oder in der Champagnerbar entspannen. Es besteht auch die Möglichkeit, Räder für einen Ausflug zu mieten.
Graslei | Hoogstraat 36 | Tram: Burgstraat | Tel. 09/2 35 40 70 | www.sandton.eu/gent | 159 Zimmer und Suiten | €€

ESSEN UND TRINKEN
Pakhuis   B2
Die ehemalige Warenhaus-Lagerhalle ist nicht nur für umwelt- und gesundheitsbewusste Genter ein beliebter Treff. Nur biologische Produkte werden hier serviert: alte Gemüse- und Tomatensorten sowie Kräuter, Geflügel und Lamm vom eigenen Bauernhof.

Das neu eröffnete Restaurant Volta (▶ S. 41) vereint Gegensätze: In den Mauern eines ehemaligen E-Werks kommt Biogemüse aus dem eigenen Garten auf den Tisch.

Torens | Schuurkenstraat 4 | Tram: Emile Braunplein | Tel. 09/2 23 55 55 | www.pakhuis.be | €€

De Vitrine 🚩 D2
Retro-Restaurant mit Bar und offener Küche in alter Metzgerei, wo Chefkoch Kobe Desramault, ein Jungstar der europäischen Kochszene (von Gault-Millau zum Chef des Jahres 2013 gekürt) seine Gäste kulinarisch zu überraschen weiß – und das alles auch noch umweltbewusst und tierfreundlich: Fleisch landet nur beschränkt auf der Speisekarte, Jungtiere sind tabu und der Fisch stammt ausschließlich aus nachhaltigem Fang.

Zuid | Brabantdam 134 | Tram: Korte Meer | Tel. 09/3 36 28 08 | www.de-vitrine.be | So, Mo, Samstagnachmittag geschl. | €€

VOLTA 🚩 westl. A1
Schon das Ambiente ist einen Besuch wert! Chefkoch Davy De Pourcq hat sein Fach bei den Sterneköchen Sergio Herman (Oud Sluis, Niederlande) und Peter Goossens (Hof van Cleve) gelernt – und nun sein eigenes Restaurant in einem ehemaligen E-Werk, wo die Gäste zwischen 18 Meter hohen Mauern sitzen. Von Gault-Millau zum besten Gemüserestaurant Flanderns gekürt. Alles kommt frisch und bio aus dem eigenen Garten.

Nieuwe Wandeling 2 B | Bus: Burgse Poort | Tel. 09/3 24 05 00 | www.voltagent.be | €€

EINKAUFEN
Think Twice Gent B2
Eine echte Levi's für nicht mal 15 Euro, Hippie-Ledertaschen für zehn Euro, Gürtel, Blusen, Ponchos und vieles mehr. Auch in der Genter Filiale von Think Twice können Kunden einkaufen gemäß dem Motto der Hilfsorganisation Humana: »von Menschen für Menschen«.

Kouter | Ajuinlei 15 a | Tram: Korte Meer | www.thinktwice-secondhand.be | Mo–Sa 10–18, So 9–14 Uhr

FESTE FEIERN
Veggie Day
Gent hat als erste Stadt der Welt den Donnerstag zum »Veggie Day« erklärt. Das Ziel: Die Bürger sollen ihren Fleischkonsum reduzieren. Initiator ist die Ethical Vegetarian Alternative (EVA), eine Non-Profit-Organisation, die u. a. einen Veggie-Stadtplan mit allen vegetarischen Adressen von Gent herausgibt.

Ethical Vegetarian Alternative | Sint-Pietersplein | Sint-Pietersnieuwstraat 130 | Tram: Sint-Pieters | Tel. 09/3 29 68 51 | www.vegetarian.be

AKTIVITÄTEN
Radstadt Gent C2
Um mit dem Fahrrad aktiv zu werden, stehen nicht nur zahlreiche Touren durch die Umgebung zur Wahl, 2011 wurden auch vier Radtouren speziell zum Erkunden der Stadt selbst entwickelt. Sie sind zwischen zehn und 25 km lang und haben Themen wie »Städtisches religiöses Erbe« oder »Entstehung einer Stadt am Wasser«. Zu buchen für 7 € pro Person bei:

Dienst Toerisme | Belfried (Raadskelder) | Botermarkt 17 a | Bus: Stadhuis | Tel. 09/2 66 56 60 | www.visitgent.be | April–Okt. 9.30–18.30, Nov.–März 9.30–16.30 Uhr

EINKAUFEN

Antwerpen steht für Mode, Brügge und Gent für süße und salzige Spezialitäten sowie für Brocante – eine Mischung aus Floh- und Antiquitätenmarkt, die es so nur in Flandern gibt. Sehen Sie sich vor: In allen drei Städten füllen sich die Taschen fast automatisch.

Antwerpen ist die **Modestadt** Flanderns schlechthin. Modeakademie und Modemuseum haben dafür gesorgt, dass sich die Scheldestadt auch international als Mekka für Avantgarde-Mode einen Namen gemacht hat. Entsprechend groß ist das Angebot, das von sündhaft teurer Haute Couture bis zu Vintage reicht. Die meisten Designer-Läden liegen im Modeviertel rund um die Nationale Straat. Die Kammenstraat mit ihren ausgefallenen Boutiquen, Outlet- und Vintage-Läden ist bei jungen Leuten sehr beliebt. Die Filialen großer Ladenketten finden sich hauptsächlich auf der Meir, der größten Einkaufsstraße Antwerpens mit ihren Prachtbauten aus dem 18. und 19. Jh. Edelboutiquen und Klassiker wie Hermès und Burberry säumen die Schuttershofstraat, die schickste Einkaufsmeile von Antwerpen. Auffallend sind die zahlreichen Kinderboutiquen; viele flämische Familien legen Wert darauf, schon die Kleinsten schick anzukleiden.

◄ Qual der Wahl: eines von zahllosen Schaufenstern mit Designermode in Antwerpen.

Doch Antwerpen ist auch **Diamantstadt** und zählt zu den Hauptum-
schlagplätzen des Handels mit den kostbaren Steinen. Die meisten Dia-
mant- und Schmuckläden finden sich rund um den Hauptbahnhof und
schmücken ihn wie eine große, glitzernde Halskrause.

MEISTER DER SÜSSEN VERSUCHUNG

Kulinarische Höhenflüge verspricht das kleine **Delikatessenviertel De
Wilde Zee** mit seinen vielen Chocolatiers, Konditoren und Traiteurs. Beeindruckend auch der exotische Markt am Samstag von 8 bis 16 Uhr auf
dem Theaterplein: Köstlichkeiten überall!
Antiquitätenfreunde sind in der Kloosterstraat mit ihren vielen **Bro-
cante- und Wohnläden** gut aufgehoben. Sie sollten sich auch den Antiquitätenmarkt am Wochenende nicht entgehen lassen: Samstag auf dem
Lijnwaasmarkt, von Ostern bis Oktober auch Sonntag am Sint Jansvliet,
immer 9 bis 17 Uhr.

IN BRÜGGE GIBT ES DIE FEINSTE SPITZE

Brügge hat viele einladende Geschäfte und Lädchen zu bieten. Das Angebot allerdings kann weder mit dem von Antwerpen noch von Gent ver-
glichen werden. Auch ist Brügge viel gediegener als seine mondäne große
Schwester an der Schelde oder das quirlige Gent mit seinen vielen Studenten. Aber dafür darf sich Brügge mit dem Prädikat **Schokoladenstadt**
schmücken und kann mit gleich 52 Chocolatiers und Pralinenläden auf-
warten – eine Dichte an süßen Verführungen, die ihresgleichen sucht!
Außerdem ist Brügge **Spitzenstadt** und hat dementsprechend viele Ge-
schäfte zu bieten, in denen der filigrane Stoff verkauft wird – wobei der
Kunde aufpassen muss, dass er keine billige asiatische Spitze etwa aus
China erwirbt, sondern die echte flämische!
Die wichtigsten Einkaufsstraßen sind die Geldmunt- und die Steenstraat.
Brocante und Antiquitäten finden sich in der Hoog- und der Lange
Straat. Antiquitätenfans kommen auch auf dem Folkloremarkt auf ihre
Kosten: Mitte März bis Mitte November, Samstag und Sonntag von 10 bis
18 Uhr am Dijver und am Fischmarkt, im Juli und August auch freitags.
Gent rühmt sich damit, die größte Fußgängerzone Belgiens zu besitzen.
Am stimmungsvollsten ist es südlich vom Sint Baafsplein rund um die
Kalandestraat mit dem Kalandeberg. Große Ladenketten wie H & M oder

Zara finden sich in der Veldstraat. Hier gilt wie in der Antwerpener Meir: Lösen Sie den Blick von den Schaufenstern und gucken Sie nach oben, um die prachtvollen Fassaden der ehemaligen Stadtpaläste zu bestaunen. Und auch Gent besticht neben zahlreichen Vintage-Shops durch auffallend viele und außergewöhnlich schöne Kinderboutiquen. Brocante- und Antiquitätenfans sollten sich Freitag, Samstag oder Sonnntag vor die Sint-Jacobs-Kirche begeben, wo von 8 bis 13 Uhr ein geselliger kleiner Antiquitäten- und Flohmarkt stattfindet. Hier gibt es auch viele Antiquitätenläden.

BESONDERE EMPFEHLUNGEN
Antwerpen
CONCEPT STORES
RA 🛒 C/D 3
Spektakulär eingerichteter Konzeptladen, der daherkommt wie eine Galerie. Allein schon zum Gucken lohnt sich ein Besuch. Bücher, Schuhe, aktuelles Design, Schmuck und Edelklamotten, auch Secondhand – die Bandbreite reicht von total ausgeflippt bis klassisch, wie der Hermès-Mantel, der hier schon für 700 statt für 1000 € zu haben ist. Mit Restaurant im ersten Stock zum Erholen.
Modeviertel Sint-Andries | Klooster-straat 13 | Tram: Groenplaats | Tel. 03/2 92 37 80 | www.ra13.be

MODE
Natan 🛒 D 3
Hier shoppen nicht nur belgische Prominente wie Justine Henin oder Prinzessin Mathilde. Der belgische Modedesigner Edouard Vermeulen kleidet auch andere europäische Royals ein, darunter die Schweden und die Niederländer.
Theaterbuurt | Huidevettersstraat 44 | Tram: Oudaan | Tel. 03/2 25 17 72 | www.natan.be

Verso Bar-Restaurant & Store 🛒 D 3
Shoppen und Champagner: Hier kleidet sich die Kundschaft erst neu ein und gönnt sich dann einen Luxusdrink mit Luxushäppchen. Ehemaliges Gebäude der Deutschen Bank, das zum Lounge-Lokal mit Modetempel umgebaut wurde. Unter einer gigantischen Kuppel mit Tierkreiszeichen haben Modefans mit dem nötigen Kleingeld die Qual der Wahl zwischen Galliano und Jil Sander, Prada und Armani, um sich dann im angesagten Restaurantteil sehen zu lassen.
Theaterbuurt | Lange Gasthuis-straat 9–11 | Tram: Groenplaats | Tel. 03/2 26 92 92 | www.verso.be

SCHUHE
Coccodrillo 🛒 D 3
Ein Eldorado für alle Schuh-Freaks, d e r Schuhladen der Stadt!
Theaterbuurt | Schuttershofstraat 8–9 | Tram: Meir | Tel. 03/2 33 53 93 | www.coccodrillo.be

SPEZIALITÄTEN
Goossens 🛒 D 3
Berühmter Bäcker seit 1885, die langen Warteschlangen sprechen für sich. Hier gibt's »frangipane« (Brot mit Mar-

zipan) und »rogge verdommeke« (Roggenbrot mit Rosinen), das im 15. Jh. an Feiertagen auch an die Häftlinge im Gefängnis ausgeteilt wurde, also an die Verdammten.
Wilde Zee | Korte Gasthuisstraat 31 | Tram: Groenplaats | Tel. 03/2 26 07 91 | Di–Sa 7–19 Uhr

Van Bladel — D 3
Bester Fischladen von Antwerpen, selbst die Minister aus Brüssel decken sich hier ein.
Wilde Zee | Schrijnwerkersstraat 25 | Tram/Metro: Meir | Tel. 03/2 33 23 09 | www.vanbladel.be

SPIELZEUG
In den Olifant — D 3
Gilt als schönster Spielzeugladen Belgiens.
Theaterbuurt | Leopoldstraat 23 | Tram: Nationale Bank | Tel. 03/231 61 14 | www.indenolifant.be

Brügge
PAPIERKUNST
Alfa Papyrus — D 3
Das Beste aus Papier ist hier zu bewundern. Handgebundene Bücher und exklusive Karten, Gästebücher, Fotoalben, Schachteln – eine eindrucksvolle Schau, was man aus Papier alles machen kann.
Langestraat-Viertel | Eekhoutstraat 25 | Bus: Eekhoutpoort | Tel. 0 50-33 03 12 | www.alfapapyrus.com

SCHMUCK
Nico Taeymans — C 3
Ausgefallene Ringe, Ketten und Ohrringe: Der bekannte belgische Schmuckdesigner verarbeitet Gold, Silber, Zinn und Juwelen zu organischen Formen.
Centrum-Markt | Sint Amandstraat 15 | Bus: Markt | Tel. 0 50/34 15 13 | www.nicotaeymans.be

SPEZIALITÄTEN
Biscuiterie Oud Huis Deman — E 2
Erste Adresse für belgische Keksspezialitäten, inzwischen in vierter Generation in Familienhand. Auch Königin Fabiola und Briten-Premier Churchill kamen hier beim Kosten von Spekulatius, Mandelbrot oder echten Brügger »kletskoppen«, auch »dentelles de Bruges« genannt, ins Schwärmen.
Langestraatkwartier | Vuldersstraat 42 | Bus: Coupure | Tel. 0 50/33 86 88 | www.oudhuisdeman.be

Diksmuids Boterhuis — C 3
Der Laden scheint überzuquellen von Käse, Wurst und anderen deftigen Spezialitäten, mit denen sich auch die besten Restaurants der Stadt eindecken. Schon der Anblick lässt einem das Wasser im Munde zusammenlaufen. Spezialität: gelber »brugse kaas« und »geitenkaas« (Ziegenkäse).
Centrum-Markt | Geldmuntstraat 23 | Bus: Markt | Tel. 0 50/33 32 43 | www.diksmuidsboterhuis.be

Sukerbuyc — C 3
Kleiner Familienbetrieb zwischen Sint Janshospital und dem Minnehof, der sich ganz auf Schokolade spezialisiert hat und für pralle »Zuckerbäuche« sorgt: Pro Monat werden hier Schokoladenkreationen mit einem Gesamtgewicht von 1000 kg hergestellt. Das Schaufenster ist ein Schokoladen-Gesamtkunstwerk.

Was ist ein tolles neues Kleid ohne die passenden Schuhe? Wer die angesagtesten Modelle der Saison an den Füßen haben will, findet sie im Coccodrillo (▶ S. 44).

Onze lieve Vrouwe-Kwartier | Katelijnestraat 5 | Bus: Sint Salvatorskerk | Tel. 0 50/33 08 87 | www.sukerbuyc.be

SPITZE
Lace Jewel 🔖 C2
Hier verrät ein Label, ob die Spitze auch tatsächlich in Belgien hergestellt wurde und nicht etwa in Fernost. Wofür man dann aber auch entsprechend tief in die Tasche greifen muss. Bis zu 7000 € kosten die teuersten Stücke echter Brügger Spitze aus dem 19. Jh. Regelmäßig finden auch Demonstrationen statt, für die selbst Spitzenklöpplerinnen aus Frankreich und Spanien anreisen, um das Können ihrer belgischen Konkurrentinnen unter die Lupe zu nehmen.
Centrum-Markt | Philip Stockstraat 11 | Bus: Markt | Tel. 0 50/33 42 25

Gent
BÜCHER
Atlas & Zanzibar 🔖 B4
Kleine, besondere Reisebuchhandlung mit Karten, Reiseführern, Atlanten und Reisebüchern. Für Leute, die Reisen lieben und unterwegs nicht von Elektronik abhängig sein wollen.
Citadelpark | Kortrijksesteenweg 19 | Tram: van Nassaustraat | Tel. 09/ 2 20 87 99 | www.atlaszanzibar.be

KULINARISCHES
Hilde Devolder Chocolatier 🔖 B1
Handgemachte Schokoladenkunst von Hilde Devolder. Der himmlische Geschmack kommt u. a. von Rohrzucker und Hafersahne, mehr wird nicht verraten – nur dass man für so viel Herrlichkeit auf Erden etwas tiefer in die Tasche greifen muss.

Graslei | Burgstraat 43 | Bus: Brugse-
poort | Tel. 09/2 69 02 00

Himschoots ✈ B 1/2

Älteste Bäckerei von Gent, wo im
Keller noch auf traditionelle Weise
die herrlichsten Brote gebacken werden. Berühmt für seine einmalig guten
Zimtbrötchen.

Torens | Groentenmarkt 1 | Tram:
Korenmarkt | www.bakkerijhimschoots.
be | Tel. 09/3 82 66 26

Temmerman ✈ B 2

Bekanntester Naschwinkel von Gent.
Hinterm Schaufenster warten selbstge-
machte Bonbons in allen Formen und
Farben. Auch die berühmten »Gentse
neuzen« fehlen nicht, dunkelrote, wei-
che, kegelförmige Bonbons aus ver-
dicktem Fruchtsaft.

Gravensteen | Kraanlei 79 | Tram:
Gravensteen | Tel. 09/2 24 00 41 |
Mi–Sa 11–18 Uhr

MODE

DCouture ✈ B 2

Geheimtipp für Abend- oder Braut-
mode: Unauffällige Boutique, die im
Erdgeschoss Klassisches von Jil Sander,
Sonia Rykiel oder Armani präsentiert
und im ersten Stock eine hinreißend
schöne Kollektion von Abend-, Cock-
tail- und Brautkleidern in petto hat.
Hier findet frau garantiert etwas!

Torens | Volderstraat 74–76 | Tram:
Korenmarkt | Tel. 09/2 25 53 28 | www.
dcouture.be

KINDERKLEIDUNG

Ginger & Fred ✈ C 2

Fashion for Kids von 0 bis 14 Jahren.
Wer etwas haben will, das in Belgien

hergestellt wurde und dazu frech und
ausgefallen ist, geht hierhin.

Torens | Bennesteeg 6 | Tram: Koren-
markt | Tel. 09/2 34 25 40 | www.
fredginger.com

SONSTIGES

Het Tijdreisbureau ✈ C 1

Willkommen im Zeitreisebüro! Erkunden Sie das 19. und 20. Jh. in diesem
Raritätenkabinett der ganz besonde-
rer Art mit abgedankten Flugzeugstüh-
len, nostalgischen Globen und Versatz-
stücken aus alten Kreuzfahrtschiffen.
Zeitreisemaschinen können erworben
werden, aber ohne Funktionsgarantie.

Vrijdagmarkt | Ottogracht 35 | Tram:
Sint Jakobs | www.tijdreisbureau.be |
Mi–Do 14–18, Fr–Sa 10–12 und 14–18 Uhr

The Fallen Angels ✈ B 1

Nostalgieladen von Mutter und Tochter mit alten Puppen, Teddies, Blech-
dosen, Filmplakaten und Emailleschil-
dern. Ein Sammlerparadies.

Graslei | Jan Breydelstraat 29-31 | Tram:
Gravensteen | Tel. 09/2 23 94 15 und
9-2 25 17 71 | www.the-fallen-angels.com

SPITZE

Kloskanthuis ✈ B 2

Fachgeschäft, seit 1880 auf Ajour-Sti-
ckerei und Spitzenmuster spezialisiert.
Hier gibt es Tafelleinen, Spitzendeck-
chen, Tauf- und Kinderkleider, Bett-
wäsche, Handtücher sowie Silber und
Juwelen in feinster Qualität.

Graslei | Korenlei 3 | Tram: Koren-
markt | Tel. 09/2 23 60 93

Weitere Geschäfte und Märkte finden Sie
im Kapitel ANTWERPEN BRÜGGE GENT
ERKUNDEN.

KULTUR UND UNTERHALTUNG

*Cafés, Bars und Clubs, Theater, Kino, Ballett oder Konzert:
Wer noch genug Energie übrig hat, kann in den drei Städten
auch abends noch volles Programm genießen, in Antwerpen
und Gent sogar ohne Sperrstunde.*

Theater, Tanz, Kino oder Konzert, Bars, Clubs und Cafés: Wer genug Energie übrig hat, kann in den drei Städten auch abends noch volles Programm haben. Ein hochkarätiges obendrein, dafür bürgt die flämische Oper, de Vlaamse Opera, die – so klein Flandern sein mag – gleich zwei Häuser hat: eines in Antwerpen, eines in Gent.

Antwerpen kann darüber hinaus mit dem Königlichen Flämischen Ballett aufwarten und mit dem Toneelhuis, der größten Theatergesellschaft von Flandern. Sie hat ihren Sitz in der Bourlaschouwburg, einem Bilderbuchtheater im neoklassizistischen Stil. Wer avantgardistische Darbietungen bevorzugt, für den ist De Singel ein Muss, das Kulturzentrum für Podiumskünste im Süden der Stadt.

Gent hat neben seinem Opernhaus ebenfalls ein bekanntes Avantgardezentrum: Vooruit, was so viel wie Fortschritt bedeutet. Brügge wiederum

◀ Das neue Antwerpener Kulturzentrum De
Singel von Architekt Stéphane Beel (▶ S. 50).

kann stolz auf das hochkarätige Programm seines Concertgebouws sein
und besitzt mit seiner Stadsschouwburg außerdem eines der besterhaltenen klassischen Theater Europas.

Ist der Vorhang einmal gefallen, kommen Nachtschwärmer vor allem in
Antwerpen und Gent auf ihre Kosten, denn von einer Sperrstunde lässt
man sich hier nicht den Spaß verderben: In diesen beiden Städten wird
oft auch unter der Woche bis in die Morgenstunden hinein getanzt, gefeiert oder einfach nur gemütlich bei einem Glas Bier oder Wein zusam-
mengesessen. Allein Antwerpen hat mehr als 1800 Cafés und Kneipen.
Wobei die Grenzen zwischen Bar und Café sowie zwischen Bar, Restaurant und Tanzclub fließend sind: Immer mehr Restaurants geben sich
multifunktionell und haben eine schicke Bar, in der man nach dem Essen
den Rest des Abends verbringen kann. Oft verwandeln sich die Restaurants später auch in Clubs; zum Tanzen werden nach 23 Uhr Tische und
Stühle zur Seite geschoben.

AUCH ANTWERPEN HAT EIN QUARTIER LATIN

In Antwerpen findet das Nachtleben traditionell im Theaterviertel statt,
auch Quartier Latin genannt, und im angesagten Hafenviertel Zuid im
Süden. Aber auch der mittelalterliche Stadtkern rund um die Kathedrale
mit seinen verwinkelten Gässchen ist gespickt mit urigen Kneipen.

In der quirligen Studentenstadt Gent ist die Gegend rund um den Korenmarkt und die Sint Niklaaskirche sehr beliebt sowie weiter nördlich der
Vlasmarkt und im Osten der Oude Beestenmarkt. Viele Cafés und Bars
säumen auch die Overpoortstraat im Süden im Museum- und Kunstviertel, berühmt-berüchtigt wegen der vielen Studenten, die sich hier gern die
Nacht um die Ohren schlagen.

Im gediegenen Brügge geht es etwas dezenter zu, hier belässt man es bei
Konzert- oder Theaterbesuchen. Clubs und Discotheken sind dünn gesät;
neben traditionellen Kneipen und Cafés spielen die klassischen Piano-
bars der Grandhotels im Nachtleben eine immer größere Rolle: Immerhin kann das kleine Brügge mit mehr als 110 Hotels aufwarten, die sehr oft
in liebevoll renovierten alten Gebäuden liegen und über ansprechende
Hotelbars verfügen: mal romantisch-verspielt, dann wieder elegant klassisch oder rustikal-mittelalterlich. Auch für musikalische Begleitung ist
gesorgt, oft sogar live.

BESONDERE EMPFEHLUNGEN
Antwerpen

BARS UND CLUBS

Absinthbar ⚑ C 2

Beliebter Treff in der Altstadt bei der Kathedrale. Tagsüber Restaurant, nach 23 Uhr Club mit DJs aus dem In- und Ausland. Neben Cocktails wird hier auch Absinth serviert, jener berüchtigte Drink, der van Gogh den Verstand geraubt haben soll und auch Oskar Wilde, Manet, Gauguin und Hemmingway die Sinne vernebelte.

Historisch Centrum | Papenstraatje 1 | Tram: Groenmarkt | Tel. 03/2 26 20 22 | www.absinthbar.be | tgl. ab 11.30, Cocktails ab 17 Uhr

De Muze ⚑ C/D 2

Seit 50 Jahren ein Begriff in der Altstadt als tonangebender Jazzclub. Fast täglich Live-Musik, auch Pop aus den 1960er- und 70er-Jahren.

Historisch Centrum | Melkmarkt 10 | Tram: Groenplaats | Tel. 03/2 26 01 26 | www.jazzmuze.be

Noxx ⚑ nördl. F 1

Walhalla für Clubfans, von Topdesignern eingerichtet, mit mehreren Tanzflächen. Außerhalb im nördlichen Hafengebiet gelegen.

Antwerpen-Noord | Straatsburgdok Noordkaai 3 | Tram: Groenendaallaan | Tel. 03/2 95 54 65 | www.noxxantwerp. be | Do 23–6, Fr–Sa 23–7 Uhr

Sip's Bar ⚑ B 4

Hotspot im schicken In-Viertel Zuid. Manuel Wouters, jahrelang Barchef der »Queen Elizabeth II.«, wollte wieder festen Boden unter den Füßen haben und erfüllte sich 2000 seinen Traum von der eigenen Cocktailbar. Über die Grenzen Belgiens hinaus bekannt für ausgefallene Drinks. Sip's bietet auch Catering für Feste aller Art an.

Zuid | Gillisplaats 8 | Tram: Pacificatiestraat | Tel. 04 77/63 91 52 | www.sips-cocktails.com

MUSIK, TANZ UND THEATER

Bourlaschouwburg ⚑ D 3

Halbrundes, neoklassizistisches Meisterwerk des Antwerpener Stadtbaumeisters Pierre Bourla aus dem Jahr 1834, wo man von den Büsten berühmter Dichter, Philosophen und Komponisten empfangen wird. Hier hat die größte Theatergesellschaft von Flandern, Het Toneelhuis, ihren Sitz. Die Gäste sitzen auf roten Plüschsesseln. Im ersten Stock gibt es ein wunderschönes Café, De Foyer, in dem man zumindest einen Kaffee getrunken haben sollte.

Theaterbuurt | Komedieplaats 18 | Tram: Huidenvettersstraat | Tel. 03/2 24 88 44 | www.bourlaschouwburg.be

Koninklijk Ballet ⚑ nördl. D 1

Das Koninklijk Ballet van Vlaanderen ist die tonangebende Gesellschaft in Sachen Spitzentanz, erst vor Kurzem umgezogen. Sie zeigt ihre Künste jetzt auf dem Eilandje, einem ehemaligen Hafengebiet im nördlichen Stadtzentrum, wo gerade ein neues Kunst- und Kulturviertel entsteht.

Eilandje | Kattendijkdok-Westkaai 16 | Tram: Rijnkaai | Tel. 03/2 34 34 38 | www.koninklijkballetvanvlaanderen.be

De Singel ⚑ südl. D 4

Neues Kulturzentrum mit Modern Dance, Avantgarde-Theater und Musik

Kultur und Unterhaltung | 51

mit und von Künstlern aus dem In- und Ausland. Der Gebäudekomplex besticht durch seine klaren, einfachen Linien und wurde von dem bekannten belgischen Architekten Stéphane Beel entworfen. An der Ringautobahn im Süden gelegen.
Zuid | Desguinlei 25 | Tram: de Singel | Tel. 03/2 48 28 28 | www.desingel.be

Vlaamse Opera E2
Dieser beeindruckende weiße Musiktempel in prachtvollem Neobarock ist einer der beiden Sitze der Vlaamse Opera, die hier Klassiker und neue Produktionen zeigt. Die zweite Bühne ist in Gent.
Theaterbuurt | Frankrijklei 1 | Metro: Opera | Tel. 0 70/22 02 02 (Kasse/Reservieren), Tel. 3-202 10 11 (Rezeption) | www.vlaamseopera.be

Brügge
MUSIK UND THEATER

Concertgebouw B/C 3
Markanter moderner Kulturtempel, den Brügge für sein Kulturhauptstadtjahr 2002 spendiert bekam und an dem sich bis heute die Geister scheiden: Manchem Brügger Bürger ist der wuchtige Bau, dessen Wände mit Tausenden roter Terrakottaziegeln bekleidet sind, zu dominant. Die Akustik allerdings ist perfekt. Der Entwurf stammt vom bekannten flämischen Architektenduo Paul Robbrecht und Hilde Daem. Das Programm ist umfangreich und umfasst Klassik- und Popkonzerte, Tanz, Theater und Zirkusakrobatik.
Centrum Markt | 't Zand 34 | Bus: 't Zand | Tel. 0 50/47 69 99 | www.concertgebouw.be

Die Concertgebouw (▶ S. 51), die Brügger Konzerthalle, ist ein internationales Podium für Musik und Tanz. Hier proben junge Künstler für eine Tanzaufführung.

Im Café Théatre (▶ S. 53) trifft man sich vor oder nach dem Besuch in der Oper zu einem Drink oder gönnt sich ein vorzügliches Steak Tartar.

Stadsschouwburg   C2
Das Neorenaissancegebäude von 1869 gehört zu den besterhaltenen städtischen Theaterbauten Europas. Seine 650 Sitze sind, wie es sich für ein Theater jener Zeit gehört, mit rotem Samt bezogen.
Centrum-Markt | Vlamingstraat 29 | Bus: Markt | Tel. 0 50/44 30 40 | www.ccbrugge.be

MUSIKCAFES
Jazzbar The Duke   C2
Entspannen an der eleganten Bar im mehr als 300 Jahre alten Stadtpalast des Hotel Navarra. Vom 1.3. bis 30.6. und 1.9. bis 31.12. jeden Mittwoch- und Freitagabend Live-Pianomusik.
Centrum-Markt | Sint Jakobsstraat 41 | Bus: Markt | Tel. 0 50/34 05 61 | www.hotelnavarra.com

De Kleine Nachtmuziek   C2
Mehr als Mozart: Gemütliches kleines Nachtcafé im Schatten der Jakobskirche, wo nicht nur viele Kerzen, Whisky- und Biersorten für Stimmung sorgen, sondern auch zwei Pianos.
Centrum-Markt | Sint Jakobsstraat 60 | Bus: Markt | Do–Mo ab 18 Uhr

Lokkedize   B/C3
Jazz, Rhythm & Blues und Rock'n'Roll, dazu viel Bier vom Fass und kulinarische Köstlichkeiten aus aller Welt. Für knisternde Wärme sorgt ein Kamin.
Centrum-Markt | Korte Vulderstraat 33 | Bus: Markt | Tel. 0 50/33 44 50 | www.lokkedize.be

Orangerie   D3
Prächtige Hotelbar in ehemaligem Kartäuserkloster aus dem 15. Jh., gleich

neben dem **Groeningemuseum** 🔟. Schöne Terrasse am Wasser, ideal auch für typisch englischen »afternoon tea«.

Centrum-Markt | Kartuizerinnenstraat 10 | Bus: Markt | Tel. 0 50/34 16 49 | www.hotelorangerie.be | 14 Uhr – open end

Gent

BARS, CLUBS UND CAFÉS

Belga Queen   📍 B 2

Exklusive Cocktailbar mit Brasserie, ganz im Kongo-Kolonialstil Belgiens eingerichtet. Bequeme Fauteuils, hochklassige Drinks, und DJs, die für angemessene Musik sorgen. An der schönsten Gracht der Stadt, der Graslei.

Torens | Graslei 10 | Tram: Korenmarkt | Tel. 04 79/72 92 37 | www.belgaqueen.be

Café Théatre   📍 B 2/3

Theatercafé im Operngebäude. Traditioneller Treff nicht nur für Opernfans. Bekannt für sein bunt zusammengewürfeltes Personal, das aus der ganzen Welt kommt. Und für das Können seines Bartenders, der 2011 zum besten von ganz Belgien gekürt wurde.

Kouter | Schouwburgstraat 5–7 | Tram: Kouter | Tel. 09/2 65 05 50 | www.cafetheatre.be | Bar tgl. ab 10 Uhr | Restaurant Mo–Do 12–14.15 und 19–23, Fr, Sa 14 und 19–24, So 12–14 und 19–23 Uhr | €€

Charlatan   📍 C 1

Eines der beliebtesten Musikcafés der Stadt mit Bar, Café und großem Saal, in dem DJs den Tanzwilligen die ganze Nacht lang einheizen.

Vrijdagmarkt | Vlasmarkt 6 | Bus: Bij Sint Jacob | Tel. 09/2 24 24 57 | www.charlatan.be

MUSIK, TANZ UND THEATER

Capitole   📍 D 3

In diesem ehemaligen Kino kommen Musicalliebhaber auf ihre Kosten. Außerdem: Kabarett, Ballett und Stand-up-Comedy.

Zuid | Graaf van Vlaanderen-Plein 5 | Tram: Graaf van Vlaanderenplein | Tel. 09/2 33 29 99 | www.capitolegent.be

Handelsbeurs   📍 C 2

Beliebter Konzertsaal für Pop, Rock, Singer-Songwriter und Weltmusik.

Kouter | Kouter 9 | Bus/Tram: Kouter | Tel. 09/2 65 91 65 | www.handelsbeurs.be

Vlaamse Opera   📍 B 3

Den Bau dieses klassischen Opernhauses haben reiche Genter Unternehmer 1837 bis 1840 in die Wege geleitet. Kürzlich renoviert, zählt der Sitz der Vlaamse Opera mit seinem gigantischen Kronleuchter und den drei Salons wieder zu den schönsten Operngebäuden Europas.

Kouter | Schouwburgstraat 3 | Tram: Kouter | Tel. 09/2 68 10 11 | Tickets: 0 70-22 02 02 | www.vlaamseopera.be

Vooruit   📍 C 3

Avantgardistisches Kunstzentrum für Tanz, Theater, Musik und Literatur in imposanten Jugendstilsälen. Das große Art-déco-Café ist auch beliebter Treff für die Einheimischen, um zu ratschen.

Sint Pietersplein | Sint Pietersnieuwstraat 23 | Tram: Verlorenkost | Tel. 09/2 67 28 28 | www.vooruit.be

Weitere empfehlenswerte Adressen finden Sie im Kapitel **ANTWERPEN BRÜGGE GENT ERKUNDEN.**

FESTE FEIERN

Hin- und hergerissen zwischen Film-, Schokoladen-, Sommer- und Bierfestivals bleibt dem Besucher von Antwerpen, Brügge oder Gent eigentlich nur eines übrig: einfach mitfeiern, denn auch darin sind die Flamen richtig gut.

Blaskapellen, Stelzenläufer, Straßenakrobaten und Zehntausende von Besuchern, einer ausgelassener als der andere: Während der »Gentse Feesten« im Juli ist im gesamten »historischen Kübel«, wie die Genter ihre Altstadt ebenso liebevoll wie respektlos nennen, jeden Sommer zehn Tage lang der Bär los. Mit Märkten, Zirkusveranstaltungen, Straßentheater und viel Musik.

ZEHN TAGE DAUERT DAS GRÖSSTE VOLKSFEST

Bei »Pierke Pierlala«, der flämischen Ausgabe des Kasperletheaters, kommen nicht nur Kinder auf ihre Kosten. Die ganz Sportlichen klettern alle 444 Stufen hoch auf den Turm der **St. Bavo-Kathedrale** ⭐8, der nur während der Genter Feste bestiegen werden kann. Und Musikliebhaber haben die freie Wahl zwischen Chansons, Jazz, Blues und Rock'n'Roll. Der letzte

◀ Lichterfestival (▶ S. 57) in Gent: der
Korenmarkt als riesige Projektionsfläche.

Tag heißt nicht umsonst »dag van de lege portemonnées«, Tag der leeren
Portemonnaies. Die Genter Feste sind das größte Volksfest nach dem
Münchner Oktoberfest und den Fallas von Valencia – und der Beweis
dafür, wie gut die Flamen feiern können. Nicht umsonst steht Gent im
Ruf, eine der dynamischsten Festivalszenen Europas zu haben.
Wer seinen Aufenthalt so einplant, dass er auch noch Anfang August in
Flandern ist, kann in Brügge sozusagen nahtlos weiterfeiern: Dort findet
alle drei Jahre im August ein großes Grachtenfestival statt, das die gesam-
te Stadt erfasst. Und natürlich steht auch Antwerpen nicht zurück: Das
Summerfestival am letzten Juniwochenende ist eine Attraktion für Liebhaber elektronischer Musik, dann ist auf neun Bühnen das Beste zu sehen
und zu hören, was die Szene im In- und Ausland zu bieten hat.

Antwerpen

APRIL

(Con)temporary Fashion Days

Zweimal im Jahr (April und Oktober)
verkaufen Antwerpener Modeschöpfer
bei diesem Outlet-Event ihre Kollektionen des Vorjahres. Großartige Gelegenheit für Modeverrückte!
April/Oktober
verschiedene Veranstaltungsorte |
www.ffi.be

JUNI

Zomer van Antwerpen

Sommerfestival mit Freilichtvorstel-
lungen, Theater, Tanz und Zirkus.
Juni–August
verschiedene Veranstaltungsorte |
www.zva.be

Lambermontmartre

Nach dem Vorbild auf dem Mont-
martre findet die Freilicht-Kunstmesse
auf dem Lambermontplaats statt. Viele
Künstler sind selbst vor Ort und präsentieren Gemälde, Zeichnungen,
Fotos, Siebdrucke und Plakate.
Juni–September
www.lambermontmartre.be

Fashionshows

Die Absolventen der berühmten Modeakademie zeigen ihre Abschluss-
arbeiten. Ein Pflichttermin für Profes-
sionals auf Talentsuche und Modefans,
die hier eine Explosion an Kreativität erleben. Parallel dazu, entweder in
Antwerpen (Jahre mit gerader Zahl)
oder Gent (Jahre mit ungerader Zahl),
findet die »Vitrine« statt, ein Forum für
Belgiens Modedesigner.
Infos und genaue Daten: www.ffi.be und
www.ffi.be/vitrine

Summerfestival

Jedes Jahr am letzten Wochenende im
Juni spielen Musiker aus dem In- und
Ausland auf neun Bühnen das Beste,
was elektronische Musik zu bieten hat.
www.summerfestival.be

JULI

Handwerpen Festival

Immer drei Tage Ende Juli auf dem **Grote Markt** ⭐ mit viel Live-Musik, Bolleke-Bier und ganzen Bergen von Miesmuscheln, die bei dieser Gelegenheit verzehrt werden.

Ende Juli
www.handwerpenfestival.be

JULI/AUGUST

Antwerpen proeft, Bollekes-Bierfest

Führende Restaurants bieten während »Antwerpen proeft« (Antwerpen kulinarisch) Kostproben (regionaler) Spezialitäten an. Beim parallel stattfindenden Bierfest fließt das typische Antwerpener Bier in großen, runden »Bolleke«-Gläsern in Strömen. Außerdem findet ein Suppenwettstreit statt.

www.antwerpenproeft.be,
www.bollekesfeest.be

AUGUST

Antwerpener Muttertag 👪

Nur in der Scheldestadt wird er am 15. August gefeiert, mit einem Muttertagskonzert in der Pauluskirche, für das man sich rechtzeitig einen Platz sichern sollte. Gleichzeitig findet ein Rubensmarkt auf dem **Grote Markt** ⭐ statt. Marktkrämer tragen Kostüme aus der Zeit von Rubens und bieten historische Waren an.

15. August

NOVEMBER

Buchmesse Antwerpen

Neben der Präsentation von nationalen und internationalen Büchern finden auch ein Programm mit Autorenlesungen statt.

Anfang November
Antwerp Expo | Tentoonstellingswijk | Jan Van Rijswijcklaan 191 | Tram: Antwerp Expo | www.boek.be

DEZEMBER

Weihnachtsmarkt

Musik, Eisbahn und Essensstände bei der Kathedrale und auf dem **Grote Markt** ⭐.

Brügge

MAI/JUNI

Heilig Bloedprocessie

Seit 1921 wird jedes Jahr am Himmelfahrtstag eine Reliquie aus der Heilig-Blut-Kapelle in einer feierlichen Prozession durch die Innenstadt getragen. Ein farbenprächtiger Umzug mit Prunkwagen und ca. 2000 Laiendarstellern.

Christi Himmelfahrt
www.holyblood.com

JULI

Cactusfestival

Jährliches Mini-Open-Air-Festival im Minnewaterpark, das 2010 zum besten Kleinfestival Europas gekürt wurde. Rock, Pop, Reggae und Weltmusik mit großen Namen und jungen Talenten.

www.cactusfestival.be

Zandfeesten

Dreimal einen Tag lang jeweils im Juli, August und September findet dieses Fest statt: ein großer Antiquitäten- und Brocantemarkt, der inzwischen weit über die Grenzen Brügges hinaus bekannt ist und Liebhaber aus dem In- und Ausland anzieht.

Juli/August/September
www.brugge.be

AUGUST
MAFestival
Renommiertes Festival für alte Musik: Zehn Tage lang treten Musiker auf und es gibt internationale Musikwettbewerbe.

Anfang August
verschiedene Veranstaltungsorte |
www.mafestival.be

Reiefeest
Alle drei Jahre findet ein großes Grachtenfestival statt – das nächste im Jahr 2017. Acht Spektakel, die über die ganze Stadt verteilt aufgeführt werden, machen die Geschichte Brügges vom Mittelalter bis zu Renaissance und Barock greifbar.

Mitte/Ende August
verschiedene Veranstaltungsorte |
www.reiefeest.be

DEZEMBER
December Dance
Hier dreht sich alles um Tanz. Außerdem gibt es zahlreiche Premieren, viel Live-Musik sowie Filme und Kunstausstellungen.

Anfang Dezember
Concertgebouw | Centrum Markt |
t' Zand 34 | Bus: t' Zand | www.decem
berdance.be

Gent
JANUAR
Lichterfestival
Alle zwei (ungerade) Jahre mit den Kunstwerken internationaler Lichtkünstler, die man nach Einbruch der Dämmerung auf einem Licht-Spaziergang auf sich wirken lassen kann. Ein bezauberndes Erlebnis.

www.visitgent.be

APRIL
Floralien
Das königliche Blumenfestival mit Blumenkunst der besten Züchter und Blumenbinder findet nur alle fünf Jahre statt – das nächste Mal 2016: Vom 22. April bis 1. Mai mäandert ein grüner, prächtig blühender Läufer durch die Stadt, vom Floralienpalast bis zum neuen Justizpalast.

International Convention Center
Ghent | Van Rysselberghedreef 2 |
Citadelpark | Bus: Citadelpark | www.
floralien.be

JULI
Gentse Feesten
Berühmt-berüchtigtes Genter Stadtfest, das zehn Tage lang in der gesamten Stadt mit viel Musik gefeiert wird.

Ende Juli
www.gentsefeesten.be

SEPTEMBER/OKTOBER
Festival von Flandern
Kultureller Höhepunkt in ganz Flandern: einen Monat lang Kultur und Musik vom Feinsten, dargeboten von mehr als 1000 Künstlern.

Immer zwei Wochen im September
www.festivalgent.be

OKTOBER
Film Festival Gent
Das 1974 gegründete Festival zeigt rund 100 Filme und 30 Kurzfilme aus aller Welt, gut 130 000 Zuschauer kommen, um das Programm zu sehen. Außerdem gibt es Konzerte mit Filmmusik und Ausstellungen.

Mitte/Ende Oktober
verschiedene Veranstaltungsorte |
www.filmfestival.be

MIT ALLEN SINNEN
spüren & erleben

Reisen – das bedeutet aufregende Gerüche und neue Geschmackserlebnisse, intensive Farben, unbekannte Klänge und unerwartete Einsichten; denn unterwegs ist Ihr Geist auf besondere Weise geschärft. Also, lassen Sie sich mit unseren Empfehlungen auf das Leben vor Ort ein, fordern Sie Ihre Sinne heraus und erleben Sie Inspiration. Es wird Ihnen unter die Haut gehen!

◀ Eine junge Frau experimentiert mit den Glocken der Sound Factory (▶ S. 60).

Antwerpen
SEHENSWERTES
Botanischer Garten mit Schlemmeroase　🌿 D3
Ein liebevoll angelegter Botanischer Garten im Quartier Latin, versteckt mitten in der Altstadt gelegen, mit 2000 seltenen und ausgefallenen Pflanzen, die Floraliebhaber begeistern werden. Ursprünglich befand sich an diesem Platz der Kräutergarten des Sint Elizabeth-Gasthuis. Idealer Ort für eine Verschnaufpause – und für himmlische Gaumenfreuden: Im ehemaligen Gärtnerhäuschen am Eingang befindet sich Het Gebaar, hier verwöhnt Roger Van Damme, Sternekoch mit einer eigenen TV-Show, seine Gäste mit molekularen Lunchkreationen und Desserts, die schon zu seinen Lebzeiten legendär geworden sind. Der Gault-Millau kürte Van Damme 2010 wegen seiner innovativen Küche, die von französisch-belgisch bis molekular variiert, zum »Chef van het Jaar«
Het Hebaar Lunch Lounge | Theaterbuurt | Leopoldstraat 24 | Tram: Mecheleplein | Tel. 02/93 72 32 | Di–Sa 8–18 Uhr | €€€

Indisches Märchen　🌿 südl. D 4
Wer diesen Abstecher in die Nachbargemeinde Wilrijk macht, glaubt sich auf einmal auf einem anderen Kontinent: Hier erhebt sich der größte Jaintempel außerhalb Indiens, ein Prachtbau aus weißem Marmor. Gestiftet wurde er von 400 Familien der Jaingemeinschaft Antwerpens, darunter viele Diamanthändler, denn das Geschäft mit den kostbaren Steinen ist mehr und mehr in indischer Hand. Wer dieses größte Heiligtum der Jain in Europa besichtigen will, kombiniert das am besten mit einem Besuch im Middelheimpark, der liegt auf der Strecke. Achtung: Besichtigung ist nur möglich nach vorheriger Anmeldung per email: jcca1@telenet.be
2610 Wilrijk | Laarstraat 34 | Bus: L. Kieboomsstraat Wilrijk

AKTIVITÄTEN
Stadt von unten　🌿 C2
Nicht nur Paris hat einen Bauch – Antwerpen auch! Und besichtigt werden kann er auch: Mit erfahrenen Führern

lässt sich das 8 km lange unterirdische Kanalsystem der Stadt erkunden, die sogenannten Ruien. In Gummistiefeln, Schutzanzug und Taschenlampe geht es zu Fuß und zum Teil mit dem Boot vorbei an Schleusen, Brücken und Nischen. Wer den »Bauch von Antwerpen« kennenlernen will, sollte nicht zu schnell die Nase rümpfen. Tasche für die eigenen Schuhe mitnehmen! Nicht geeignet für Kinder unter zwölf Jahren.
Historisch Centrum | Suikerrui 21, Eingang: Ruihuis | Tram: Groenplaats |

www.antwerpen.be | Eintritt 16 € | Dauer: 3 Std. | Reservierung ausschließlich unter Tel. 03/2 32 01 03

Unterm Fluss durch im St. Annatunnel 🚶 C 2/3

Wechseln Sie die Seiten – und erleben Sie Antwerpen aus einer ganz anderen Perspektive: Der unter Denkmalschutz stehende Sint Annatunnel wurde 1931 speziell für Fußgänger und Radfahrer gebaut und führt unter der Schelde zum »linke Oever«, dem linken Ufer, wo man eine prachtvolle Aussicht auf

die Silhouette der Altstadt hat. Der Eingang ist am Sint-Jansvliet, wo im Tunnelhaus noch heute die originalen hölzernen Rolltreppen in die Tiefe führen. Breite: knapp 32 m, Gesamtlänge: 572 m. Spannend für Kinder!
Historisch Centrum | Sint Jansvliet | Tram: Kammenstraat

Brügge
MUSEEN UND GALERIEN
Wem die Stunde schlägt 🚶 B/C 3

Im »Turm der Klänge« kann jeder zum Komponisten werden! Sound Factory heißt dieses interaktive Museum: Auf dem Dach vom Concertgebouw kann man mit Aussicht auf die Türme von Brügge aus den 150 verschiedenen Glockenspielen der Stadt wählen und seine eigene Klangskulptur erschaffen.
Concertgebouw Brugge | 't Zand 34 | Bus: Zilverpand | Tel. 0 70/22 33 02 | www.sound-factory.be | Di–So 9.30–17 Uhr | Eintritt 6 €, Kinder unter 12 gratis

GENIESSEN
Schokoladenrausch 🚶 C 2

Besuchen Sie das Schokoladenmuseum Choco-Story in der Wijnzakstraat 2. Denken Sie nicht an Kalorien, sondern plündern Sie stattdessen die unzähligen Schokoladengeschäfte – keine andere Stadt hat eine so große Dichte an Chocolatiers, einer verführerischer und kreativer als der andere! Mehr als 50 sind es. Kein Wunder, dass sich Brügge gern als Welthauptstadt der Schokolade bezeichnet. Ende des Mittelalters machten sich Brügger Kaufmannsfamilien auf die Suche nach neuen Handelsquellen und importierten Zuckerrohr aus Madeira. Als spanische Entdecker im 16. Jh. dann erstmals mit Kakao an Bord nach Europa zurückkehrten, dauerte es nicht lange, bis entdeckt wurde, dass man diese beiden Zutaten auch mischen konnte.

Den Schokoladenmarkt und das Schoko-Festival gibt es zwar nicht mehr, aber für den Valentinstag 2015 sind besondere Events geplant, für Weihnachten 2015 sogar eine lebensgroße Weihnachtskrippe aus dem süßem Stoff. Spaß machen könnte großen wie kleinen Naschkatzen auch ein geführter **Schoko-Spaziergang.** Er dauert zwei Stunden und führt entlang der feinsten Chocolatiers der Stadt, wo man nicht nur kosten, sondern auch einen Blick

hinter die Kulissen in die Pralinen-Ateliers werfen darf. Da die Brügger Bonbons zu den feinsten der Welt zählen, hat das Ganze allerdings auch seinen Preis: eine Führung (maximal 20 Personen) kostet pauschal 75 € für die gesamte Gruppe und dann nochmal 5 € pro Person. Derselbe Organisator veranstaltet auch Naschkatzen-Touren durch die Stadt, dabei geht es nicht nur um Schokolade, sondern ganz allgemein um süße Köstlichkeiten. Pauschalkosten: 100 € pro Gruppe (max. 20 P.)
Information:
Huis Ter Beurze | Vlamingstraat 35 | Tel. 04 99/72 37 10 | www.s-wan.be

FÜHRUNGEN
Brügge mit den Augen eines Fotografen
Fotofreunde, aufgepasst! Lassen Sie sich von einem professionellen Fotografen durch die Stadt führen. Auf der Suche nach den schönsten Motiven und dem besten Licht – für garantiert gelungene Urlaubserinnerungen. Es gibt Touren am Morgen, Mittag, Nachmittag und Abend zu verschiedenen Themen, darunter Highlights, Seitenstraßen und Kanäle oder unbekannte Winkel. Dauer: ca. 2 Stunden, Kosten in Gruppen von max. 5 Teilnehmer: 50 €, allein oder zu zweit: ab 200 €.
Tel. 0 48/17 52 75 | www.phototour brugge.com

BEWEGUNG
Brügge für Sportliche
Auch beim Städtetrip nicht aufs Joggen verzichten? Tourist Run Brugge macht's möglich: Laufschuhe an und los geht es! Entweder ganz früh morgens – oder abends, zwischen Abendessen und Nachtleben, wenn alles schön ruhig ist. Ein Führer lotst die Läufer in kleinen Gruppen entlang der schönsten Ecken und Sehenswürdigkeiten durch die Stadt, das Lauftempo ist gemächlich,

damit man das, was man sieht, auch genießen kann. Start und Ziel: beim Denkmal von Jan Breydel und Pieter de Coninck auf dem Markt. Länge: 9,5 km, Preis: 15 € incl. Wasser, Energy Bar und Erinnerungsfoto. Unbedingt reservieren: Tel. 04 73/88 37 17.
www.touristrunbrugge.be

Gent
GENIESSEN
Eleganter Frühschoppen C2
Setzen Sie sich sonntagvormittags auf den Kouter! Dieser Platz ist seit Jahrhunderten der traditionelle Sonntagstreff der Genter: Erst wird Kaffee getrunken, dann über den Blumenmarkt gebummelt, zum Abschluss genehmigt man sich ein Glas Weißwein und schlürft ein paar Austern – ein Frühschoppen der gehobenen Art. Im Mittelalter fanden auf dem Kouter Turniere und Truppenschauen statt, dann Pferdemärkte und Bogenschießen. Im

19. Jh. flanierte an Sonntagen die wohlhabende Bourgeoisie mit Sonnenschirmchen und Krinoline über den Platz, während ein Mini-Orchester im

Musikkiosk bekannte Weisen spielte. Woran sich, bis auf die Mode, bis heute nichts geändert hat.

Kouter | Tram: Korte Mee 2

SPAZIERGANG

Dem Licht auf den Fersen

Schon mal vom »Genter Lichtplan« gehört? Er sorgt dafür, dass die vielen historischen Gebäude abends ganz besonders kunst- und effektvoll angeleuchtet werden. Das Konzept wurde mit vielen Preisen ausgezeichnet. Wer sich davon mit eigenen Augen überzeugen will, sollte nach Sonnenuntergang zum »Nachtspaziergang« aufbrechen. Die Route findet sich auf der Website des Fremdenverkehrsamtes kostenlos zum Downloaden (www.visitgent.be). Start und Ziel ist der Kouter. Dauer: ca. zwei Stunden. Achtung! Rechtzeitig beginnen, um Mitternacht wird alles auf normale Straßenbeleuchtung umgestellt. Ganz besonders reizvoll ist dieser Nachtspaziergang während des berühmten Genter Lichtfestivals, das alle drei Jahre im Januar stattfindet, das nächste Mal 2015. Dann badet die Stadt in besonders viel Licht und Gebäude und Plätze werden noch fantasievoller angestrahlt. Eine Augenweide!

Sevilla lässt grüssen im Patershol
B1

Machen Sie einen Streifzug durch den Patershol, ein einzigartiges mittelalterliches Handwerkerquartier, das liebevoll saniert wurde und sich mit seinen vielen kleinen Beizen, Restaurants und Lädchen zum In-Viertel gemausert hat. Es besteht aus genau zwölf Sträßchen und Gassen, deren Grundriss unverändert geblieben ist: So wie im Barrio Santa Cruz in Sevilla gibt es auch hier nur T-Kreuzungen und nirgendwo eine X-Kreuzung. Dem Patershol drohte in den 1980er-Jahren der Abriss wegen einer Autobahnerweiterung, was ein Bürger-Rettungskomitee zu verhindern wusste. Heute ist es ein Genter Hotspot. Ganz in der Nähe – im Prinzenhof, von dem leider nichts mehr übrig ist – wurde Kaiser Karl V. geboren.

Gravensteen | Tram: Gravensteen

KUNST

Dem alten Meister auf der Spur

Der Genter Altar mit dem »Lamm Gottes« der Gebrüder van Eyck gehört zu Gent wie die Mona Lisa zu Paris und Michelangelos David zu Florenz. Seit 2012 wird das aus zwölf Tafeln bestehende Meisterwerk von einem internationalen Expertenteam bis 2017 aufwendig restauriert. Weil man es den Bürgern von Gent nicht zumuten wollte, sie vier Jahre lang von ihrem

Publikumsliebling zu trennen, können Kunstliebhaber den Restauratoren im Museum für Schöne Künste durch eine Glaswand quasi über die Schulter bei der Arbeit zugucken. In der Sint-Baafskathedrale ist der größte Teil des Altars wie gehabt weiterhin zu sehen, die fehlenden Tafeln werden durch Schwarzweiß-Reproduktionen ersetzt. Im Caermerskloster findet eine Dauerausstellung zur Restauration statt, u. a. über die Maltechniken der Van-Eyck-Brüder und die Symbolik des »Lamm Gottes«. Interessierte können sich auch einen Film über das Restaurationsprojekt anschauen.

– Sint-Baafskathedraal | Torens | Sint Baafsplein | Bus: Stadhuis | April–Okt. Mo–Sa 9.30–17, So 13–17, Nov.–März Mo–Sa 10.30–16, So 13–16 Uhr | Eintritt 3 € C2

– Museum voor Schone Kunsten | Citadelpark | Fernand Scribedreef 1 | Tram: Ledeganckstraat | www.mskgent.be | Di–So 10–18 Uhr | Eintritt 5 € C4

– Provinciaal Cultuurcentrum Caermerskloster | Vrouwebroersstraat 6 | Tram: Gravensteen | Tel. 09/2 69 29 10 | www.caermersklooster.be | Di–So 10–17 Uhr, Einlass bis 16.30 Uhr B1

BOOT FAHREN
Freizeitkapitäne ans Steuer! B3
Das historische Zentrum von Gent lässt sich auch vom Wasser aus entdecken. Einen speziellen Führerschein braucht es nicht, um ein (Motor-) Boot zu mieten, aber älter als 18 Jahre muss man schon sein und etwas Erfahrung sollte man auch mitbringen, denn auf den Kanälen von Gent ist eine Menge los! Boote werden von mehreren Firmen vermietet, wobei es unbedingt empfehlenswert ist zu reservieren, zum Beispiel bei:

Minerva Boat Company | Coupure Rechts 2a | Tram: Bijloke | Tel. 09/2 33 79 17 | www.minervaboten.be | tgl. 10–20 Uhr | 2 Std. für max. 4 Personen plus 1 Kind: 60 €

In den engen Gassen des Mittelalter-Viertels Patershol zieht ein bunter Mix von Geschäften, Kneipen und Restaurants Einheimische und Besucher an (▶ S. 62).

Einmaliger Blick auf Antwerpen von der Galerie des MAS (▶ MERIAN TopTen, S. 134).

ANTWERPEN BRÜGGE GENT ERKUNDEN

EINHEIMISCHE EMPFEHLEN

Die schönsten Seiten von Antwerpen, Brügge und Gent kennen am besten diejenigen, die dort seit Langem oder schon immer zu Hause sind. Drei dieser Bewohner lassen wir hier zu Wort kommen – Menschen, die eines gemeinsam haben: die Liebe zu ihrer Stadt.

ANTWERPEN: Sofie Korres, 43

Ich bin in Antwerpen im Schatten der Kathedrale geboren und aufgewachsen, ich liebe diese Stadt! Sie ist kompakt und übersichtlich, aber durch Hafen und Diamanthandel auch unglaublich international. Und eine der besten Modestädte der Welt! Die Modeshows der Absolventen unserer berühmten Modeakademie im Juni sind für mich jedes Jahr ein Muss – das ist immer eine Explosion an Kreativität! In meiner Freizeit durchforste ich gern die vielen Vintage-Läden, meine Favoriten sind **Rosier** (▶ S. 37) und **Labels Inc.** (▶ S. 87). Bei Rosier habe ich neulich für 120 € eine Delvaux-Handtasche erobert, die kostet

Im »Venedig des Nordens« fahren Boote durch die verzweigte Fluss- und Kanallandschaft. Besonders stimmungsvoll ist es auch am Krjukow-Kanal (▶ S. 14).

Einheimische empfehlen | 67

normalerweise 1500 €! Antwerpen ist auch kulinarisch ein Paradies – einfach schrecklich, alles schmeckt so lecker! Zum Beispiel die megaguten Eclairs in der **Patisserie Lints** (▶ S. 86) am Mechelseplein. Auf der Terrasse dort sind wir Einheimischen noch so gut wie unter uns, das gefällt mir.

BRÜGGE: Griet Vandenheede, 42

Brügge ist nicht nur kleiner und kompakter, sondern auch romantischer und pittoresker als Antwerpen und Gent. In unserer Stadt taucht man ins Mittelalter ein! Ich bin in Brügge geboren und mache mit meinem Mann und den Kindern samstags nach wie vor gern einen Bummel durch die Stadt. Dabei komme ich mir vor wie im Urlaub – wegen der vielen Touristen. Wir machen oft eine Bootsfahrt, obwohl das supertouristisch ist, aber wunderschön! Die Kutschen – nein, aber die Boote – ja! Bei schönem Wetter findet man uns oft auf der modernen Terrasse von **B-IN** (▶ S. 104). Und wenn wir auswärts essen, tun wir das gerne bei **De Passeviet** (▶ S. 33), einem kleinen Bistro. Die servieren unter der Woche nur Lunch, aber freitags und samstags gibt es auch abends ein Tagesgericht. Das kostet nur 11 oder 12 € und ist wirklich gut!

GENT: Christophe de Mey, 38

Ich bin gebürtiger Genter – und fühle mich so wohl in meiner Stadt, dass ich lieber jeden Tag 40 Minuten mit dem Zug zur Arbeit nach Brüssel fahre als umzuziehen. Gent ist keine Großstadt, aber hat alles, was zum Großstadtleben gehört – und zudem das größte autofreie Zentrum Europas. Ich esse am liebsten bei **Du Progres** (▶ S. 35) am Korenmarkt, da sind fast nur Einheimische und man bekommt ein Menu mit einem guten Beefsteak schon für 12 €. Ich stehe auf junge belgische Musik. In der **Handelsbeurs** (▶ S. 53) spielen regelmäßig belgische Bands, das sind immer intime Konzerte in kleinem Kreis, das mag ich. Wenn ich mich zum Frühstücken mit Freunden verabrede, treffen wir uns meistens bei **Simon says** (▶ S. 29) oder im **Café Labath** (▶ S. 124). Und mein Brot kaufe ich bei **Himschoots** (▶ S. 47). Wirklich lecker! Das ist die älteste Bäckerei von Gent. Es gibt auch nirgendwo feinere Zimtbrötchen als dort.

> *»Gent ist keine Großstadt, hat aber alles, was zum Großstadtleben dazugehört – und das größte autofreie Zentrum Europas«*
>
> Christophe de Mey

ANTWERPEN

Die Kunstmetropole und Handelsstadt in Flandern prunkt mit goldverzierten Stadtpalästen, prächtigen Straßenzügen, gotischen Kirchen, hohen Türmen und natürlich dem berühmten Rubenshuis.

Wer angemessen in Antwerpen eintreffen will, nimmt den Zug: Nicht umsonst nennen die Antwerpener ihren Hauptbahnhof »Eisenbahnkathedrale«: Er sieht aus wie einmal in Blattgold geschwenkt und dann mit Puderzucker bestäubt. Alles in Antwerpen ist üppig, hier herrscht barocke Lebensfreude. »Lieber ein bisschen zu viel des Guten als zu wenig«, lautet die Devise in der Rubensstadt.

EINE METROPOLE, DIE SICH ZU FUSS ERKUNDEN LÄSST

Aber Antwerpen, mit einer halben Million Menschen aus mehr als 160 Nationen Flanderns größte Stadt, ist auch Mode-, Diamant- und Hafenstadt. Sie kann mit weltweit renommierten Modedesignern wie Walter van Beirendonk, Dries Van Noten oder Ann de Meulemeester aufwarten. Sie macht sich mit Hamburg den Platz um den zweitgrößten

◀ Brabobrunnen (▶ S. 76) und Rathaus im
historischen Zentrum der Stadt.

Hafen Europas streitig. In Antwerpen lebt die größte Gemeinschaft orthodoxer Juden Nordeuropas. Und hier werden 65 % aller Diamanten weltweit gehandelt.

Eigentlich gleicht die Scheldemetropole mit ihren vielen Facetten selbst einem großen Diamanten. »Diese Stadt ist hinreißend!«, schrieb schon Victor Hugo und kam aus dem Staunen nicht heraus: Kaum hatte er die eine Sehenswürdigkeit bewundert, stieß er schon auf die nächste. In den verwinkelten Gassen und Straßen rund um die Kathedrale zum Beispiel. Auf dem **Grote Markt** ⭐ mit seinen prächtigen Gildehäusern, dem Rathaus und dem Brabobrunnen. Aber auch im Quartier Latin, dem Theaterviertel, wo nicht nur die prächtige Bourlaschouwburg liegt, sondern auch das **Rubenshuis** ⭐, Wohn- und Wirkungsstätte des berühmten Malerfürsten.

AM ALTEN HAFEN HERRSCHT AUFBRUCHSTIMMUNG

Fast alles lässt sich problemlos zu Fuß entdecken. Der Middelheimpark und das Jugendstilviertel Zurenborg mit der Cogels Osy-Laan liegen zwar etwas abgelegener im Süden, dennoch sollte man sich beide nicht entgehen lassen, denn Aha-Erlebnisse sind garantiert.

Im Norden der Stadt wird der Pioniergeist wach: Rund um die alten Hafenbecken mit ihren Schleusen, Kränen, Brücken und Lagerhäusern entsteht ein neues In-Viertel. Sein Wahrzeichen hat es 2010 mit dem **Museum aan de Stroom (MAS)** ⭐ bereits bekommen, einem spektakulären Neubau aus übereinandergetürmten roten Backsteinquadern. Der wuchtige Turm bekommt nun Konkurrenz vom Havenhuis, dem neuen Sitz der Hafenverwaltung, der bis 2015 nach einem Entwurf von Star-Architektin Zaha Hadid vollendet werden soll: ein elegantes silbernes Schiff, so scheint es, das im Hafen gestrandet ist und nun auf dem Trockenen liegt. Ebenfalls sehenswert und bereits vollendet sind der ehemalige Sitz der Schifffahrtsgesellschaft Red Star Line, der 2013 als Migrationsmuseum seine Pforten öffnete, das Felix Archiv in einem sanierten Lagerhaus und der neue Stadtpark Spoor Nord, ein grüne Oase mit Wasserspielen für jung und alt. Auch das renommierte Königlich Flämische Ballett ist bereits auf das Eilandje umgezogen. Die ersten Hotels, Cafés und Läden sind ebenfalls schon da. Die Scheldemetropole ist wieder um eine Facette reicher geworden.

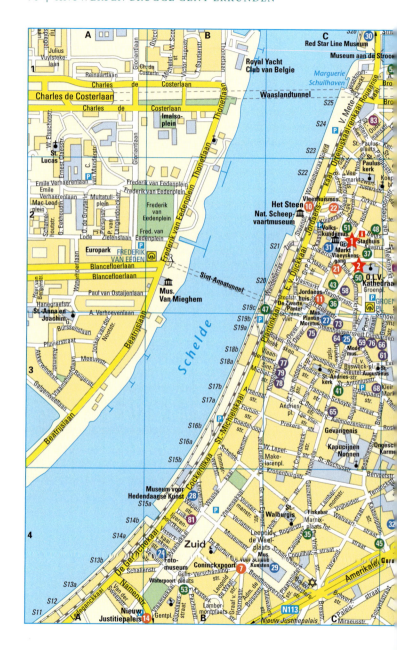

Antwerpen | 71

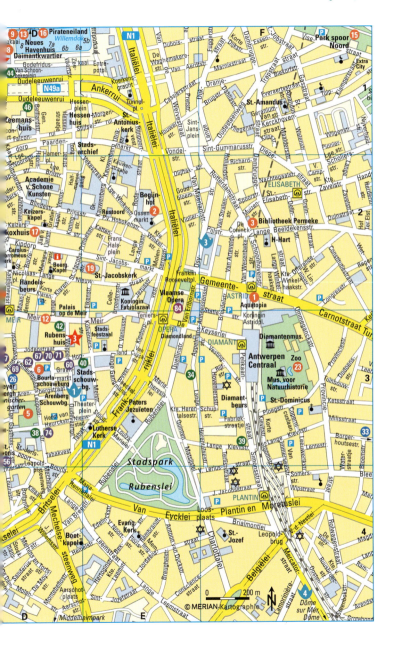

SEHENSWERTES

1 Aquatopia 👫 ⚑ F2

Indoor-Themenpark über die Unterwasserwelt mit mehr als 10 000 Fischen in Aquarien, die ihren natürlichen Lebensumständen entsprechen. Gleich gegenüber vom Hauptbahnhof im Gebäude des Astrid Park Plaza Hotels untergebracht, hat sich das Aquatopia seit seiner Eröffnung 2004 zu einer der Topattraktionen Antwerpens entwickelt. Auch bei Regenwetter ideal, da alles indoor. Den Besucher erwartet eine Reise durch Regenwälder, Sümpfe, Flüsse und Korallenriffe.
Centraal Station | Koningin Astridplein | Metro: Astrid | Tel. 03/2 05 07 50 | www.aquatopia.be | tgl. 10–18 Uhr | Eintritt 12,95 €, Kinder unter 3 Jahren gratis, von 3 bis 12 Jahren 8,50 €, günstige Kombikarte mit Zoo und Pirateneiland

2 Begijnhof ⚑ E2

Nicht der allerschönste Beginenhof Flanderns, aber Liebhaber dieser semiklösterlichen Gemeinschaften, in denen alleinstehende Frauen ein zurückgezogenes Leben führten, sollten sich auch diese grüne Ruheoase aus dem 16. Jh. nicht entgehen lassen. Sie liegt hinter einem unauffälligen Portal und beherbergt einen Obstgarten, einen Teich, die kleine St.-Catharinakirche sowie Wohnungen, in denen heute Senioren statt Beginen wohnen.
Universiteitswijk | Rodestraat 39 | Tram: St.-Jacobstraat | tgl. 8–18 Uhr

3 Bibliotheek Permeke ⚑ F2

In einer ehemaligen Ford-Werkstatt wurde die größte Stadtbibliothek von ganz Flandern eröffnet. Architektonisch mit Sicherheit ein Blickfang,

Das Diamantkwartier (▶ S. 73) ist zugleich auch das jüdische Viertel von Antwerpen. Jeden Tag wechseln hier Steine im Wert von mehreren Mio. Euro den Besitzer.

allein schon wegen des großen gläsernen Kubus, in dem das Lese-Café untergebracht ist.
Noord | De Coninckplein 26 | Tram: Astrid- oder Coninckplein | Tel. 03/3 38 38 00 | www.permeke.org | Mo–Do 10–20, Juli, Aug. 10–17, Fr–Sa 10–17, So 10–14 Uhr

❹ Boerentoren D 2/3
Dieser 97,5 m hohe Bauernturm mit Art-déco-Elementen war bei seiner Fertigstellung 1930 der höchste Wolkenkratzer in Europa. Er steht dort, wo eine Bombe im Ersten Weltkrieg ein riesiges Loch gerissen hatte. Inspiriert von Chicago und New York, wollten die Antwerpener auf der Welt-Expo mit ihm international Eindruck schinden. Sein Name geht auf die Kundschaft des Erbauers zurück, eine Bank, bei der hauptsächlich Bauern ihr Konto hatten.
Historisch Centrum | Eiermarkt 20 | Tram: Meibrug

❺ Botanischer Garten D 3/4
Liebevoll angelegter Botanischer Garten im Quartier Latin von Antwerpen; versteckt mitten in der Altstadt mit 2000 seltenen und/oder ausgefallenen Pflanzen. Flora-Liebhaber können hier einmalige Entdeckungen machen – und müde Touristen eine Verschnaufpause, um in dieser idyllischen Oase wieder zu Kräften zu kommen. Der denkmalgeschützte Ort war ursprünglich der Kräutergarten des Sint-Elizabeth-Gasthuis.
Theaterbuurt | Leopoldplaats 24 | Tram: Mechelseplein | tgl. 8–18 Uhr

❻ Bourlaschouwburg ▶ S. 50

❼ Coninckxpoort (Waterpoort) B 4
Am Gillisplaats steht der Coninckxpoort, auch Porta Regia genannt: ein Triumphbogen aus dem 17. Jh., dessen Entwurf Rubens zugeschrieben wird und der ursprünglich am Vlasmarkt bei der Kathedrale stand.
Zuid | Gillisplaats | Tram: Pacificatiestraat

> **Ballsaal-Träume**
> Gehen Sie im prächtig restaurierten Bourla-Theater in den ersten Stock ins Café-Restaurant De Foyer. Unter der märchenhaften Kuppel dieses ehemaligen Ballsaals zwischen meterhohen Palmen kommen Sie garantiert ins Träumen (▶ S. 12).

❽ Diamantkwartier D 1
Das Diamantviertel ist nicht spektakulär, sondern aus Sicherheitsgründen eher abweisend und unauffällig gehalten, aber ansehen sollte man es sich trotzdem: Immerhin ist Antwerpen Weltzentrum des Diamanthandels. Hier werden 80 % aller Rohdiamanten und 50 % aller bearbeiteten Steine gehandelt. An den vier Diamantbörsen, die es hier gibt und die alle unweit vom Hauptbahnhof liegen (z. B. in der Pelikanstraat 78), wechseln Tag für Tag Steine im Wert von mehreren Mio. Euro den Besitzer. Der Jahresgesamtumsatz liegt bei 39 Mrd. Dollar. Die Qualitätslabel »Antwerp Cut« und »Antwerp Quality« sind weltweit ebenso anerkannt wie begehrt.
Auch der Hauptbahnhof selbst ist einen Besuch wert: Nicht umsonst be-

zeichnen die Antwerpener dieses Monument des Eklektizismus, das der berühmte belgische Architekt Louis Delacenserie zwischen 1895 und 1905 realisiert hat, liebevoll als »Eisenbahnkathedrale«. Die Ankunftshalle mit dem vielen Marmor gleicht einem italienischen Palazzo, der einstige Wartesaal der ersten Klasse, der heute die Cafeteria beherbergt, einem Schloss.

Bis vor Kurzem noch war der Diamanthandel fest in jüdischer Hand, jede Transaktion wurde mit den jiddischen Worten »mazzel« und »broche« besiegelt. Deshalb ist das Diamantkwartier zugleich auch das jüdische Viertel von Antwerpen: Traditionell gekleidete Juden mit langen Bärten und Schläfenlocken gehören zum Straßenbild, denn hier befindet sich die größte jüdisch-orthodoxe Gemeinschaft Nordeuropas (www.jewishcom.be). Davon zeugt auch die Portugese Synagoge, die 1981 Ziel eines schweren Bombenanschlags war, woraufhin die Sicherheitsmaßnahmen weiter verschärft wurden (Hoveniersstraat 31, Tram: Diamant). Inzwischen ist der Diamanthandel mehr und mehr in indischer Hand.

Alles über die Geschichte der »girl's best friends« erzählt anschaulich das **Diamantmuseum**. Dort ist u. a. eine Kopie der britischen Kronjuwelen zu sehen (Koningin Astridplein 19–23, www.diamantmuseum.be, Do–Di 10–17.30 Uhr, Tram: Diamant/Centraal Station). Achtung: Wegen Umbau ist das Museum vorläufig geschlossen. Bis zur Wiedereröffnung müssen Interessierte mit einem Diamantpavillon am **Museum aan de Stroom** 🔶 vorlieb nehmen; die Kollektion ist zwar kleiner, aber dafür gratis zu besichtigen.

Eilandje | Hanzestedenplaats 1 | Bus: Rijnkaai/Sint-Pietersvliet, Tram: Sint-Pietersvliet | Di–So 10–17 Uhr

9 Eilandje 🚩 nördl. D 1

Wo früher Ozeanriesen anlegten und Emigranten in die Neue Welt aufbrachen, entsteht ein neues In-Viertel mit Museen, Shops, Cafés und Restaurants. Eilandje, »Inselchen«, heißt ein Teil dieses alten Hafengebiets, weil es von Docks umgeben ist. Das Ballet van Vlaanderen ist bereits in das neue In-Viertel im Norden umgezogen und tanzt jetzt am Kattendijkdok-Westkaai. Erster Eyecatcher auf dem Eilandje war bislang das 2010 eingeweihte **Museum aan de Stroom (MAS)** 🔶. Nun folgt mit dem neuen spektakulären **Havenhuis** von Stararchitektin Zaha Hadid ein zweiter. Seit 2013 gibt es auf dem Eilandje auch ein **Migrationsmuseum** im restaurierten Gebäude der Red Star Line am Rijnkaai 15, auf deren Schiffen zwischen 1870 und 1935 mehr als zwei Millionen Europäer nach New York und Kanada emigrierten. Ebenfalls als vorbildliches Beispiel für eine Stadtsanierung gilt ein ehemaliges Lagerhaus für Tabak am Oudeleeuwenrui, das unter dem Namen Felix Archief nun als Stadtarchiv dient, mit einladendem Lese-Café und Büchersalon (Oudeleeuwenrui 29 oder Godefriduskaai 30, Tel. 03/3 38 94 11, Di–Fr 8.30–16.30 Uhr, www.felixarchief.be, Bus: Brouwersvliet). Besonders beeindruckend: die 70 m breite, überdachte Pflasterstraße, die durch das Gebäude läuft. Architektonisch interessant sind auch die ehemaligen Reedershäuser am Aldegondiskaai und Godefriduskaai, in denen sich inzwischen Lofts und Restaurants

Antwerpen | 75

breitmachen, sowie die Monte-video-Magazijnen (Lagerhäuser) in der gleichnamigen Montevideostraat.

Grote Markt C2
Der Grote Markt ist idealer Start für einen Stadtspaziergang oder eine Verschnaufpause zwischendurch auf einer der vielen Caféterrassen, um das 78 m breite Stadhuis, das Rathaus, und die prachtvollen goldverzierten Gildehäuser zu bewundern. Sie zeugen vom Ruhm des Goldenen Zeitalters, das die Scheldestadt im 16. Jh. erlebte. In den Gildehäusern hatten die Zünfte ihren Sitz. Auf vielen Dächern thront vergoldet der Schutzpatron des jeweiligen Gewerbes, so wie auf dem höchsten Gildehaus mit der Nr. 7 der hl. Georg, der den Drachen besiegt: Er ist der Schutzpatron der Kruisboogschutters, der Kreuzbogenschützen. Zwei dieser Gildehäuser sind noch original erhalten, Nr. 38 und Nr. 40, wo erst die Gerber und dann die Zimmerleute ihren Sitz hatten. Das Haus mit der Nr. 4 trägt eine Gedenkplatte, die daran erinnert, dass hier 1599 einer der drei berühmten Barockmaler Antwerpens geboren wurde, Anthonis van Dyck.

Stadhuis
Das elegante Stadhuis nebenan wurde zwischen 1561 und 1565 vom Architekten und Bildhauer Cornelis Floris vollendet und verhalf der italienischen Renaissance in Flandern endgültig zum Durchbruch. Hoch oben in ihrer Nische wacht die Jungfrau Maria, Schutzheilige der Stadt, über Antwerpen. Eines der drei Wappen in der Fassade gehört Philipp II. (1527–1598),

Die mittelalterliche Festung Het Steen (»der Stein«) (▶ S. 76) liegt direkt an der Schelde. Vor der Burg steht eine Statur des Flussgeistes Langer Wapper.

der als König von Spanien auch über die Niederlande herrschte, die damals aus den nördlichen (heute Niederlande) und südlichen (heute Belgien) Niederlanden bestanden.

Brabobrunnen

Vor dem Rathaus steht der 1887 von Jef Lambeaux entworfene Brabobrunnen, ein barocker Springbrunnen. Er zeigt den auf einem Felsen stehenden römischen Krieger Sylvio Brabo, wie er die Hand des Riesen Antigonius in die Schelde wirft: Glaubt man der Legende, hat Brabo, der ein Neffe von Julius Cäsar gewesen sein soll, Antwerpen auf diese Weise vom Terror des Riesen befreit, denn Antigonius blockierte die Schelde und forderte von jedem, der vorbei wollte, einen Tribut, andernfalls würde er ihm die Hand abhacken. Der Ort des Geschehens heißt seitdem »Handwerfen« – Antwerpen. Wissenschaftlich fundierter ist die Erklärung, dass Antwerpen auf »aan de werp« zurückgeht, eine Erhöhung am Flussufer. Aber das ist den Antwerpenern viel zu trocken, sie berufen sich lieber auf ihren Helden Brabo.

Historisch Centrum | Tram, Metro: Groenplaats

⑩ Het Steen ⚑ C2

Diese direkt an der Schelde gelegene Burg war Teil einer Festung und ist das älteste Gebäude Antwerpens. Sie wurde 836 von den Normannen zerstört, im 13. Jh. wiederaufgebaut und um 1520 von Karl V. umgebaut. Sein Wappen prangt noch links über dem Eingang zur ehemaligen Hauskapelle. Bis 1823 diente Het Steen (deutsch: der Stein) als Gefängnis. Beim Anlegen der

Kaimauern für den Hafen im 19. Jh. wurde das Steen als einziger historischer Bau am Wasser nicht abgerissen. Zuletzt war in der Burg das Schifffahrtsmuseum untergebracht, dessen Sammlung jedoch 2010 in das neue **Museum aan de Stroom** ⑨ umgezogen ist. Seitdem wird für das Steen eine neue Funktion gesucht, möglicherweise soll es ein Burgmuseum für Kinder werden. Auf dem Platz vor dem Steen steht breitbeinig der Lange Wapper. Dieser riesige Flussgeist konnte der Legende zufolge durch die vielen Marienfiguren an den Antwerpener Häuserecken aus der Stadt vertrieben werden.

Historisch Centrum | Steenplein 1 | Tram: Klapdorp/Groenplaats

⑪ Jordaenshuis ⚑ C2

Hier wohnte und wirkte Jacob Jordaens, der zusammen mit Rubens und van Dyck das Barock-Trio Antwerpens formte. Inzwischen stellen hier junge, vielversprechende Talente ihre Arbeiten aus und nur, wenn diese Ausstellungen stattfinden, kann das Haus überhaupt besichtigt werden.

Historisch Centrum | Reyndersstraat 4–6 | Tram: Groenplaats/Vlasmarkt

⑫ Meir ⚑ D2

Die Meir ist Antwerpens Prachteinkaufsstraße mit aristokratischen Patrizierhäusern und Stadtpalästen, in denen heute große Ladenketten ihre Waren feilbieten. Auch wer damit nichts am Hut hat, sollte mindestens einmal über die Meir schlendern – und zwar hocherhobenen Hauptes, um weit oben die wirklich prächtigen und reich verzierten Fassaden zu bewundern.

Der **Stadsfeestzaal** (Meir 78, Tram: Meir, www.stadsfeestzaal.be, Mo–Sa 10–19 Uhr) wurde nach einem Brand im Jahr 2000 in altem Glanz als Einkaufszentrum wiederaufgebaut. Unter der prachtvollen Kuppel lässt es sich zwischen Wandreliefs und Mosaiken, Gold und Kristall herrlich lunchen, shoppen oder Champagner trinken.

Weiter Richtung Innenstadt, Ecke Meir/Wapper, liegt der **Koninklijke Paleis**, ein Rokokobau von 1750, von dem auch Napoleon so beeindruckt war, dass er ihn kurzerhand erwarb und 1811 im Empirestil neu einrichten ließ. Später wohnte hier der erste belgische König, wenn er in Antwerpen weilte. Nach aufwendiger Restaurierung ist der Bau nun auch für das normale Volk zugänglich – allerdings nur nach Absprache (Meir 50, Besichtigung nach Terminvereinbarung zwischen 9–17 Uhr, Tram: Meir). Im Erdgeschoss laden ein Café und ein Restaurant sowie ein Pralinengeschäft zum Verweilen ein.

🔴 13 Neues Havenhuis 🚩 🚊 nördl. D 1

Am nördlichen Ende des Eilandje, einem von Docks umgebenen ehemaligen Hafengebiet, entsteht ein weiteres architektonisches Wahrzeichen der Stadt: das neue Havenhuis, Sitz der Hafenverwaltung. Der spektakuläre Entwurf stammt von Star-Architektin Zaha Hadid, die ihrem Namen alle Ehre macht: Sie hat eine Art silbrig glänzendes Schiff entworfen, das aus der Luft auf einen denkmalgeschützten Backsteinaltbau gefallen zu sein scheint, um mit ihm eine spannende Symbiose einzugehen. Mit dem neuen und größeren Havenhuis will Antwer-

pen seine Position als zweitwichtigster Hafen Europas stärken.

Eilandje | Nördliches Ende vom Kattendijkdok | Bus bis Indiestraat

🔴 14 Nieuw Justitiepaleis 🚊 südl. B 4

Wer sich Antwerpen aus südlicher Richtung nähert, sieht seit 2005 die silberne Dachlandschaft des Justizpalasts mit ihren spitzen, zeltartigen Kegeln schon von Weitem in der Sonne blinken. Der kühne Entwurf stammt vom Briten Richard Rogers, der auch das Centre Pompidou in Paris sowie den Londoner Millennium Dome entworfen hat. Beim Bau des Justizpalasts spielten Nachhaltigkeit und Energieeffizienz eine wichtige Rolle, sodass er als Musterbeispiel für grüne, umweltfreundliche Architektur gilt.

Zuid | Bolivarplaats 20 | Tram: Bolivarplaats | Mo–Fr 9–17 Uhr

⭐ 2 Onze-Lieve-Vrouwekathedraal 🚊 C 2

Diese siebenschiffige Pfeilerbasilika ist die größte gotische Kirche der Beneluxländer. 1521 wurde sie vollendet, nach einer Bauzeit von 170 Jahren. Ihr filigraner, 123 m hoher Noordertoren, der Nordturm, ist das Wahrzeichen der Scheldestadt und fast überall als Orientierungspunkt sichtbar. Schon Napoleon war so von diesem Turm beeindruckt, dass er ihn mit belgischer Spitze verglich. Im Bildersturm 1655 wurden fast alle figürlichen Darstellungen am Außenbau zerstört. Innen ist die Kirche trotz mehrerer Brände und Plünderungen immer noch mit hochkarätigen Kunstwerken ausgestattet, die kostbarsten sind die vier Rubensgemälde die »Auferstehung«, »Mariä

Himmelfahrt« sowie die »Kreuzaufrichtung« und die »Kreuzabnahme«.
Historisch Centrum | Groenplaats 21 | Tram/Metro: Groenplaats | www.dekathedraal.be | Mo–Fr 10–17, Sa 10–15, So 13–16 Uhr | Eintritt 6 €

15 Park Spoor Noord 👫 ⚓ E/F 1

Der moderne Landschaftspark und die neue grüne Lunge Antwerpens, die 2009 im Nordosten auf einem verlassenen Gelände der Eisenbahngesellschaft entstand, stammt von den Architekten Secchi und Vigano. Sie schufen eine Freizeitoase mit Rad- und Wanderwegen, Sportanlagen, Wasserspielen, Cafés, Läden und Restaurants.
Noord | Damplein | Tram: Stuivenbergplein, Bus: Dam

16 Pirateneiland 👫 ⚓ E 1

Als Pirateninsel gestalteter Innenspielplatz auf dem Eilandje im Nördlichen Hafengebiet beim MAS, auf dem sich die Kinder nach Herzenslust austoben und eine Abenteuerfahrt über die wilde See machen können. Bezahlt wird mit an der Kasse erhältlichen Dukaten. Achtung: können nicht mehr gegen Euros zurückgetauscht werden!
Kribbestraat 12 | Bus: Kempenstraat | Do–Fr 9.30–16, Mi 12–18 Uhr, Sa, So 11–18 | Kinder 9 €, Erwachsene und Babys gratis. Kombikarten mit Zoo und Aquatopia | www.pirateneiland.be

17 Rockoxhuis ⚓ D 2

Wohnhaus von Nicolaas Rockox (1560–1640), Bürgermeister von Antwerpen, Humanist, Freund und Mäzen von Rubens sowie fanatischer Kunstsammler. Dementsprechend viele und hochkarätige Werke schmücken die Wände seiner einstigen Wohnräume und des heutigen Museums: nicht nur von seinem Freund Rubens, auch von anderen Antwerpener Meistern wie Jacob Jordaens (1593–1678), Anthonis van Dyck (1599–1641), David Teniers d. J. (1610–1690), Pieter Brueghel d. J. (1564/65–1638) sowie von Stilllebenmaler Frans Snyders (1579–1657). Der wohnte gleich nebenan und hat auf vielen Gemälden von Rubens für die Blumen und Früchte gesorgt. Im Rockoxhaus finden auch interessante Wechselausstellungen statt.
Historisch Centrum | Keizerstraat 10–12 | Tram/Metro: Groenplaats, Tram: Melkmarkt | www.rockoxhuis.be | Di–So 10–17 Uhr | Eintritt 6 €

⭐ Rubenshuis ⚓ D 3

Dieses stattliche Patrizierhaus mit angrenzendem Ateliergebäude bewohnte der berühmte Malerfürst bis zu seinem Tod 1640. Rubens erwarb es 1610, im Jahr seiner Vermählung mit seiner ersten Frau Isabella Brant. Das Wohnhaus ist im flämischen Stil gehalten, mit Backstein, Kreuzfenstern und Treppengiebel, und immer noch originalgetreu eingerichtet. Viele der Gemälde hingen bereits zu Rubens' Zeiten an den Wänden und gehörten zu seiner Privatsammlung. Das rechts daneben liegende Atelier hingegen erinnert mit seinem weißen Sandstein und den Rundbogenfenstern an einen italienischen Palazzo, wo der Maler seine hohen Gäste aus dem In- und Ausland angemessen empfangen konnte. Sowohl Atelier als auch Wohnhaus können besichtigt werden. Das gilt auch für den eleganten, flämisch-italienischen Renais-

Antwerpen | 79

Im Rubenshuis (▶ MERIAN TopTen, S. 78), dem Wohnsitz des berühmten Malerfürsten, hängt ein Porträt, das Rubens von seinem Freund und Kollegen Anthonis van Dyck anfertigte.

sancegarten: Er liegt hinter einem majestätischen Portikus, der im Innenhof Wohn- und Ateliergebäude miteinander verbindet.
Meir | Wapper 9–11 | Tram/Metro: Groenplaats | www.rubenshuis.be | Di–So 10–17 Uhr | Eintritt 8 €

18 St.-Carolus Borromeuskerk D2

Wer erstmals vor dieser Jesuitenkirche steht, wähnt sich auf einer italienischen Piazza. Sowohl der Platz, Hendrik Conscienceplein, als auch der Kirchenbau selbst muten südländisch an. Das 1621 nach dem Vorbild von Il Gesù in Rom im italienischen Barockstil vollendete Gotteshaus mit seiner zierlichen Fassade hat im Volksmund den Beinamen »Himmel auf Erden« und gilt als eine der schönsten Barockkirchen Belgiens und der Niederlande. Die »Mariä Himmelfahrt« in der Marienkapelle ist eine Kopie des gleichnamigen Werks von Rubens aus dem Kunsthistorischen Museum in Wien. Die Engel hingegen, die um das Wappen herumschweben, wurden von Rubens selbst entworfen. Auch bei der Gestaltung des Turms, des Hochaltars und der Marienkapelle wirkte er mit. Ebenfalls aus seinem Atelier kamen die 39 Deckengemälde, die bei einem Brand 1718 verloren gingen und durch Stuck ersetzt wurden. Der idyllische, mediterran anmutende Hendrik Conscienceplein mit seinen vielen Terrassen, an dem diese Kirche steht, gilt als einer der schönsten Plätze von Antwerpen und ist immer noch ein Geheimtipp. Er ist nach dem Schriftsteller Hendrik Conscience benannt, der hier mit einer Statue geehrt wird, in deren Schatten man Kaffee trinken, Eis essen oder in aller Ruhe lesen kann.

Historisch Centrum | Hendrik Conscienceplein | Tram: Groenmarkt/Melkmarkt | Mo–Sa 10–12.30, 14–17 Uhr

Schmalstes Haus von Antwerpen

Ein Architektenpaar hat sich in der Huikstraat 47 im Schipperskwartier sein Traumhaus gebaut, gut 2 m breit und vollverglast. Der Bau erinnert an übereinandergestapelte Schiffscontainer. Abends leuchtet jedes Stockwerk in einer anderen Farbe (▶ S. 12).

19 St.-Jacobskerk

Zwischen 1491 und 1656 erbaute Sandsteinkirche im Stil der Brabantgotik, in der Rubens begraben liegt. Wie viele bekannte Antwerpener Familien hat auch er seine eigene repräsentative Familienkapelle, in der Liebfrauenkapelle hinter dem Hauptaltar. Dafür schuf der Malerfürst 1634 das Altargemälde der »Madonna im Kreis von Heiligen«, auf dem er sowohl seine eigenen als auch die Gesichtszüge seiner beiden Frauen Isabella Brant und Hélène Fourment verewigt hat. Gekrönt wird das Gemälde von einer Marienskulptur aus Marmor, die Rubens' Lieblingsschüler Lucas Faydherbe geschaffen hat. In der Kirche hängen auch Gemälde und Skulpturen vieler anderer Künstler aus dem 17. Jh., u. a. von Jacob Jordaens und Rubens' erstem Lehrmeister Otto Venius. Für flämische Jakobsweg-Pilger ist die Kirche traditioneller Startpunkt oder Zwischenstopp ihrer spirituellen Reise.

Meir | Lange Nieuwstraat 73–75 | Tram: Sint Jacob | tgl. 14–17 Uhr | 2 €

20 St.-Pauluskerk

Spätgotische Dominikanerkirche, die bereits 1571 geweiht, aber nach Unterbrechungen erst 1639 mit einem barocken Portal und Turm fertiggestellt wurde. Vor allem wegen ihrer Innenausstattung gilt sie als barockes Juwel, denn das Kirchenmobiliar zählt zum schönsten der Welt: Die Beichtstühle mit fast lebensgroßen Figuren und Reliefs sind ein Meisterwerk der Holzschnitzkunst und stammen wie Chorgestühl, Löwenpforten und Hochaltar von Peter Verbruggen d. Ä. Prachtvoll ist auch das hohe Kirchenschiff mit Gemälden von Anthonis van Dyck und Jacob Jordaens. Ein Meisterwerk von Peter Paul Rubens fehlt ebenfalls nicht: die »Geißelung Christi«, das die Mitglieder der Antwerpener Rosenkranzbruderschaft in Auftrag gegeben hatten. Insgesamt hängen hier mehr als 50 Gemälde berühmter alter Meister sowie über 200 Statuen.

Historisch Centrum/Schipperskwartier | St.-Paulusstraat 22 | Bus: Tavernierkaai | Mai–Sept. Mo–So 14–17 Uhr

Antwerpen | 81

21 Vlaeykensgang C2

Dieses mittelalterliche Gässchen, in dem einst die Ärmsten der Armen unter erbärmlichen Umständen lebten, ist heute eine pittoreske Oase der Ruhe, versteckt hinter einem unauffälligen Zugang. Benannt wurde es nach dem Vlaaihuis, einem Fladen- oder Waffelhaus, das hier existierte. In den 1960er-Jahren war der Vlaeykensgang so verfallen, dass sämtlichen Gebäuden der Abriss drohte – doch dann kaufte ein junger Antiquitätenhändler namens Axel Vervoordt kurzerhand den gesamten Komplex und renovierte ihn. Die Stadt hatte eigentlich andere Pläne, man stellte sich ein Parkhaus an dieser Stelle vor, doch Vervoordt ließ sich nicht beirren. Heute stehen hier sorgsam renovierte Häuser inklusive einer Galerie und einem Restaurant.

Historisch Centrum | Oude Koornmarkt 16 | Tram: Groenplaats

22 Vleeshuis C2

Imposanter zweischiffiger Hallenbau mit fünf Türmchen und einer Speckstreifen-Fassade aus hellem Natur- und rotem Backstein, die nicht von ungefähr kommt: Das Vleeshuis war 300 Jahre lang Markt- und Zunfthaus der Fleischergilde. Im Jahr 1504 wurde es nach einem Entwurf von Stadtbaumeister Herman de Waghemakere vollendet. Heute ist in dem gotischen Prachtbau das Museum Klank van de Stad untergebracht, dessen Ausstellungsstücke sechs Jahrhunderte musikalisches Leben in Antwerpen dokumentieren.

Historisch Centrum | Vleeshouwersstraat 38–40 | Tram: Klapdorp | www.museumvleeshuis.be | Do–So 10–17 Uhr

23 Zoo F3

Der Antwerpener Zoo gehört zu den ältesten und bekanntesten der Welt, seine Gebäude stehen unter Denkmalschutz. Mehr als 6000 Tiere leben hier in einer Oase der Ruhe mitten in der Stadt.

Centraal Station | Koningin Astridplein 26 | Tram: Centralstation | Tel. 03/2 02 45 40 | www.zooantwerpen.be | tgl. 10–17.30, im Sommer bis 19 Uhr | Eintritt 22,50 €, Kinder von 3–7 Jahren 17,50 €, unter 3 Jahren gratis. Kombikarten mit Aquatopia und Pirateninsel

MUSEEN UND GALERIEN

MUSEEN

24 Fotomuseum ▶ S. 134

25 Modemuseum ▶ S. 134

9 Museum aan de Stroom (MAS) ▶ S. 134

26 Museum Mayer van den Bergh ▶ S. 135

27 Museum Plantin-Moretus/ Prentenkabinet ▶ S. 135

28 Museum voor Hedendaagse Kunst ▶ S. 135

29 Museum voor Schone Kunsten ▶ S. 136

30 Red Star Line Museum ▶ S. 136

GALERIEN

31 Axel Vervoordt Gallery ▶ S. 137

32 Studio Job Gallery ▶ S. 137

33 Xeno X Gallery ▶ S. 138

ESSEN UND TRINKEN

RESTAURANTS

34 Aahaar ▶ S. 32

Dôme östl. F 4

Kulinarische Höhenflüge – In einem bombastischen Stadtpalast aus dem

19. Jh. befindet sich eines jener acht Restaurants von Antwerpen, die mit Michelin-Sternen ausgezeichnet sind. Zu Wahl stehen à la carte sieben Vor- und Hauptgerichte oder das achtgängige Menü: drei Vorspeisen, Fischgericht, Hauptspeise, Käse, zwei Desserts. Zurenborg | Grote Hondstraat 2 | Tram: Lange van Ruusbroecstraat 2 | Tel. 03/2 39 90 03 | www.domeweb.be | Di–Fr 12–15 und 19–22.30, Sa 19–22.30 Uhr | €€€

Dôme sur Mer ▶ S. 32

35 Fiskebar 🛥 C 4
Sehen und gesehen werden – Angesagtes Fischrestaurant mit schlicht-edler Weinbar im In-Viertel Zuid für alle, die auf Schalentiere und Fisch stehen.
Zuid | Marnixplaats 12–13 | Tram: Bresstraat | Tel. 03/2 57 13 57 | www.fiskebar. be | Mo 18–21.30, Di–Do 12–14 und 18–21.30, Fr 12–14 und 18–22, Sa 12–22, So 12–21 Uhr | €€

36 De Groote Witte Arend 🛥 C 2
Bier und Brahms – Restaurant und Brasserie mit malerischer Terrasse im romantischen Innenhof eines Patrizierhauses. Hier lassen sich sonnige Nachmittagen bei klassischer Musik verbringen. Dazu kann man wählen zwischen mehr als 80 Sorten Bier.
Historisch Centrum | Reyndersstraat 18 | Tram: Groenplaats | Tel. 03/2 33 50 33 | www.degrotewittearend. be | Do 10.30–24, Fr, Sa 10.30–2 Uhr | €

37 Het Elfde Gebod 🛥 C 2
Genuss verpflichtet – Brasserie im Schatten der Kathedrale, benannt nach dem elften und obersten Gebot in Ant-

werpen: »Jij zult genieten« – »Du sollst genießen«. In diesem Falle vorzugsweise Bier und Muscheln zwischen unzähligen Heiligenfiguren, die der Wirt in aller Welt gesammelt hat.
Historisch Centrum | Torfbrug 10 | Tram: Groenplaats | Tel. 03/2 89 34 66 | €

38 Het Gebaar 🛥 D 3
Lunch-loungen – Chefkoch Roger Van Damme machte aus dem einstigen Gärtnerhäuschen am Botanischen Garten einen kulinarischen Wallfahrtsort mit viel Atmosphäre und verträumter Terrasse. Der Michelin verlieh ihm einen Stern und der Gault Millau kürte ihn 2010 wegen seiner innovativen Küche, die von französisch-belgisch bis molekular reicht, zum »Chef van het Jaar«.
Theaterbuurt | Leopoldstraat 24 | Tram: Nationale Bank | Tel. 03/2 32 37 10 | www.hetgebaar.be | Di–Sa 11–18 Uhr | €€€

Het Pomphuis 🛥 nördl. D 1
Spektakulär genießen – Restaurant mit Bar und Lounge in ehemaliger Pumpstation. Essen in denkmalgeschützter Umgebung zwischen Leitungen, Stahltreppen, und Pumpen, wo einst die Schiffe der Red Star Line repariert wurden. Etwas außerhalb im Hafenviertel Nord und mit öffentlichen Verkehrsmitteln nur schwer zu erreichen, dafür unweit des neuen Havenhuis' von Zaha Hadid.
Eilandje | Siberiastraat z/n | Tel. 03/7 70 86 25 | www.hetpomphuis.be | Bar und Lounge tgl. ab 10 Uhr, Restaurant Mo–Fr 12–15 und 18–22, Sa 17–22, So 12–22 Uhr | €€

㊴ Hoffy's Restaurant und Catering
▶ S. 32

㊵ Horta 🏷 D/E 3
Eine Prise Art nouveau – Brasserie-Restaurant, das sich bei der Inneneinrichtung vom berühmten Brüssler Art-nouveau-Architekten Victor Horta inspirieren ließ und sogar mit Teilen aus seinem Brüssler »Volkshuis« eingerichtet ist.
Theaterbuurt | Hopland 2 | Tram/Metro: Opera | Tel. 03/2 03 56 60 | www.grandcafehorta.be | So–Fr 9–22, Fr–Sa 9–23.30 Uhr | €€

㊶ Huis de Colvenier 🏷 C 3
Kulinarischer Klassiker – Sorgt seit mehr als 20 Jahren für vor allem französische Gaumenfreuden an eleganten Tischen in schönem Patrizierhaus. Auch der verwinkelte Weinkeller mit seinen rund 20 000 Flaschen ist ein Erlebnis, hier unten wird traditionell der Aperitif serviert.
Historisch Centrum | Sint Antoniusstraat 8 | Tram: Groenmarkt | Tel. 04 77/23 26 50 | www.colvenier.be | Di–Sa 12–15 und 18–22 Uhr | €€€

㊷ Impérial 🏷 D 3
Königlich schlemmen – Luxusbrasserie im königlichen Palast am Meir, der einst Napoleon gehörte und anschließend vom belgischen König als Gästehaus genutzt wurde. »High tea« bei dezenter Musik oder ausgedehnt lunchen und Abendessen, bei schönem Wetter auch im großen Innenhof.
Meir | Meir 50 | Metro/Tram: Meir | Tel. 3-2 06 20 20 | www.cafe-imperial.be | tgl. 9–21 Uhr | €€

Schmecken nicht nur ausgezeichnet, sondern sehen auch verlockend aus: Speisen wie diese Hummerkreation im französisch geprägten Restaurant Huis de Colvenier (▶ S. 83).

㊸ Lam & Yin ▶ S. 32

㊹ Marcel   D1
Matrosennostalgie – Belgisch-französisches Restaurant, nostalgisch eingerichtet in renovierter englischer Seemannskirche im Schatten des MAS.
Eilandje | Van Schoonbekeplein 13 | Bus/Tramhalte: Van Schoonbekeplein | Tel. 03/3 36 33 02 | www.restaurant marcel.be | Mo–Do 12–13.30 und 19–21.30, Fr 12–13.30 und 18–21.30, Sa 18–21.30 Uhr | €€

㊺ Mojo Visbistro ▶ S. 32

㊻ Pazzo   D1
Kulinarische Weltreise – Restaurant mit schicker Wein-Loungebar, an die viele nach dem Essen zurückkehren. Die Küche vereint Einflüsse aus aller Welt; auf der Speisekarte stehen sowohl Couscous als auch Salsa, Risotto, Gazpacho und Chutney. Restaurantchefin Ingrid Neven hat noch keinen Stern, aber sie wurde zum »Lady Chef of the Year 2010« ernannt.
Schipperskwartier | Oude Leeuwenrui 12 | Tram: Lange Koepoortstraat/Klapdorp | Tel. 03/2 32 86 82 | www.pazzo.be | Restaurant Mo–Fr 12–15 und 18–23 Uhr, Bar Mo–Fr ab 15 Uhr | €€

Puur Personal Cooking ▶ S. 32

The Jane   südl. F 4
Genuss mit Gottes Segen – Sternekoch Sergio Herman und seine rechte Hand Nick Bril haben im niederländischen Gourmettempel Oud Sluis in Sluis das Handtuch geworfen: Die beiden wollten wieder frei sein, unbeschwert von Auszeichnungen wie Michelin-Sternen, und haben deshalb noch mal ganz neu angefangen: In der Kapelle des ehemaligen Antwerpener Militärkrankenhauses bescheren sie ihren Gästen gastronomische Erlebnisse – unter einem 800 kg schweren Kronleuchter aus Beirut. Genau dort, wo einst der Altar stand. »Waarom niet! Essen ist unsere Religion!«, sagt Sergio.
Zurenborg, ehemaliges Militärgebiet Groenkwartier | Paradeplein 1 | Bus: Zurenborgstraat | Tel. 03/8 08 44 65 | www.thejaneantwerp.com | Di–Sa, nur nach Reservierung online oder tel. tgl. zwischen 9–11 und 15–17 Uhr | €€

't Zilte ▶ S. 33

Wattman   östl. F 4
Wie zu Hause – Gemütliches kleines Restaurant-Café mit Wohnzimmeratmosphäre und Straßenterrasse am Ende der berühmten Jugendstilstraße Cogels Osy-Laan mit Kaffee und Kuchen, Salaten, Frühstück, Brunch, Lunch und Abendessen. Abends auch beliebter Treff für einen Drink.
Zurenborg | Tramplein 3 | Tram: Draakplaats | Tel. 03/2 30 55 40 | www.wattman.be | tgl. 10–15 und 18–22 Uhr | €

Belle-Époque-Rausch

Flanieren Sie die Cogels Osy-Laan entlang und tauchen Sie ein in den Luxus der Belle Époque: Dieser atemberaubend schöne Straßenzug ist eine Augenweide für Art-déco-Fans, denn hier reihen sich Prunkbauten des Jugendstils und Art déco aneinander (▶ S. 13).

47 Café-Restaurant Zuiderterras B 2/3

Übersichtlich genießen – Liegt wie ein Schiff am Kai beim Cruiseterminal mit prächtiger Aussicht über die Schelde, beliebter Treff am Wochenende, um vor- oder nachher über die gleichnamige Zuiderterras die Schelde entlangzuflanieren – auch zum Frühstück: unter der Woche von 9 bis 12, am Wochenende bis 13 Uhr.
Historisch Centrum | Ernest Van Dijckkaai 37 | Tram: Groenplaats | Tel. 03/2 34 12 75 | www.zuiderterras.be | tgl. von 9–24, Fr–So und im Sommer bis 1 Uhr | €€

CAFÉS
48 D'aa Toert C 2

Insidertipp – »Gezelliges«, altmodisch eingerichtetes Kaffeehaus mit herrlichen Waffeln und Pfannkuchen in einer Seitenstraße. »Aa Toert« heißt übrigens »alte Torte« – ein Synonym für »ältere Dame«. Auf Deutsch würde man wohl »alte Schachtel« sagen.
Historisch Centrum | Oude Beurs 46 | Tram: Groenplaats oder Melkmarkt | www.daatoert.be

49 Désiré de Lille D 3

Puderzuckerträume – Tearoom mit Antwerpener Waffeln und anderen Kalorienbömbchen, benannt nach dem belgischen Bäckerlehrling Désiré, der vor 100 Jahren bei seinem Meister im französischen Lille eine Waffel mit Sirup erfand, die noch heute in ganz Belgien ein Begriff ist – dafür sorgt nun Désirés Enkelsohn Marc Stoffels.
Historisch Centrum | Schrijnwerkersstraat 14–18 | Tram: Groenplaats | Tel. 03/233 62 26 | www.desiredelille.be |

Juli–Aug. tgl. 9–22 Uhr, Sept.–Juni So–Do 9–20, Fr–Sa 9–22 Uhr

BARS UND KNEIPEN
50 Absinthbar ▶ S. 50

51 Den Engel C 2

Eine der ältesten Kneipen der Stadt beim Brabobrunnen, nirgendwo sonst schmeckt das »bolleke«, das typische Antwerpener Bier in runden Gläsern, besser. Hier treffen sich alle, Minister und Arbeiter, Yuppies und Studenten.
Historisch Centrum | Grote Markt 3 | Tram: Groenplaats | Tel. 03/2 33 12 52 | www.cafedenengel.be

52 Lux D 1

An der einladenden Weinbar dieses kosmopolitischen Restaurants verbringen viele den späten Abend. Direkt beim neuen Museum aan de Stroom am Eilandje, dem neuen In-Viertel im Norden. Liegt im ehemaligen Verwaltungsgebäude einer polnischen Schifffahrtsgesellschaft aus dem 18. Jh. mit viel Blattgold, Marmorsäulen, Mosaiken und altem Parkett.
Eilandje | Sint Aldegondiskaai 20–22 | Bus/Tram: Van Schoonbekeplein | Tel. 03/2 33 30 30 | www.luxantwerp.com | So–Fr 12–14.30 und 18–23, Sa 18–23 Uhr

53 Sip's Bar ▶ S. 50

EINKAUFEN
KULINARISCHES
Goossens ▶ S. 44

54 Burie D 3

Einfach unwiderstehlich! Renommierter Antwerpener Chocolatier, der schon mit 20 entdeckte, dass Schoko-

lade seine Berufung ist! Geheimtipp: die Bouchers mit Apfelsinen-Marzipangeschmack. Für Interessierte gibt es Führungen durch das Schokolade-Atelier, Dauer: ca. 1 Std., Mo–Do 9.30–12 und 13–15 Uhr.
Wilde Zee | Korte Gasthuisstraat 3 | Tram: Sint Katelijne | Tel. 03/2 32 36 88 | www.burie.be

55 Neuhaus D 3
Für viele Schokoladenfans die himmlischsten Pralinen auf Erden! Zum Beispiel »Les Irrésistibles«: Eine reicht, denn sie sind 4 cm groß. Ihr Erfinder ließ sich vom Pavillon der Brüsseler Welt-Expo 1958 inspirieren, deshalb die dreieckige Form. Es gibt unzählige Sorten, etwa aus Bitterschokolade, gefüllt mit Karamellkrokant und Vanillecreme.
Wilde Zee | Korte Gasthuisstraat 1 | Metro: Meir | Tel. 03/2 27 07 98
Oder im eleganten Einkaufszentrum Stadsfeestzaal Meir | Meir 78 | Metro: Opera

56 Patisserie Lints D 3/4
In der ganzen Stadt ein Begriff für Brote und süße Köstlichkeiten
Theaterviertel | Tram: Nationale Bank | Mechelseplein 68 | Tel. 03/2 26 91 34 | www.lints.be | Di–Fr 6.45–18.15, Sa 6.45–17, So 6.45–14.30 Uhr

57 Philip's Biscuits D 3
In diesem feinen Keksladen gibt's die besten Antwerpener »Handjes« – und den Anisschnaps »Elixir d'Anvers«.
Wilde Zee | Korte Gasthuisstraat 11 | Tram: Groenplaats | Tel. 03/2 31 26 60 | www.philipsbiscuits.be

Mode, Geschirr und Schmuck vereint in einem großzügigen Shopkonzept bietet der Graanmarkt 13 (▶ S. 87). Sogar schlafen kann man in diesem Concept Store im Theaterviertel.

Antwerpen | 87

58 Van Bladel ▶ S. 45

59 Witzwartdeli 🔖 C 3
Hier reicht schon der Blick ins Schaufenster, um schwach zu werden.
Wilde Zee | Lombardenvest 40 | Metro/Tram: Groenplaats | Tel. 03/2 94 06 54 | www.witzwartdeli.be

CONCEPT STORES
60 Graanmarkt 13 🔖 D 3
Mode, Kunst, Design, Essen und Trinken ... alles unter einem Dach am Graanmarkt 13 im Theaterviertel: Ganz unten befindet sich das Restaurant, darüber eine Galerie und eine Boutique mit Designermode, die aber auch besondere Düfte und handgemachtes Porzellan im Sortiment hat. Und ganz oben erstreckt sich seit Mai 2014 auf 280 qm ein Apartment mit 4 Schlaf- und 2 Badezimmern, das für 1250 € pro Nacht gemietet werden kann.
Theaterbuurt | Graanmarkt 13 | Tram: Oudaan | www.graanmarkt13.be | Tel. 03/3 37 79 93

MODE
61 Anna Heylen 🔖 C/D 3
Anna Heylen gilt als eine der talentiertesten Absolventinnen der berühmten Antwerpener Modeakademie, die gern mit den verschiedensten Materialien und Techniken experimentiert. Auch Brautkleider.
Sint-Andries | Lombardenstraat 16 | Tram: Groenplaats | Tel. 03/2 13 01 60 | www.annaheylen.be | Mo–Fr 11–18, Fr, Sa 11–18.30 Uhr

62 Delvaux 🔖 D 3
Ältestes Luxus-Lederwarenhaus der Welt, hier deckt sich auch die niederländische Prinzessin Maxima mit Handtaschen ein. Zu den Klassikern zählt das Modell »de Brillant«.
Theaterbuurt Quartier Latin | Komedieplaats 17 | Metro: Meir | Tel. 03/2 32 02 47 | www.delvaux.com

63 Essentiel
Schöne, freche Damenmode made in Belgium, auch Kollektionen für Mädchen von 6 bis 16 Jahren, und das zu bezahlbaren Preisen. Neben dem Hauptgeschäft gibt es zudem ein Outlet in der Kammenstraat 56.
Theaterbuurt | Schuttershofstraat 26 | Metro: Meir | Tel. 03/2 13 15 10 | www.essentiel.be | Mo–Sa 10–18.30 Uhr

64 Het Modepaleis 🔖 C 3
Einer der Shops in 13 Ländern, die Dries Van Noten inzwischen weltweit eröffnet hat. Der Spross einer alten flämischen Schneiderfamilie gehört zu den berühmt-berüchtigten »Sechs von Antwerpen«: Absolventen der Modeakademie, die die Scheldestadt in den 1980er-Jahren zur tonangebenden Modemetropole gemacht haben.
Sint-Andries | Nationale Straat 16 | Metro/Tram/Bus: Groenplaats | Tel. 03/4 70 25 10 | www.driesvannoten.be

65 Labels Inc.
Bekannte Boutique im Modeviertel, wo auch schon mal die ganz Reichen nach Schnäppchen suchen. Dries Van Noten, Ann Demeulemeester und Véronique Branquinho sind hier aber für alle erschwinglich.
Sint-Andries | Aalmoezenierstraat 3a | Tram: Groenplaats | Tel. 03/2 32 60 56 | www.labelsinc.be | Mo–Di, Do–Sa 11–18, Mi 14–18 Uhr

88 | ANTWERPEN BRÜGGE GENT ERKUNDEN

66 Louis 🏷 C/D 3

Deckt seit 20 Jahren seine Kundschaft mit den neusten Kollektionen von bekannten Designern wie Margiela, Balenciaga, Lanvin, Rick Owens, Raf Simons oder A. F. Vandevorst ein.
Sint-Andries | Lombardenvest 2 | Tram: Groenplaats | Tel. 03/2 32 98 72

67 Natan ▶ S. 44
68 RA ▶ S. 44
69 Verso ▶ S. 44

SCHUHE

70 Coccodrillo ▶ S. 44

71 Jimmy Choo 🏷 D 3

Stilettos und Schuhe aus New York, mit denen sich neben dem Jetset auch die Damen in »Sex & the City« eindeckten. Jetzt nicht nur in Paris oder London zu haben, sondern auch an der Schelde.
Theaterbuurt | Schuttershofstraat 17 | Tram: Meir | Tel. 03/4 75 94 37

KINDERKLEIDUNG

72 De Groene Wolk 🏷 D 3

Hier kann man auch schon den Nachwuchs in Haute Couture stecken, z. B. von Dries Van Noten.
Theaterbuurt | Korte Gasthuisstraat 20 | Tram: Groenplaats | Tel. 03/2 34 18 47 | www.degroenewolk.com

73 Filou & Friends 🏷 C 3

Schöne belgische Kinderkleidung zum vernünftigen Preis.
Sint-Andries | Steenhouwersvest 57 | Tram/Metro: Groenplaats | Tel. 03/2 27 45 92 | www.filoufriends.be

SPIELZEUG

74 In den Olifant ▶ S. 45

SONSTIGES

75 Bazar Bizar 🏷 C 3

Kissen, Stoffen, Decken und Keramik wie aus Tausendundeiner Nacht – alles handgemacht aus Ländern wie Marokko, Indonesien, Senegal, China oder Vietnam.
Sint-Andries | Steenhouwersvest 18 | Metro: Groenplaats | Tel. 03/2 32 97 44 | www.bazarbizar.be

76 Ganterie Boon 🏷 C 3

Nostalgieladen mit Hunderten feinster Lederhandschuhe in allen Größen und Farben – wer den perfekten Handschuh sucht, ist hier an der richtigen Adresse! Familienbetrieb, der in vierter Generation geführt wird.
Sint-Andries | Lombardenvest 2 | Tram/Metro: Groenplaats | Tel. 03/2 32 33 87 | www.glovesboon.be

VINTAGE UND DESIGN

77 Tante Brocante 🏷 C 3

Egal, ob Hirschgeweihe, alte Spiegel und Tische, Stühle, Fliesen, Milchkannen oder Kerzenständer: Dieser Antiquitätenladen ist in der Kloosterstraat ein Begriff geworden.
Sint-Andries | Kloosterstraat 53 | Metro/Tram: Groenplaats | Tel. 03/2 26 22 10 | www.tantebrocante.be

78 Full Effect 🏷 C 3

Ausgefallene Möbel, Lampen und Bücher – alles, was das Herz von Vintage-Liebhabern höher schlagen lässt, ausgefallen kombiniert mit Retro-Kinderkleidern und Spielzeug aus den 1970er-Jahren.
Sint-Andries | Kloosterstraat 63 | Metro/Tram: Groenplaats | www.fulleffect.be

Antwerpen | 89

79 Recollection C 3

Neuer Kunst- und Designtempel, in dem auch Vintagefans auf ihre Kosten kommen. Tolle Auswahl von Interieurobjekten von Maison Martin Margiela über die verrückten Schränke des niederländischen Designers Piet Hein Eek bis zu Schönheitsprodukten des Beautylabels Aesop.

Sint-Andries | Kloosterstraat 54 | Tram/Metro: Groenplaats | www.the recollection.com

KULTUR UND UNTERHALTUNG

BALLETT
Koninklijk Ballet van Vlaanderen ▶ S. 50

CLUBS

80 Café d'Anvers C/D 1

In dieser ehemaligen Kirche sorgen internationale DJs für Stimmung.

Schipperskwartier | Verversrui 15 | Bus: Van Schoonbekeplein | Tel. 3- 2 26 38 70 | www.cafe-d-anvers.com

81 Café Local B 4

Wer Salsa liebt, kann die Nacht durchtanzen. Im Ballsaal mit Bar fühlt man sich wie im Cuba der 1950er-Jahre!

Zuid | Waalsekaai 25 | Tram: Museum | Tel. 03/2 38 50 04 | www.cafelocal.be | Je nach Programm ab 19 oder 22 Uhr

De Kaai C 1

Restaurant mit modernen flämischen Spezialitäten, das nach 23 Uhr zur Disco wird. In alter Halle mit Orangerie direkt an der Schelde beim MAS – mit Blick über den Fluss.

Eilandje | Rijnkaai 94, Hangar 26 | Tram: Lange Koepoortstraat/Klapdorp | Tel. 03/2 33 25 07 | www.de-kaai.be

82 De Muze ▶ S. 50
Noxx ▶ S. 50

83 Red & Blue C 1

Eine der größten Gay-Discos Europas, Samstag ist Gay Night, nur an diesem Abend kommen Frauen nicht rein; jeden ersten Sonntag im Monat Nostalgie-Disco mit Hits von Boney M oder Baccara. Zwischen MAS und Kathedrale.

Schipperskwartier | Lange Schipperskapelstraat 11–13 | Tram: Lange Koepoortstraat/Klapdorp | Tel. 03/2 13 05 55 | www.redandblue.be | Fr–So 23–7 Uhr

KINOS
Kinepolis nördl. E 1

Riesiger Kinokomplex im Norden mit 30 Sälen. Viele Filme im Original mit Untertiteln, daher für alle interessant, die kein »Nederlands« sprechen.

Merksem | Groenendaallaan 394 | Bus/Tram: Groenendaallaan | Tel. 03/5 44 36 00 | http://kinepolis.com

KULTURZENTREN
De Singel ▶ S. 50

> **Déjeuner sur l'herbe**
>
> Picknicken Sie im Middelheimpark und sehen Sie sich davor oder danach die Skulpturen so namhafter Künstler wie Tony Cragg, Luciano Fabro, Juan Munoz und Panamarenko an, die den 25 Hektar großen Park bevölkern (▶ S. 13).

OPER
84 Vlaamse Opera ▶ S. 51

Im Fokus
Rubens und seine Zeit

Peter Paul Rubens, Anthonis van Dyck und Jacob Jordaens – Antwerpen kann mit gleich drei barocken Schwergewichten aufwarten, die nahezu gleichzeitig wirkten und die Kunstgeschichte zum Beben brachten.

»Kannst du, wenn du Antwerpen verlässt, darauf achten, dass alles gut abgeschlossen ist, und dass sich oben im Atelier keine Gemälde oder Skizzen mehr befinden? Und kannst du Wilm, den Gärtner, daran erinnern, dass er uns ein paar Birnen oder Feigen oder etwas anderes Leckeres aus dem Garten besorgt?« Diese Worte schrieb Peter Paul Rubens im August 1638 an Lucas Faydherbe. Der 21-Jährige war nicht nur sein letzter Schüler, sondern hütete auch sein Wohnhaus mit Atelier in Antwerpen, wenn der große Meister außerhalb der Stadt weilte.

Wer das **Rubenshuis** ⭐ kennt, kann sich gut vorstellen, wie Lucas nochmals alle Türen kontrolliert, bevor er das Haus verlässt, um dann hinter dem majestätischen Portikus im flämisch-italienischen Renaissancegarten zu verschwinden und mit Wilm, dem Gärtner, nachzuprüfen, wie reif die Feigen und Birnen sind.

Nirgendwo kommt der Mensch hinter dem Malerfürsten so deutlich zum Vorschein wie hier in seiner einstigen Stadtresidenz am Wapper. Sie ist

◀ Detail aus einem Gemälde im Haus des
Malers (▶ MERIAN TopTen, S. 78).

Symbol für die traumhafte Karriere, die diesem Selfmademan aus ver-
armten Verhältnissen gelang: Schon mit 32 Jahren arbeitete er als Hofmaler für den spanischen Statthalter in Brüssel. Kreuz und quer reiste
er durch Europa, um mit den Bill Gates', Barack Obamas und Ban
Ki-moons seiner Zeit zu sprechen – oder sie am Wapper in seinem Atelier
angemessen zu empfangen.

MALERFÜRST, DIPLOMAT, WELTENBÜRGER

Die Stadt pflegt eine innige Beziehung zu ihrem berühmten Sohn. Zahllose Hotels und Restaurants benennen sich nach ihm, es gibt Rubens-
Menüs, Rubens-Pralinen und Rubens-Festivals. Auf Schritt und Tritt
kann man auf seinen Spuren wandeln.
Zum Beispiel im Haus seines Freundes und Mäzens Nicolaas Rockox
(▶ S. 78), des Bürgermeisters von Antwerpen, wo Rubens ein gern gesehe-
ner Gast war. In der Druckerei der Familien Plantin-Moretus am Vrijdagmarkt, heute ein einzigartiges Museum über die frühe Buchdruckkunst
Europas (▶ S. 135): Dort arbeitete Rubens eng mit Balthazar Moretus zusammen, den er aus Kindertagen kannte, da er mit ihm zusammen die
Lateinschule besucht hatte. Oder in der St.-Jacobskerk, wo der Maler fast
täglich an der Messe teilnahm und seine zweite Frau heiratete. In dieser
Kirche liegt er auch begraben, in einer von ihm selbst gestalteten Grab-
kapelle. Das Altargemälde »Madonna im Kreis von Heiligen« malte er
bereits 1634, sechs Jahre vor seinem Tod.

KEINE STANDESGEMÄSSE HEIRAT

Vor allem aber im Rubenshaus scheint es, als ob die Zeit still stehe.
Man sieht den alten Meister, der hier wie ein Fürst residierte, geradezu
im Atelier stehen, den Pinsel in der Hand. Man würde sich auch nicht
weiter wundern, wenn er plötzlich am Tisch sitzen würde, beim Abend-
brot. Oder wenn er den Besucher im Renaissance-Garten begrüßen würde, den er selbst angelegt hat, bei einem Spaziergang mit seiner ersten
Frau, der Anwaltstochter Isabella Brant.
Viele Möbelstücke sind noch von Rubens persönlich, zum Beispiel der
Ehrenstuhl, der ihm als Dekan der Malergilde zustand. Das Rubenshaus
kann auch mit zehn Gemälden des Meisters aufwarten, darunter das
Selbstporträt, das ihn 1630 als 53-Jährigen zeigt. Es entstand kurz vor sei-

ner Vermählung, als er vier Jahre nach dem Tod seiner geliebten Isabella eine zweite Jugend erlebte und die 16-jährige Seidenhändlerstochter Hélène Fourment heiratete.

Der Verlust Isabellas, die nach 17 Ehejahren an der Pest gestorben war, machte dem Malerfürsten schwer zu schaffen. Lange Zeit blieb er allein, obwohl ihn Freunde und Bekannte dazu überreden wollten, »eine Heirat bei Hofe einzugehen«, wie er in einem seiner Briefe klagte. Seinem gesellschaftlichen Rang hätte das durchaus entsprochen, doch es kam anders: Der Tuchhändler Daniel Fourment beauftragte den Maler, ein Porträt seiner Tochter anzufertigen. Dabei lernte Rubens Fourments Schwester Hélène kennen – jung, wunderschön und, so heißt es, auch sehr klug.

Sei es als Braut, Mutter, Geliebte oder als reiche Bürgerin – Rubens hat seine junge Frau immer wieder porträtiert, auch in intimer Pose: Die nackte Hélène Fourment als »Pelzchen«, verführerisch in dunklen Pelz gehüllt, gehört zu seinen berühmtesten und intimsten Porträts.

DAS BAROCKE DREIGESTIRN

Neben der Lichtgestalt Rubens lebten in Antwerpen noch zwei weitere barocke Großkünstler: der elegante Anthonis van Dyck, siebter Sohn eines reichen Textilkaufmannes, der seine Karriere als Gehilfe in der Werkstatt von Rubens begann, sowie der eher volkstümliche Jacob Jordaens, der als Porträtist des flämischen Bürgertums und als Maler des bäuerlichen Volks berühmt wurde. Auch diese beiden Maler sind mit zahlreichen Werken in Antwerpener Museen und Kirchen vertreten. An van Dycks Geburtsort erinnert nur noch eine Gedenktafel am Gildehaus mit der Nr. 4 auf dem Grote Markt ⭐. Das Haus von Jordaens in der Reyndersstraat Nr. 4 ist heute immerhin ein Zentrum für junge Kunst.

Mit van Dyck, der 1620 als Hofmaler nach England ging, verband Rubens eine enge Freundschaft. Mit Jordaens hat er zwar nie zusammengearbeitet, dennoch waren auch Rubens und Jordaens Freunde.

Die drei Männer machten in politisch unruhigen Zeiten Karriere, ganz Europa war in Kriege verstrickt. Antwerpen hatte sein Goldenes Jahrhundert längst hinter sich. Nach dem Fall der Stadt 1585, als die Spanier Antwerpen zurückeroberten und die Trennung von den freien Nördlichen Niederlanden endgültig wurde, blockierten die Protestanten im Norden den Scheldezugang – eine wirtschaftliche Katastrophe: Zehntausende von Antwerpenern flüchteten daraufhin in den freien Norden, darunter neben Kaufleuten nahezu die gesamte intellektuelle Elite und viele Künstler. Als Folge erlebte Amsterdam sein Goldenes Jahrhundert.

RUBENS HÄLT SEINER STADT DIE TREUE

Letzterer wurde auf dem Höhepunkt seiner Macht zweimal geadelt und starb am 30. Mai 1640, 63 Jahre alt, an einem Herzanfall. Die Gicht hatte ihm in seinen letzten Lebensjahren schwer zu schaffen gemacht. Hélène Fourment überlebte ihren berühmten Gatten um 18 Jahre. Zehn Jahre waren die beiden verheiratet gewesen, fünf Kinder hatten sie bekommen – das jüngste erblickte acht Monate nach dem Tod des großen Meisters das Licht der Welt.

Rubens' Freund und ehemaliger Gehilfe Anthonis van Dyck starb ein Jahr später in England, gerade einmal 42 Jahre alt, nach einer ebenso traumhaften wie kurzen Karriere als Porträtmaler: Van Dyck verewigte Könige, Prinzen und Prinzessinnen und heiratete die Tochter eines Lords, 1632 wurde er zum Ritter geschlagen und 1633 zum Hofmaler des englischen Königs ernannt. Die britische Krone besitzt noch heute eine der größten Van-Dyck-Sammlungen. Eines der bekanntesten Werke des Flamen hängt im Pariser Louvre: das Porträt von Karl I. Es zeigt den englischen König neben seinem Schimmel stehend, wie er stolz und herausfordernd den Betrachter anschaut.

Jacob Jordaens hingegen, der Dritte im Dreigestirn, konnte bis ins hohe Alter hinein tätig bleiben. Nach dem Tod seiner beiden Kollegen wurde er mit Aufträgen geradezu überschüttet. »Der König trinkt«, »Die Entführung der Europa« und »Der gefesselte Prometheus« gehören zu seinen wichtigsten Werken.

Als er mit 85 Jahren starb, war es auch mit der Nachblüte von Antwerpen vorbei: Die Stadt am Strom war im Dämmerschlaf versunken. Erst 1863, mit der Aufhebung der Scheldeblockade, sollte sie wieder erwachen – um ihre nächste Blüte zu erleben, die auch eine Wiederentdeckung des barocken Dreigestirns mit sich brachte.

Rubenshuis 3   D3
Wapper 9–11 | Tram/Metro: Groenplaats | www.rubenshuis.be | Di–So 10–17 Uhr | Eintritt 8 €

Museum Plantin-Moretus   C3
Vrijdagmarkt 22–23 | Tram: Groenplaats | www.plantin-moretus.be | Di–So 10–17 Uhr | Eintritt 8 €

BRÜGGE

Bei einem Spaziergang durch romantische Gassen oder einer Bootsfahrt auf den Kanälen lassen sich Türme, Kirchen und Plätze der mittelalterlichen Stadt entdecken, die zum UNESCO-Weltkulturerbe gehört.

»Bruges la morte« heißt ein Roman von 1892, in dem der flämisch-französische Schriftsteller Georges Rodenbach Brügge als mysteriöse Schönheit im Tiefschlaf beschreibt. Denn nach der Versandung des Zwins im 16. Jh., der Hafenzufahrt von Brügge, hatte sich der Handel nach Antwerpen verlagert: Brügge war in einen tiefen Schlaf gefallen und zum Armenhaus von Flandern geworden.

TRAUMVERLORENE STIMMUNG

Doch der Stillstand hatte auch einen Vorteil: Er bescherte Brügge ein weltweit einzigartiges, geschlossenes mittelalterliches Stadtbild und machte sie zu einer der romantischsten Städte der Welt. Sowohl Industrialisierung als auch zwei Weltkriege gingen so gut wie spurlos an Brügge vorüber. Nicht umsonst erklärte die UNESCO die gesamte Innen-

◄ Blick über die Altstadt und eine der zahlreichen Grachten von Brügge.

stadt im Jahr 2000 zum Weltkulturerbe. So wurde ihre geheimnisvolle Stille zu ihrem größten Trumpf. Ein ruhiges Plätzchen ist heute aber nicht mehr so einfach zu finden, denn inzwischen zieht es Millionen von Besuchern aus aller Welt in das »Venedig des Nordens«. Mit ihren knapp 118 000 Einwohnern ist Brügge die kleinste der drei großen flämischen Städte – und das historische Zentrum dementsprechend kompakt. Alle Sehenswürdigkeiten lassen sich ganz leicht zu Fuß erkunden und zeugen vom Reichtum der Burgunderzeit im 15. Jh. Damals erlebte Brügge sein Goldenes Zeitalter und konnte sich als wichtigstes Handels- und Kulturzentrum Nordeuropas mit Florenz und Mailand messen.

VIEL WASSER UND HISTORISCHE GEMÄUER

Am malerischsten ist die Entdeckung der Stadt vom Wasser aus. Wer zum ersten Mal in die Stadt kommt, sollte deshalb auf jeden Fall eine Bootsfahrt unternehmen.
Besonders reizvoll ist die kleine Bonifaciusbrücke. Frischverliebte besuchen sie am besten an einem nebligen Novembertag in der Abenddämmerung. Mit viel Glück stehen Sie dann allein zwischen mittelalterlichen Gemäuern und Türmen auf der verwunschenen Brücke. Der Eindruck ist so intensiv, dass Sie sich nicht weiter wundern würden, wenn plötzlich ein galanter Ritter oder ein Minnesänger mit seiner Laute um die Ecke käme, auf dem Weg zum Rendezvous mit seinem Burgfräulein.

SEHENSWERTES

⭐ **Begijnhof** C4

Mit seinen weiß gekalkten Mauern und dem verträumten Klostergarten gilt er als schönster Beginenhof Flanderns. Die schlichte, 1245 gegründete Anlage wurde einst von Frauen bewohnt, die sich wie Nonnen kleideten und auch ähnlich lebten: fern dem weltlichen Treiben, zurückgezogen hinter dicken Mauern. Allerdings legten die sogenannten Beginen keinen klösterlichen Eid ab und konnten jederzeit ins weltliche Leben zurückkehren.

Gebetet wird im Beginenhof auch heute noch, allerdings von Benediktinerinnen, die aus Achtung vor den Beginen immer noch deren beige Tracht tragen. Eines der weißen Häuschen kann als Beginenmuseum besichtigt werden und zeigt dem Besucher, wie die Bewohnerinnen hier im 17. Jh. lebten.

Onze-Lieve-Vrouwe-Kwartier | Wijngaardplein 1 | Bus: Begijnhof | www.monasteria.org | tgl. 6.30–18.30 Uhr, Museum Mo–Sa 10–17, So 14.30–17 Uhr | Eintritt Museum 2 €

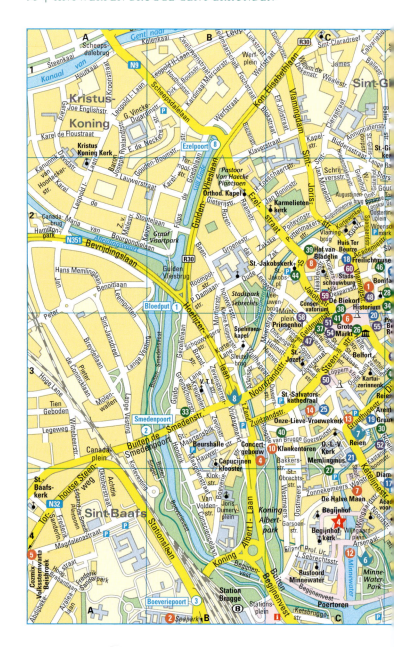

Brügge | 97

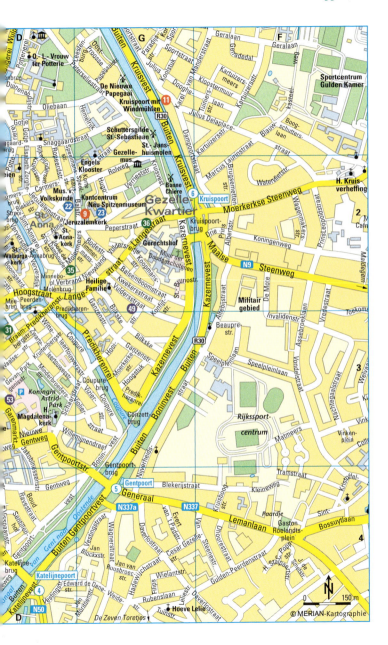

1 Bonifaciusbrücke · C/D 3

Ganz früh oder ganz spät ist es am schönsten auf der verwunschenen kleinen Bonifaciusbrücke. Einen schöneren Ort, um in Romantik zu schwelgen und zwischen Uralt-Gemäuern ins Mittelalter einzutauchen, gibt es nicht. Und keinen perfekteren für einen Heiratsantrag bei Mondschein.

🕐 Vor acht Uhr oder nach Mitternacht haben Sie die Chance, die verwunschene Brücke nicht mit allzu vielen anderen Touristen teilen zu müssen.

Dijver 16 | Bus: Sint Salvatorskerk

2 Boudewijn Seapark Brügge · südl. B 4

Freizeitpark mit vielen Attraktionen: Riesenaquarien geben Einsichten in die Unterwasserwelt, im Freilufttheater sorgen Seelöwen für Unterhaltung, im Delphinarium Flippers Nachfahren. Falls es regnet: Im wetterunabhängigen Spieldorf Bobby's Indoor kann auch ohne Regenschirm nach Herzenslust herumgetollt werden.

Am Rande des Stadtzentrums | Bus 7 oder 17 bis Boudewijnpark, A. De Baeckestraat 12, St. Michiels | Tel. 0 50/38 38 38 | www.boudewijnseapark.be | Öffnungszeiten: 10–18 Uhr, je nach Monat, siehe Website | Tickets vor Ort oder im Concertgebouw | Kombi-Ticket 16,50 €, Kinder unter 85 cm gratis, Parkplatz 7 €

3 Burg · D 3

Die Burg, nur wenige Meter vom Markt entfernt, ist Brügges schönster und architektonisch bedeutendster Platz, denn er lädt zu einem Streifzug durch sieben Jahrhunderte Architekturgeschichte ein. Hier schlug das politische und religiöse Herz von Brügge, und hier stand im 9. Jh. auch die Festung, mit der die Küste gegen die Wikinger verteidigt werden sollte.

Centrum-Markt | Bus: Markt

Justizpalast

Das jüngste der historischen Gebäude, die ihn säumen, ist der ehemalige Justizpalast von 1727 mit seiner klassizistischen Fassade. Seit 1985 ist hier das Stadtarchiv untergebracht.

Centrum-Markt | Burg 11a | Bus: Markt | tgl. 9.30–12.30, 13.30–17 Uhr | Eintritt 4 €, Eintrittskarte auch für Stadhuis gültig

Propstei und Zivilkanzlei

Die Propstei wurde 1666 aus grauem Naturstein im Barockstil fertiggestellt. Und die alte Zivilkanzlei kann mit einer Renaissancefassade prunken, sie entstand zwischen 1534 und 1537.

Stadhuis

Daneben liegt das spektakulärste Gebäude der Burg: das 1375 vollendete gotische Stadhuis ist das älteste von ganz Belgien. Seine auffallend filigran gestaltete Fassade mit den zierlichen Türmchen zeugt vom Reichtum der Brügger Bürger, unter den Baldachinen stehen Figuren der Grafen und Heiligen von Flandern. Das Stadhuis dient noch heute als Rathaus und ist für Trauungen sehr beliebt. Eine Treppe führt in den ersten Stock zum Gotischen Saal, der um 1400 entstand, mit einem prächtigen polychromen Hängegewölbe aus Eichenholz aus dem 15. Jh., das so manchem Besucher den Atem verschlägt. Die Wandmalereien zeigen die wichtigsten historischen Ereignisse von Brügge.

Burg 12 | Tel. 0 50/44 87 43 | tgl. 9.30–
17 Uhr | Eintritt 4 €, Kinder bis 5 Jahre
gratis, Karte gilt auch für Justizpalast

Heilig-Blut-Kapelle

Der älteste Bau auf der Burg ist die
Heilig-Blut-Kapelle, eine mystische
Doppelkirche. Sie besteht aus einer
1149 vollendeten romanischen Unter-
kirche, der St.-Basiliuskapelle, sowie
einer Oberkirche, die 1790 von französischen Truppen zerstört und im 19. Jh
wiederaufgebaut wurde. In dieser
Oberkirche befindet sich eine der
wichtigsten Reliquien Europas: eine
Ampulle mit dem Blut Christi. Sie liegt
in einem silbernen, reich verzierten Ta-
bernakel von 1661. Diederich von Elsass, ein aus Brügge stammender Graf
und Kreuzritter, soll die Blutstropfen
für seine tapferen Taten während des
zweiten Kreuzzugs in Jerusalem bekommen haben. Seit 1291 wird die Ampulle jedes Jahr am Himmelfahrtstag
während der Heilig-Blut-Prozession
durch die Stadt getragen.

Sint-Walburga | Burg 15 | Bus: Markt |
Tel. 0 50/33 67 92 | www.holyblood.
com | tgl. 9.30–12 und 14–17 Uhr

4 Concertgebouw ▶ S. 51

**5 Cozmix – Volkssternwarte
Beisbroek** 🧒👨‍👧   ⚓ südwestl. A 4

Das Besucherzentrum der Sternwarte
bietet ein modernes Planetarium mit
interaktiver Ausstellung und Obser-
vatorium, das auch Kinder begeistert.

Sint-Andries | Zeeweg 96 | Bus 52 oder
53 bis Zeeweg | Tel. 0 50/39 05 66 |
www.cozmix.be | Mi ab 15, Fr ab 20, So
ab 14.30 Uhr | Eintritt 5 €, Kinder bis
17 Jahre 4 €

6 Grote Markt   ⚓ C 2/3

So wie viele flämische Handelsstädte
wurde auch Brügge rund um seinen
Großen Markt gebaut. Schon im 13. Jh.
stellten die Händler hier ihre Stände
auf – und tun das bis heute jeden Samstag. In der Burgunderzeit fanden auf
dem Platz üppige Feste und Turniere
statt. Früher war der Markt per Schiff
erreichbar, die Kaufleute konnten direkt in eine große Tuchhalle einfahren.

Provinciaal Hof

An der Stelle der Halle erhebt sich heute der Provinciaal Hof, das neugotische
Regierungsgebäude der Provinz Westflandern mit seiner reichverzierten
Fassade. Viele halten ihn irrtümlicher-
weise für das Rathaus, das sich jedoch
auf dem Burgplatz befindet. Der Provinciaal Hof wurde Ende des 19. Jh. von
dem Architekten Louis Delacenserie
(1838–1909) entworfen.

Centrum-Markt | Markt | Bus: Markt

Mitten auf dem Marktplatz steht das
Standbild von Pieter de Coninck und
Jan Breydel, zwei Gildemitgliedern, die
1302 den Aufstand gegen die Franzosen
leiteten, den Feind besiegten und Brügge die Unabhängigkeit sicherten: Rechte wie der Freihandel gehörten bis zum
15. Jh. zu den Privilegien der Stadt.

Gegenüber an der Ecke zur Sint
Amandstraat steht das **Huis Bouchotte**, das älteste am Platz aus dem 15. Jh:
Hier weilte der englische König Karl II.
während seiner Verbannung 1656 bis
1657. Der Kompass am Wimpel auf
dem Dach zeigte den Kaufleuten früher, ob der Wind günstig stand, um mit
ihren Schiffen einzulaufen.

Gegenüber auf der anderen Seite der
Sint Amandstraat liegt das **Café Crae-**

Häuser am Grote Markt (▶ MERIAN TopTen, S. 99): Heute profitiert die Stadt davon, dass die Menschen in Brügger lange Zeit kein Geld hatten, ihre alten Häuser durch neue zu ersetzen.

nenburg, heute ein beliebter Einheimischentreff: In diesem gotischen Haus haben die Brügger 1488 Erzherzog Maximilian von Österreich einige Monate gefangen gehalten und damit schwer gedemütigt.

Belfried

Der mächtige Belfried mit seinem 83 m hohen achteckigen Glockenturm und den darunterliegenden Hallen wurde im 13. Jh. gebaut, er demonstriert die Macht des selbstbewussten reichen Bürgertums und diente ursprünglich als Brandwache. Noch heute darf ihn nichts überragen, alle Neubauten müssen niedriger sein.

Hallen

Die unter ihm liegenden Hallen stammen ebenfalls aus gotischer Zeit und werden noch heute als Markthallen und für Festivitäten aller Art genutzt. Die 366 Stufen des Turms führen zu einer Plattform in Höhe des Glockenspiels mit 47 Bronzeglocken (Glockenspiel Mi, Sa, So 14.15 Uhr). Von hier aus hat man eine prachtvolle Aussicht über das einzigartige mittelalterliche Stadtbild.

Centrum-Markt | Grote Markt 7 | Bus: Markt | tgl. 9.30–17 Uhr | Eintritt 8 €

7 De Halve Maan   C 4

Die älteste Stadtbrauerei von Brügge existiert seit 1546. Sie ist die einzige Familienbrauerei, die es in der Stadt noch gibt. Angeschlossen sind ein Biermuseum sowie ein gemütliches Restaurant. Die Spezialität der Brauerei ist das »Brugse zot«, ein würziges obergäriges Bier, hergestellt mit Malz,

Hopfen und Spezialhefe, das auf den Spitznamen der Brügger verweist, den ihnen Maximilian von Österreich verpasst hat: »Zot« bedeutet Narr oder Irrer. Die Stadt Brügge soll Maximilian einst mit einem Umzug voller Narren begrüßt haben. Als die Bürger ihn später um den Neubau eines Irrenhauses baten, meinte er: »Ich habe hier nur Narren gesehen, Brügge ist ein einziges Irrenhaus. Schließt einfach die Tore!« Auch nicht zu verachten: der »straffe Hendrik«, eine weitere Bierspezialität.
Onze-Lieve-Vrouwe-Kwartier | Walplein 26 | Bus: Onze-Lieve-Vrouwe-Kerk | Tel. 0 50/44 42 22 | www.halve maan.be | tgl. 10–18 Uhr, Führung inkl. Bierprobe 6 €: Nov.–März Mo–Fr 11–15, Sa 11–17, So 11–16 Uhr

⑧ Hof van Bladelin

In diesem eleganten Komplex mit Innenhof befand sich im 15. Jh. eine Filiale der Florentiner Medici-Bank. Er wurde von Tomaso Portinari bewohnt, Bankier und Vertreter von Lorenzo di Medici und seiner Frau Clarissa Orsini in Brügge. Die Porträts des Florentiner Ehepaars zieren den Innenhof noch heute. Der Komplex ist nach Pieter Bladelin benannt, Schatzmeister des Ordens vom Goldenen Vlies, der 1440 den Bauauftrag erteilte.
Centrum-Markt | Naaldenstraat 19 | Bus: Markt | Innenhof Mo–Fr 9–12, 14–17 Uhr, 5 €, Gebäude nach Absprache unter Tel. 0 50/33 64 34

⑨ Jeruzalemkerk

Die ungewöhnlichste, orientalisch anmutende Kirche von Brügge wurde 1497 im Auftrag der Adornes gebaut, einer reichen Kaufmannsfamilie, die ursprünglich aus Italien stammte und hier in einem schwarzen Marmorgrab bestattet wurde. Zwei Adornes-Brüder ließen die Kirche nach einer Reise ins Heilige Land nach dem Vorbild der Heiliggrabkirche in Jerusalem bauen, am auffallendsten ist ihr mit einer Zinnkugel geschmückter Turm.
Sint-Anna | Peperstraat 3 | Bus: Sint-Walburgakerk

⑩ Klankentoren

Diese interaktive Klanginstallation im Laternenturm des Concertgebouws gibt es erst seit 2011: Hier lassen sich die Klänge von Brügge entdecken und man hat eine wunderbare Aussicht über die Innenstadt.
Centrum Markt | 't Zand 34 | Bus: 't Zand | www.concertgebouw.be | Di–So 9.30–17 Uhr

⑪ Kruispoort mit Windmühlen

Im Mittelalter glich Brügge einer Festung mit Stadtmauern, Wassergraben und schweren Zugangspforten. Die Gracht gibt es immer noch und auch einige der Pforten, darunter der Kruispoort von 1402, der einst den östlichen Zugang zur Stadt bewachte. Auf dem Erdwall außerhalb dieses Portals, dem Kruisvest, stehen noch vier von einst 20 Windmühlen. Zwei von ihnen sind nach wie vor in Betrieb und können besichtigt werden.
Langestraat-Kwartier/Sint-Anna | Kruisvest | Bus: Kruispoort | Tel. 0 50/44 87 43 | Sint-Janshuismolen: Di–So 9.30 –12.30 und 13.30–17 Uhr | Koeleweimolen: Mai–Aug. Di–So 9.30–12.30 und 13.30–17 Uhr, Sept: Sa, So 9.30–12.30 und 13.30 bis 17 Uhr | Eintritt jeweils 3 €

12 Minnewater C 4

Südlich vom Beginenhof liegt das Minnewasser, ein See in einem romantischen Park mit Schwänen und Enten. Hier kann man Boote mieten, Spaziergänge machen, picknicken und dabei das Portal aus dem 15. Jh. und den Poedertoren bewundern, den Pulverturm von 1398. Schwäne schwimmen schon seit 1448 auf dem Minnewasser. Maximilian von Österreich soll die aufmüpfigen Bürger von Brügge dazu verdammt haben, sie zu halten. Denn als er nach dem Tod seiner Frau Maria von Burgund das gleichnamige Herzogtum erbte und neue Steuern einführen wollte, wehrten sich die Brügger und sperrten ihn kurzerhand auf dem Grote Markt in das Haus Craenenburg ein. Von dort aus musste er durch ein Gitterfenster mit ansehen, wie sein aus Brüssel stammender Verwalter und Berater Pierre Lanchals, auch Lankhals genannt, gefoltert und enthauptet wurde. Als Maximilian wieder frei war, so jedenfalls will es die Legende, verurteilte er Brügge dazu, auf Ewigkeit »Langhälse«, sprich: Schwäne auf den Gewässern der Stadt zu halten.

Onze-Lieve-Vrouwe-Kwartier | Bus: Bargeplein

Ewige Liebe

Wer ewige Liebe erfahren will, sollte sicherheitshalber über die Minnewaterbrug gehen. Der Legende zufolge liegt am Ufer Minna begraben, eine junge Frau aus Brügge, die sich unsterblich in den schönen Krieger Stromberg verliebte (▶ S. 14).

13 Onze-Lieve-Vrouwekerk C 3

Mit dem Bau dieser gotischen Kirche wurde bereits im 9. Jh. begonnen, der heutige Bau stammt großteils aus dem 13. Jh. Auffällig ist der gedrungene Turm mit seiner dünnen Turmspitze im Stil der Schelde-Gotik. Im Kirchenchor liegen Karl der Kühne und seine Tochter Maria von Burgund begraben. Im Chor befinden sich Gemälde von Pieter Pourbus. Das Chorgestühl aus dem 15. Jh. ist mit dem Wappen der Ritter vom Orden des Goldenen Vlieses geschmückt. Bedeutendstes Werk der Kirche ist die Michelangelo-Madonna. Achtung: Wegen Renovierungsarbeiten ist die Kirche bis 2016 nur teilweise zu besichtigen, die Gräber der Burgunderherzöge sind derzeit nicht zu sehen.

Onze-Lieve-Vrouwe-Kwartier | Mariastraat | Bus: Onze-Lieve-Vrouwe-Kerk | Di–Sa 9.30–16.50, So 13.30–16.50 Uhr | Eintritt 2 €

Italienische Renaissance im hohen Norden

In der Stille der Liebfrauenkirche können Sie das einzige Werk Michelangelos, das Italien noch zu seinen Lebzeiten verlassen hat, auf sich wirken lassen. Die anrührende »Madonna mit Kind« aus weißem Carrara-Marmor fand schon Victor Hugo »unaussprechlich schön« (▶ S. 14).

Reien   C 3

Die von vielen Bogenbrücken überspannten Grachten heißen Reien, benannt nach dem Fluss Reie, der durch

Über viele Brücken: Weil es in Flandern kaum Steigungen gibt, lässt sich auch Brügge nicht nur mit dem Boot oder zu Fuß, sondern auch mit dem Fahrrad gut erkunden.

die Stadt fließt. Ein Besuch in Brügge sollte nicht ohne eine Bootsfahrt auf diesen Reien enden, da sich die Stadt vom Wasser aus am romantischsten erkunden lässt. Es gibt fünf Anlegestellen im Zentrum: Huidenvettersplein, Rozenhoedkaai, Wollestraat, Nieuwstraat und Katelijnestraat.
www.brugge.be/tourismus | März–Nov. tgl. 10–18 Uhr | Ticket 7,60 € | Dauer ca. 30 Min.

⓮ Sint-Salvatorskathedraal C3
Brügges älteste Gemeindekirche entstand zwischen dem 12. und 15. Jh., musste aber neu aufgebaut werden, nachdem sie von französischen Truppen zerstört worden war. Hier tagten die Ritter vom Orden des Goldenen Vlieses 1478 anlässlich ihrer 13. Kapitelsitzung, das Chorgestühl erinnert daran. Auch sehenswert: Brüsseler Wandteppiche mit Szenen aus dem Leben Jesu, Gemälde von Dirk Bouts, Hugo van der Goes und Pieter Pourbus.
Centrum-Markt | Sint-Salvatorskerkhof 1 | Bus: Sint-Salvatorskerk | www.sintsalvator.be | Mo–Fr 9–12 und 14–17.30, Sa 9–12 und 14–15.30, So 9–10 und 14–17 Uhr

15 Vismarkt 🚩 D 3
Fangfrischen Fisch gibt es jeden Morgen von Dienstag bis Samstag.
Sint-Walburga | Bus: Vismarkt

> ### Über den Markt schlendern
> Machen Sie einen Bummel über den Samstagmarkt (8 bis 13.30 Uhr) rund um den Zand-Platz, decken Sie sich mit Waffeln oder Nussrosinenbrötchen ein und schlendern Sie dann weiter Richtung Dijver zum Folkoremarkt (▶ S. 14).

MUSEEN UND GALERIEN
MUSEEN
- 16 **Choco-Story** ▶ S. 138
- 17 **Diamantmuseum** ▶ S. 138
- 18 **Frietmuseum** ▶ S. 138
- ⭐ **Groeningemuseum** ▶ S. 138
- 19 **Gruuthusemuseum** ▶ S. 139
- 20 **Historium** 🚩 ▶ S. 139
- 21 **Memlingmuseum im Sint-Jan** ▶ S. 139
- 22 **Museum voor Volkskunde** ▶ S. 139
- 23 **Spitzenmuseum** 🚩 ▶ S. 139

GALERIEN
- 24 **Absolute Art Gallery** ▶ S. 140
- 25 **Antiquariat Marc Van de Wiele** ▶ S. 140

ESSEN UND TRINKEN
RESTAURANTS
26 Den Amand 🚩 C 3
Klein, aber fein – Hervorragende Küche in einem gemütlichen Bistro, das auch Einheimische gern besuchen. Auch vegetarische Gerichte.
Centrum-Markt | Sint-Amandstraat 4 | Bus: Markt | Tel. 0 50/34 01 22 | www.denamand.be | Mo, Di, Do–Sa 12–14.15 und 18–21.15 Uhr | Mi 12–14.15 | €€

A'qi ▶ S. 33

27 B-IN 🚩 C 3
Blick aufs Wasser – Bistro-Loungebar mitten in der Stadt beim Sint Janshospital mit großer Lounge-Terrasse im Grünen am Wasser und Sicht auf die mittelalterlichen Türme der Stadt.
Zonnekemeers | Tel. 0 50/31 13 00 | www.b-in.be | Di–Sa 12–14.30 und 18.30–22 Uhr | €€

28 Cambrinus 🚩 C/D 2
Walhalla für Bierfans – gemütliche Brasserie in altem Backsteinhaus aus dem 17. Jh., wo jeder zwischen 400 Sorten Bier wählen kann – und zwischen vielen verschiedenen Pfannkuchen, Waffeln und Biergerichten.
Centrum-Markt | Philipstockstraat 19 | Bus: Markt | Tel. 0 50/33 23 28 | www.cambrinus.be | tgl. 11–23 Uhr, am Wochenende open end | €

29 Breydel de Coninc ▶ S. 33

30 Den Gouden Harynck 🚩 C 3
Romantisch-verwunschen – Mit einem Michelin-Stern gekürtes Fischrestaurant in einem ehemaligen Fischladen mitten im historischen Zentrum. Chefkoch Philippe Serruys verwöhnt hier schon seit 25 Jahren seine Gäste; hoch im Kurs steht besonders der Seebarsch mit grobem Meersalz und Rosmarin.
Onze-Lieve-Vrouwe-Kwartier | Groeninge 25 | Bus: Markt | Tel. 0 50/33

76 37 | www.dengoudenharynck.be | Di–Fr 12–14, 19–21, Sa 19–21 Uhr | €€€

㉛ Den Gouden Karpel D3
Meisterlich zubereitet – Bouillabaisse, Fruits de Mer oder »waterzooi« mit Seeteufel und Safran – Fischfans finden hier alles, was ihr Herz höher schlagen lässt, auch eine trendy Fischbar.
Sint-Walburga | Huidenvettersplein 4 | Bus: Markt | Tel. 0 50/33 34 94 | www.dengoudenkarpel.be | Di–So 12–14 und 18.30–20 Uhr | €€

㉜ Mosselkelder D3
Gaumenfreuden im Keller – Hier kann man ganze Berge an Miesmuscheln verspeisen, wahlweise unterm Kellergewölbe oder auf der malerischen Terrasse am Gerberplatz.
Sint-Walburga | Huidevettersplein 5 | Bus: Vismarkt | Tel. 0 50/34 23 20 | www.mosselkelder.be | Mo, Mi, Do, Fr 12–14.30 und 18–21.30, Sa, So 12–21.30 Uhr | €€

㉝ De Passeviet ▶ S. 33
㉞ Quatre Mains ▶ S. 33
㉟ De Refter ▶ S. 33
㊱ Sans Cravate ▶ S. 33

Wollen Sie's wagen?

und in Brügge am traditionellen Weihnachts-Grachtenschwimmen teilnehmen, dem »kerstduik«? Seit 1973 stürzen sich Unerschrockene im Dezember um Punkt 11 Uhr am Rozenhoedekaai in die eiskalten Fluten. Veranstalter sind die Brügger Ijsberen (Eisbeeren).
www.brugseijsberen.be

CAFÉS
㊲ Salé et Sucré C3
Geballte Kalorienbömbchen – Das Café ist bekannt für seine Waffeln, den Schokokuchen und Pfannkuchen.
Centrum-Markt | Geldmuntstraat 33 | Bus: Markt | Tel. 0 50/33 01 40 | Mo–Sa 11–18.30 Uhr

㊳ Sorbetiere De Medici C3
Süße Eleganz – Lunch- und Tearoom mit vornehmem Ambiente, in dem sich auch üppig frühstücken lässt. Herrliche Torten und Ostkuchen, auch das selbst gemachte Eis steht hoch im Kurs.
Centrum-Markt | Geldmuntstraat 9 | Bus: Markt | Tel. 0 50/33 93 41

MUSIKCAFÉS
㊴ De Kleine Nachtmuziek ▶ S. 52
㊵ Lokkedize ▶ S. 52

BARS UND KNEIPEN
㊶ Craenenburg C3
Bier mit Geschichte – In diesem Backsteinhaus mit seinem schmucken Treppengiebel wurde 1488 Erzherzog Maximilian von Österreich gefangen gehalten. Heute Familienbetrieb in dritter Generation.
Centrum-Markt | Markt 16 | Bus: Markt | Tel. 0 50/33 34 02 | www.craenenburg.be | 7.30 Uhr–Mitternacht

㊷ Cuvée   D2
Ideal für die blaue Stunde – Weinhandel und moderne Bar, die durch ihre schlichte Eleganz besticht sowie durch ihre natürlichen Weine, die ohne künstliche Aromen auskommen.
Centrum-Markt | Philipstockstraat 41 | Bus: Markt | Tel. 0 50/33 33 28 | www.cuvee.be | Di–Sa 11–20 Uhr

43 Grand Hotel Casselbergh 📖 D 2/3

Samt, Parkett, Kronleuchter und glasumrahmte Spiegel – die Bar des Vier-Sterne-Grandhotels Casselbergh ist erste Klasse, ebenso die japanischen Whiskys und Single Malts.

Sint-Walburga | Hoogstraat 6 | Bus: Vismarkt | Tel. 0 50/44 5 00 | www. grandhotelcasselbergh.com | 12 Uhr–Mitternacht

44 Jazzbar The Duke ▶ S. 52
45 Orangerie ▶ S. 52

46 Red Rose Café 📖 C/D 2

Bierspezialist – Gesellige Kneipe in einer Seitenstraße am Markt, berühmt für ihre Trappistenbiere.

Centrum Markt | Cordoeaniersstraat 16 | Bus: Markt | Tel. 0 50/33 90 51 | www. cordoeanier.be/rosered.php

EINKAUFEN

KULINARISCHES

47 B by B 📖 C 3

Minimalistisch eingerichteter Pralinenladen, der an eine Galerie erinnert und Schokoladenkunstwerke eines auf süße Irrwege geratenen Sterne-Chefkochs verkauft. Himmlisch!

Centrum-Markt | Sint Amandstraat 39 | Bus: Markt | Tel. 0 50/70 57 60 | www. bby.be

48 De Biertempel 📖 C 2

Mit 200 Sorten Bier ging es 1996 los, inzwischen sind es mehr als 600, darunter auch ganz seltene, plus dazu passende Gläser und andere Accessoires. Ideal als Mitbringsel!

Centrum-Markt | Philip Stockstraat 7 | Bus: Markt | Tel. 0 50/34 37 30 | www. biertempel.be

49 Biscuiterie Oud Huis Deman ▶ S. 45

50 The Chocolate Line 📖 C 3

Eintauchen in die Welt der kulinarischen Kontraste von Dominique Persoone, der kühn die verschiedensten Zutaten kombiniert: Schokolade mit Radieschen, Lavendel, Curry oder Safran, auch mit knuspriger Zwiebel, Ingwer und japanischem Reiswein.

Centrum-Markt | Simon Stevinplein 19 | Bus: Markt | Tel. 0 50/34 10 90 | www. thechocolateline.be

51 Diksmuids Boterhuis ▶ S. 45
52 Sukerbuyc ▶ S. 45

PAPIERKUNST
53 Alfa Papyrus ▶ S. 45

SCHMUCK
54 Nico Taeymans ▶ S. 45

55 Quijo 📖 C 3

Quelle für traumhafte Juwelen, die der Brügger Schmuckkünstler im eigenen Atelier zu hinreißenden Colliers, Ringen, Armbändern und Ohrringen verarbeitet.

Centrum-Markt | Breidelstraat 18 | Bus: Markt | Tel. 0 50/34 10 10 | www. quijo.be

SPITZE
56 Lace Jewel ▶ S. 46

WOHNEN, DESIGN UND ANTIQUITÄTEN
57 Callebert 📖 C/D 3

Alles, was Haushalt und Wohnen schöner macht, mit einer großen Kinderabteilung. Dazu Ausstellungen und Café mit Weinbar auf der Dachterrasse.

Brügge | 107

Centrum-Markt | Wollestraat 25 | Tel. 0 50/50 61 | Bus: Markt | www.callebert.ne

58 Frederiek van Pamel C3
Blumen in edlen Töpfen, elegante Vasen und Kerzen, alles einladend ausgestellt bei klassischer Musik. So werden Zimmer- und Terrassenpflanzen zu Kunstwerken!
Centrum-Markt | Eiermarkt 3 | Bus: Markt | Tel. 0 50/34 44 81 | www.frederiekvanpamel.be

KULTUR UND UNTERHALTUNG
THEATER, TANZ UND LITERATUR
59 De Biekorf C2
Der Bienenkorb der Künste vereint unter seinem Dach einen multifunktionalen Theatersaal, sowie Bibliothek und städtisches Kulturzentrum.

Centrum-Markt | Sint Jacobstraat 20 | Bus: Markt | Tel. 0 50/44 30 40 | www.ccbrugge.be

60 Stadsschouwburg ▶ S. 52

AKTIVITÄTEN
De Toverplaneet westl. A 3
In Ruhe spielen auf dem Zauberplaneten: überdachtes Spieldorf, wo sich die Kinder nach Herzenslust austoben können, während die Eltern ihnen vom Café aus zuschauen – oder selbst mitmachen!
Sint-Andries | Legeweg 88 | Bus Nr. 9 bis Rozenhof | Tel. 04 78/22 69 29 | Mi 13–19, Fr 15.30–19 Uhr, Sa, So und während der Schulferien (tgl.) 10.30–19 Uhr. Achtung: bei warmem Sommerwetter evtl geschl.! | www.detoverplaneet.be | Eintritt 8 €, Kinder bis 2 Jahre gratis

»Made with love«: Im The Chocolate Line (▶ S. 106) finden Leckermäuler traumhafte Schokoladenkreationen in ungewöhnlichen Geschmacksnuancen.

Im Fokus
Brügge und die Herzöge von Burgund

Die burgundischen Herzöge verhalfen der Stadt im 15. Jahrhundert zu wirtschaftlicher und kultureller Blüte. Geblieben sind von dieser Zeit zahlreiche Gebäude, Plätze und Kunstwerke – und die Spuren einer royalen Liebesgeschichte.

Manchmal, wenn sie am Fenster steht, versucht sie sich vorzustellen, wie Margareta von York hier 1468 an ihrem Hochzeitstag saß: »Sie verfolgte das glanzvolle Ritterturnier, das ihr zu Ehren auf dem Markt abgehalten wurde«, erzählt Katleen Boedt, die Wirtin vom Craenenburg (▶ S. 105), einem gemütlichen Café am Brügger Markt, das die Boedts bereits in dritter Generation führen. Das Craenenburg gehört zu den beliebtesten Kneipen der Stadt – und zu den geschichtsträchtigsten: Neben Margareta von York, der dritten Gattin von Burgunderherzog Karl dem Kühnen, weilte hier auch schon Maximilian von Österreich – allerdings unter weitaus weniger erfreulichen Umständen: Da er neue Steuern einführen wollte, hatten ihn aufgebrachte Bürger kurzerhand im Craenenburg fast fünf Monate lang festgesetzt, von Januar bis Mai 1488.

»Maximilians alter Vater Friedrich musste eine Armee zusammenstellen, um ihn zu befreien«, erzählt einer von Katleens Stammgästen, der sich am Tresen gerade ein Bier bestellt hat. Denn ihre Geschichte, die kennen

◀ Grabmal des letzten Burgunderherzogs
Karl der Kühne in der Liebfrauenkirche.

sie, die Brügger. Stolz sind sie auf ihre ruhmreiche Vergangenheit, in der
sie so manchen Herrscher das Fürchten lehrten und ihre Stadt zu den
reichsten und elegantesten der Welt zählte.

Dabei sollte die Stadt den Höhepunkt ihrer Blüte erst noch erleben. Sie
begann 1369: Damals wurde Brügge nicht nur Teil des Herzogtums Burgund, sondern auch Residenzstadt, und der Hof der burgundischen Herzöge galt als überaus prachtvoll. Mit den Herzögen kamen auch Kaufleute
aus ganz Europa und bauten sich in Brügge Stadtpaläste und Lagerhallen
für ihre kostbaren Güter: Gewürze und Brokat aus Italien, Wolle aus England für die Tuchproduktion, Pelze und Hölzer aus Russland, Lammfelle
aus Spanien, Wein aus Frankreich, Gobelins aus Flandern.

INTERNATIONALER HANDEL PRÄGT DIE STADT

Um den Jan Van Eyckplatz, auf dem heute eine Statue des berühmten
Malers steht, entstand ein Viertel mit Handelsniederlassungen aus aller
Welt, der Platz wurde zum Manhattan von Brügge: Hier legten die Schiffe
an, hier wurde geladen, gelöscht und Zoll bezahlt. Und hier schwirrte ein
Gewirr aus mehreren Sprachen durch die Luft. Der Spaanse Loskaai weiter nördlich erinnert noch heute daran, dass hier einst die spanischen
Kaufleute ihren Hafen hatten. Die deutschen wohnten am Oosterlingen-
plein, dem »Platz der Leute aus dem Osten«. Dort liegt auch das Hotel
Bryghia, in dem sich einst das Kontor der deutschen Hanse befand. Ihre
Geschäfte tätigten die Kaufleute im Huis ter Beurze in der Vlamingstraat
35, daraus sollte später auch das deutsche Wort »Börse« entstehen. Brügge konnte sich mit Florenz und Mailand messen, gehörte zu den wichtigsten Handelszentren der Welt. 1472 eröffneten selbst die Medici in der
Naaldenstraat 19 eine Bankfiliale: im Hof van Bladelin (▶ S. 101).

Der wirtschaftlichen Blüte folgte eine kulturelle. Brügge war schon damals, was es offiziell erst 2002 wurde: Kulturhauptstadt Europas. Berühmte Maler wie Hans Memling und Jan van Eyck schufen hier ihre
wichtigsten Werke, die noch heute in Brügger Kunstinstituten wie dem
Groeningemuseum ⭐ bewundert werden können. Dank der zahlreichen Kaufleute und der wohlhabenden, für Kunst aufgeschlossenen Bür-
gerschaft konnten sich die Maler wichtiger Aufträge sicher sein. Zu den
Künstlern, die in Brügge reich wurden, gehört auch der Deutsche Hans
Memling: Um 1435/40 wurde er in Seligenstadt am Main geboren, gelang-

te über Köln und Brüssel nach Brügge, wo er zum führenden Porträtmaler aufstieg. Durch die reichen Handelsbeziehungen der Stadt verbreitete sich sein Ruhm in ganz Europa. Zu Memlings wichtigsten Arbeiten gehören aber auch religiöse Darstellungen wie der Ursulaschrein im Brügger Sint Jans Hospital. Sein wohl berühmtestes Werk ist der Weltgerichtsaltar: Bereits 1467/68 wurde er damit von den Vertretern der Medici in Brügge beauftragt. Der Altar war für eine Florentiner Kirche bestimmt, hängt aber heute in der Danziger Marienkirche.

Noch steiler verlief die Karriere von Memlings Kollegen Jan van Eyck: Der durfte sich Hofmaler der Herzöge von Burgund nennen und wurde sogar auf die Iberische Halbinsel geschickt, um mit einem Porträt von Isabella von Portugal zurückzukommen, der zukünftigen Frau von Philipp dem Guten: Der Herzog wollte zuvor mehr über das Aussehen seiner Braut in Erfahrung bringen. Wobei er so fair war, van Eyck ein Bild von sich selbst mit auf die Reise zu geben, damit auch Isabella im Bilde war.

Die Eheschließung, die dann 1430 in Brügge stattfand, hätte sich durchaus mit der von Prinz Charles und Lady Di rund 550 Jahre später messen können. Die Ehe selbst zum Glück nicht: Glaubt man der Geschichte, verlief sie im Gegensatz zu der des britischen Paares sehr stabil und erfolgreich. Das gilt auch für den berühmten Orden vom Goldenen Vlies, den Philipp an seinem Hochzeitstag gründete und den es heute noch gibt.

SWIMMINGPOOL UND ZOO FÜR DIE HERZÖGE

Von der herzöglichen Residenz hingegen, dem Prinzenhof, ist zum Leidwesen der Brügger nicht viel übrig geblieben: Auf dem Gelände steht heute ein großzügig angelegtes Luxushotel, das zwar ebenfalls beeindruckt, aber siebenmal kleiner ist als der damalige Hof der Burgunderherzöge. Philipp hatte ihn speziell für sich und Isabella bauen lassen. Sein Sohn Karl der Kühne, der berühmteste der Burgunderherzöge und eine der schillernsten Persönlichkeiten des 15. Jh., erweiterte die Residenz um ein Schwimmbad und einen Tiergarten, bevor er dort 1468 mit seiner dritten Ehefrau Margareta von York einzog. Für die Hochzeit berief der Herzog schon Monate im Voraus zahlreiche Künstler in die Stadt; sie sollten Brügge für das große Ereignis angemessen schmücken – darunter Hugo van der Goes, ein weiterer Meister der altniederländischen Malerei. Deshalb ist Karl der Kühne nicht nur als grausamer und machtbewusster Ritter in die Geschichte eingegangen, sondern auch als schöngeistiger Herrscher, dessen Prunksucht grenzenlos war – nicht zuletzt, um mit dem Glanz seines Hoflebens seine Gegner zu blenden.

Obwohl Karl dreimal verheiratet war, bekam er nur eine Tochter: Maria, die letzte der burgundischen Herzöge, die im Prinzenhof residierten. Sie wuchs in Gent auf und galt als eine der schönsten und gebildetsten Frauen ihrer Zeit: Maria sprach fließend Flämisch und Französisch, beherrschte Latein und galt als leidenschaftliche Reiterin. Ganz Brügge lag ihr zu Füßen. Dass sie 1477, mit 20 Jahren, Maximilian von Österreich, den späteren Kaiser Maximilian I. heiratete, fanden die Brügger allerdings weniger gut, denn er war ein Habsburger. Doch es soll Liebe auf den ersten Blick gewesen sein. Ihr Glück währte nur fünf Jahre: 1482 starb Maria, die gerade ihren 25. Geburtstag gefeiert hatte, nach einem Reitunfall während einer Falkenjagd an einer Wundinfektion. Sie liegt neben ihrem Vater in der Brügger Liebfrauenkirche in einem reich geschmückten Sarkophag begraben.

Marias Tod läutete das Ende des Goldenen Zeitalters von Brügge ein, denn ihr Erbe fiel an ihren Mann Maximilian, Brügge wurde Teil des Habsburgerreiches. Die Beziehungen zwischen dem verwitweten Maximilian und der Stadt verschlechterten sich so sehr, dass der burgundische Hof Brügge verließ. Und mit den Herzögen verschwanden auch die Kaufleute: Ende des 15. Jh. versandete die Hafenzufahrt Het Zwin. Der Handel verlagerte sich nach Osten, als Folge erlebte Antwerpen seine Blüte, Brügge hingegen fiel in tiefen Schlaf.

Geblieben sind zahllose Gebäude, Plätze und Kunstwerke, die vom Erbe der Burgunder zeugen und die reiche Vergangenheit lebendig werden lassen. Und, nicht zu vergessen: die Schwäne auf Brügges Grachten und dem Minnewater (▶ S. 102). Maximilian von Österreich, der Witwer von Maria von Burgund, soll die Brügger dazu verdammt haben, sie zu halten. Als Rache dafür, dass sie ihn, als er neue Steuern einführen wollte, in das Haus Craenenburg auf dem Markt eingeschlossen hatten: Von dort aus musste er durch ein Gitterfenster mitansehen, wie sein aus Brüssel stammender Verwalter und Berater Pierre Lanchals, auch Lankhals genannt, gefoltert und enthauptet wurde. Als Maximilian wieder frei und an der Macht war, so will es die Legende, verurteilte er Brügge dazu, auf Ewigkeit »Langhälse«, sprich: Schwäne, auf den Gewässern der Stadt zu halten.

Craenenburg ▶ C3
Centrum-Markt | Markt 16 | Bus:
Markt | Tel. 0 50/33 34 02 | www.
craenenburg.be | 7.30 Uhr–Mitternacht

Groeningemuseum 🔟 ▶ D3
Sint-Walburga | Dijver 12 | Bus: Wollestraat | www.museabrugge.be | Di–So
9.30–17 Uhr | Eintritt 8 €

GENT

Die vielen historischen Gebäude der einstigen Textilmetropole zeugen von der wirtschaftlichen Blüte der Stadt im Mittelalter, während Gents Kirchen eine einmalige Fülle von Kunstschätzen bewahrt haben.

Sie haben sich von Gent bisher noch kein Bild machen können? Dann stellen Sie sich bei Ihrem Besuch als Erstes auf die Sint-Michielsbrug, und der blinde Fleck wird umgehend beseitigt sein. Vor Ihnen türmt sich die versteinerte Vergangenheit von Gent auf. Nur an dieser Stelle kann man die drei Türme und Wahrzeichen der Stadt gleichzeitig sehen, majestätisch hintereinander aufgereiht: der Turm der Sint-Niklaaskerk im Stil der Scheldegotik, der um 1300 gebaute Belfort und der Turm der **Sint-Baafskathedraal** ⭐8 mit dem Genter Altar der Brüder van Eyck.

Erhaben und stumm zeugen die Türme von der Macht der einstigen Textilmetropole, die im 14. und 15. Jh. ihre Blüte erlebte. Damals war Gent Hauptproduktionsstätte von flandrischem Leinen und anderen Stoffen, und mit seinen 60 000 Einwohnern nach Paris die zweitgrößte Stadt nördlich der Alpen.

◄ Die Sint-Michielsbrug (▶ S. 119) bietet den
besten Blick auf die Wahrzeichen der Stadt.

Dennoch konkurrierte Gent schon damals mit Brügge und gilt bis heute
als Rivalin der flämischen Schwester im Westen. Nach dem Aufstieg Antwerpens im 16. Jh. hatte es die Stadt noch schwerer, sich zu behaupten –
und zwischen den beiden Konkurrentinnen zu Unrecht oft das Nachsehen.

IM SCHATTEN ZWEIER SCHWESTERN

Immerhin ist die Stadt nicht nur für den Genter Altar berühmt, ein
Schlüsselwerk der europäischen Kunstgeschichte. Gent ist auch die Stadt
von Kaiser Karl V., der hier 1500 geboren und getauft wurde. Und so wie
alle Herrscher vor ihm bekam auch er zu spüren, dass die Genter die
eigensinnigsten Bürger von ganz Flandern und berühmt-berüchtigt für
ihren Dickkopf sind: Immer wieder probten sie den Aufstand, immer
wieder musste Karl V. Sanktionen verhängen.

LEGENDÄRER WIDERSTANDSGEIST

Was die stolzen Genter dann schließlich doch in die Knie zwang, waren
nicht ihre Herrscher, sondern die Versandung ihrer Hafenzufahrt und die
Scheldeblockade 1648. Aber mit dem Bau des Gent-Terneuzen-Kanals
1826 wurde die Stadt erneut Seehafen. Außerdem entstanden die ersten
Baumwollspinnereien. Während Brügge noch schlief, stieg Gent ein weiteres Mal zur Textilmetropole auf, diesmal als eine der ersten Industriestädte Europas mit dem Beinamen »Manchester auf dem Festland«. Aus
diesem Grund wurde die Stadt auch zur Wiege der flämischen Arbeiterbewegung.

Auf ihre historische und durch die industrielle Revolution total verschmutzte Altstadt besannen sich die Genter erst wieder gegen Ende des
20. Jh. In den 1980er-Jahren wurde sie gründlich gesäubert, saniert und
zur besseren Orientierung der Touristen in verschiedene Viertel wie
Torens, Graslei oder Vrijdagmarkt eingeteilt. Seitdem erstrahlt die drittgrößte Stadt Belgiens am Zusammenfluss von Schelde und Leie wieder
in neuem Glanz. Keine andere belgische Stadt besitzt so viele unter Denkmalschutz stehende Monumente. Aber auch wenn sich Gent mittlerweile
zwischen ihren Schwestern Brügge und Antwerpen behaupten kann:
Noch gilt sie als Geheimtipp – als die unbesungene Schöne zwischen zwei
Primadonnen.

114 | ANTWERPEN BRÜGGE GENT ERKUNDEN

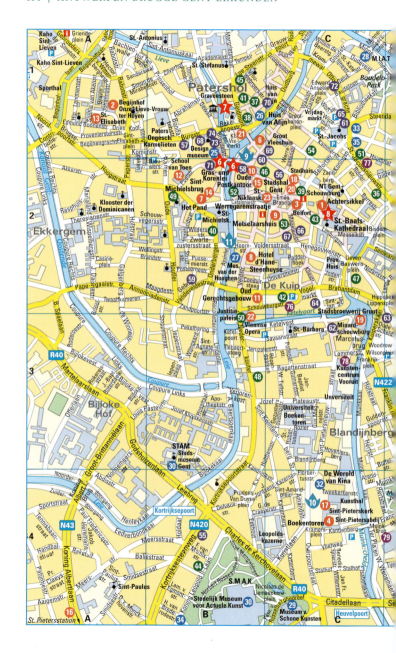

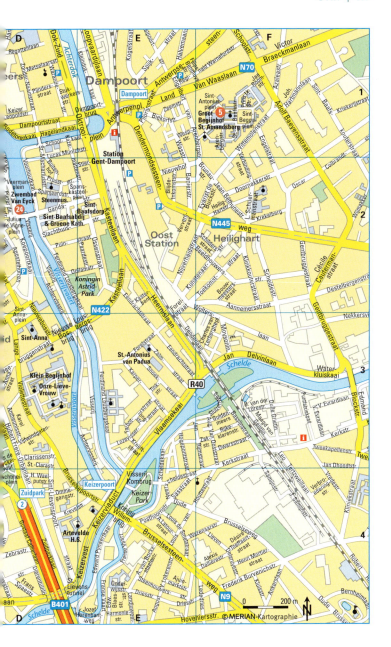
Gent | 115

SEHENSWERTES

1 Achtersikkel   C2

Beschaulicher kleiner Platz mit Brunnen und zwei Türmen aus dem Jahr 1481, der nur 50 m vom Trubel des Sint-Baafsplein eine Oase der Ruhe bietet, manchmal musikalisch untermalt von Studenten des Konservatoriums, das in dem Turmgebäude seinen Sitz hat.

Torens | Biezekapelstraat | Bus: Stadhuis

2 Begijnhof Onze-Lieve-Vrouw ter Hoyen   A1

Stimmungsvoller Beginenhof mit einem weiß gekalkten Treppengiebelhäuschen, um einen kleinen Garten mit Barockkirche herumgebaut. Die meisten Häuser stammen aus dem 17. Jh., aber der Hof wurde bereits 1235 gegründet und ist noch heute bewohnt, allerdings nicht mehr von Beginen.

Zuid | Lange Violettestraat 235 | Bus: Lousbergsbrug | www.kleinbegijnhofgent.be

3 Belfort   C2

Mit seinen 91 m ist der Genter Belfried der höchste von ganz Belgien. Er entstand 1313 als Symbol für die Unabhängigkeit der Genter, die sich um 1300 zusammen mit anderen flämischen Städten erfolgreich gegen französische Angriffe zur Wehr gesetzt hatten. Seitdem wurde die Stadt von Zünften regiert, bis die burgundischen Herzöge 1384 die Herrschaft übernahmen. War der Feind im Anzug, wurden die Genter von der Rolandglocke gewarnt. Auch hoher Besuch und Hinrichtungen wurden durch Glockenläuten angekündigt sowie – und das ist noch

heute so – der Beginn der berühmten Genter Festwoche Ende Juli. Auf der Turmspitze prangt der goldene Drachen als Symbol der Unbesiegbarkeit der Stadt. Die große dreischiffige Tuchhalle nebenan wurde 1425 im Stil der Brabanter Gotik erbaut. Der Belfort steht auf der UNESCO-Liste des Weltkulturerbes. Er kann bestiegen werden und bietet eine prachtvolle Aussicht über das alte Gent.

Torens | Emile Braunplein | Bus: Stadhuis | www.belfortgent.be | tgl. 10–18 Uhr | Eintritt 5 €

4 Boekentoren   C4

Modernistisches Meisterwerk (Baubeginn 1935) des belgischen Architekten Henry van de Velde in der Form eines griechischen Kreuzes und Symbol für das Wissen der alten Universitätsstadt. In dem 64 m hohen Betonturm mit seinen 24 Stockwerken sind mehr als drei Millionen Bücher untergebracht. Seit 1992 unter Denkmalschutz.

Sint-Pietersplein | Sint-Pietersplein 14 | Bus: Sint-Pietersplein | www.boekentoren.be

5 Gras- und Korenlei   B2

Diese beiden Prachtufer säumten einst den ehemaligen Hafen im historischen Zentrum. Am linken Ufer auf der Korenlei sind es beschwingte Barockfassaden, am rechten Ufer auf der Graslei vor allem mittelalterliche Treppengiebel der Lager- und Gildehäuser. Das Haus Nr. 14 aus Sandstein wurde 1531 im Stil der Brabanter Gotik gebaut und ist das der freien Schiffer. Sie durften durch die gesamte Grafschaft Flandern fahren, auch auf den Genter Binnengewässern, die unfreien Schiffer hingegen mussten ihre Güter dort auf die Schiffe der freien Schiffer umladen. Das Haus mit der Nr. 9 im Stil der flämischen Gotik mit Elementen der Renaissance war der Sitz der Getreidemesser. Das geduckte kleine Häuschen daneben war das Zollhaus, und daneben wiederum steht der schlichte romanische Getreidespeicher mit einem der ältesten Treppengiebel der Welt. Er wurde im 13. Jh. aus weißem Kalkstein gebaut.

Graslei | Bus: Korenmarkt, Tram: Gravensteen

> ### Gaumenfreuden vor himmlischer Kulisse
> Holen Sie sich ein Zimtbrötchen bei Bäcker Himschoots am Groentemarkt und suchen Sie sich dann an den beiden Prachtufern Gras- und Korenlei einen Platz am Wasser, lassen die Beine baumeln, den Gaumen kitzeln und den lieben Gott einen guten Mann sein (▶ S. 14).

Gravensteen
Um das Jahr 1000 begannen die Grafen von Flandern mit dem Bau dieser mächtigen Wasserburg aus grauem Scheldestein, die seit ihrer Vollendung zwei Jahrhunderte später 24 Türme besitzt. Vorbild für den Burgherrn Philipp von Elsass waren die Burgen der Kreuzritter in Syrien. Später hatten die spanischen Inquisitoren hier ihre Folterkammer, danach diente die Burg als Gerichtshof, noch später als Textilfabrik, und nach der Französischen Revolution wurde sie an eine Baumwollspinnerei verkauft. Anlässlich der Weltausstellung in Gent 1913 wurde die Burg schließlich renoviert und ist seitdem Museum mit eindrucksvoller Sammlung von Waffen und Folterwerkzeugen.

Gravensteen | Sint-Veerleplein | Tram: Gravensteen | Tel. 09/2 25 93 06 April–Okt. tgl. 10–18, Nov.–März tgl. 9–17 Uhr | Eintritt 10 €

5 Groot Begijnhof Sint-Amandsberg
Der große Beginenhof liegt außerhalb im Osten und entstand 1873 bis 1874 als Ersatz für den Elisabeth-Beginenhof. Innerhalb von nur zwei Jahren wurden 80 Häuser mit Kirche, Kapelle und 14 Konventräumen gebaut. Zwar wohnen hier heute keine Beginen mehr, aber es herrscht immer noch eine idyllische Ruhe.

Sint-Amandsberg | Groot Begijnhof 67 | Bus: Van Arenbergstraat | Tel. 09/2 28 23 08 | www.grootbegijnhof.be | tgl. 6.30–21.30 Uhr

6 Groot Vleeshuis
In der imposanten Halle mit dem offenen Holzdachstuhl, erbaut zwischen 1407 und 1419, fand früher der Fleischmarkt statt. Vor Kurzem wurde das Gebäude vorbildlich restauriert und beherbergt nun ein Restaurant und einen Delikatessenladen, in denen regionale Spezialitäten angeboten werden.

Torens | Groentenmarkt 7 | Tram: Gravensteen | Di–So 10–18 Uhr

7 Het Pand
Ehemaliges Dominikanerkloster aus dem 13. Jh. mit prachtvollem Klostergang, Garten und einzigartigem mittel-

alterlichen Bibliothekssaal. Die Anlage dient seit 1991 als Kultur- und Kongresszentrum der Universität von Gent, in dem auch vier Museen untergebracht sind: Archäologie, Ethnografie, Geschichte der Heilkunde sowie ein imaginäres Hieronymus-Bosch-Museum mit lebensgroßen Fotos seiner Werke. Besichtigungen auf Anfrage. Zum Erholen gibt es im Pand auch eine Loungebar und ein Restaurant.

Graslei | Onderbergen 1 | Tram: Korenmarkt | www.ugent.be/het_pand

8 Hotel d'Hane-Steenhuyse ✒ B 2

Stadtpalast in der Veldstraat mit prachtvoller Rokokofassade, die der deutsche Graf Emmanuel Ignace d'Hane 1767 anbringen ließ, um sein Wohnhaus zu verschönern. Innen befindet sich ein prachtvoller Ballsaal mit Parkettboden. Gegenüber im Haus mit der Nr. 82, dem heutigen Museum Arnold Vander Haeghen, hielt sich Napoleons Erzfeind Wellington vor der Schlacht von Waterloo auf. Das Hotel d'Hane-Steenhuyse kann zusammen mit dem Museum Vander Haeghen besichtigt werden, allerdings nur verbunden mit einer Führung, zu buchen unter Tel. 09/2 33 77 88 oder boekjebezoek@gent.be

Kouter | Veldstraat 55 | Tram: Zonnestraat | Führungen Fr + Sa 14.30 Uhr | Eintritt 6 €

9 Metselaarshuis ✒ B/C 2

Auf dem Treppengiebel drehen sich sechs Tänzer im Wind. Dieser Bau aus dem 16. Jh. gleich gegenüber der Niklaaskerk ist das »echte« Haus der Steinmetzgilde. Eine exakte Kopie wurde anlässlich der Weltausstellung 1913 an

der Graslei nach den ursprünglichen Plänen aufgebaut, da das Originalbauwerk hinter Neubaufassaden verschwunden war und erst 1976 bei Umbauarbeiten wiederentdeckt wurde.

Torens | Sint-Niklaasstraat 2 | Tram: Korenmarkt

10 Oude Postkantoor ✒ B 2

Das eindrucksvolle Gebäude wurde zwischen 1898 und 1910 für die Weltexpo 1913 im eklektischen Stil gebaut mit vorwiegend neogotischen und Neorenaissance-Elementen. Im Giebel die Wappen von Belgien, Wallonien und Flandern sowie die 23 Häupter der europäischen Herrscher von 1913. Die gemalten Posttauben auf den Außenwänden erinnern noch immer an die ursprüngliche Funktion des Baus. Heute ist es ein beliebtes Einkaufszentrum mit vielen einladenden Caféterrassen.

Torens | Korenmarkt | Tram: Korenmarkt

11 Oud Gerechtsgebouw ✒ B 2

Imposantes neoklassizistisches Gebäude im südlichen Stadtzentrum, zwischen 1836 und 1846 erbaut und immer noch in Gebrauch, obwohl der flämische Architekt Stéphane Beel wegen Platzmangels längst einen beeindruckenden Neubau entwerfen durfte. Dessen sechs Stockwerke hohe Glasfassade erhebt sich seit 2007 am nordwestlichen Stadtrand (Opgeeistenlaan 401, Tram: Opgeeistenlaan).

Kouter | Koophandelsplein 23 | Bus: Justitiepaleis

12 School van Toen ✒ B 1/2

Typisches Schulgebäude aus dem Jahr 1901, in dem das Schulleben aus dieser

Zeit wieder lebendig wird. Hier kann jeder Besucher nachempfinden, wie es war, als seine (Ur-)Großeltern einst die Schulbank drückten.

Graslei | Klein Raamhof 8 | Tram: Burgstraat | www.gent.be/schoolvantoen | an Schultagen 9–12, 14–16 Uhr

8 Sint-Baafskathedraal 🏷 C2

1500 wurde hier Karl V. getauft. Damals war die Metamorphose von der einstigen romanischen Kirche in eine gotische noch in vollem Gange. Die Kathedrale ist aus grauem Scheldestein, rotem Backstein und französischem Kalkstein gebaut und dem hl. Bavo geweiht, einem reichen Genter Bürger, der im 7. Jh. seinen Besitz den Armen schenkte, erst Missionar in Frankreich und Flandern wurde und dann Eremit. Weltberühmt geworden ist die Kathedrale durch den 1432 entstandenen Genter Altar der Gebrüder Hubert und Jan van Eyck, der mehrmals gestohlen wurde. Die Tafel mit den gerechten Richtern fehlt bis heute und wurde durch eine Kopie ersetzt. Der Flügelaltar steht in einer Kapelle links beim Eingang. Achtung: Bis 2017 wird der Altar im Museum für Schöne Künste Teil für Teil aufwendig restauriert und die fehlenden Teile in der Kathedrale durch Kopien ersetzt. Die Restaurierung können Besucher im Museum durch eine Glasscheibe mitverfolgt werden.

Von der ursprünglich romanischen Kirche ist nur die Krypta übrig geblieben. Das Interieur ist barock: Der imposante Altar, schwarzweiß mit rot geflammtem Marmor und der Himmelfahrt des hl. Bavo, wurde von 1705 bis 1719 von Hendrik Frans Verbruggen

geschaffen. Die vergoldete Rokokokanzel aus Eichenholz und italienischem Marmor von 1745 ist ein Werk von Laurent Delvaux. Auch ein monumentaler Rubens fehlt nicht: In einer Seitenkapelle hängt sein Werk »St. Bavos Eintritt ins Kloster« von 1624. Die geschnitzte Orgel entstand 1655 und ist mit ihren mehr als 7000 Pfeifen die größte in den Beneluxländern. Der Kirchturm mit seinen 444 Stufen kann Ende Juli während der Genter Festwoche bestiegen werden.

Torens | Sint-Baafsplein | Bus: Stadhuis | www.sintbaafskathedraal.be | Kathedrale April–Okt. Mo–Sa 8.30–18, So 13–18 Uhr; Nov.–März Mo–Sa 9.30–17, So 13–17 Uhr, Genter Altar April–Okt. Mo–Sa 9.30–17, So 13–17 Uhr, Nov.–März Mo–Sa 10.30–16, So 13–16 Uhr | Eintritt Besichtigung Genter Altar 4 €

13 Sint-Elisabeth-Begijnhof 🏷 A1

Der St.-Elisabeth-Beginenhof liegt im Norden bei der **Gravensteen-Burg** ⭐. Er ist nicht mehr ummauert und ganz normaler Teil der Stadt, aber immer noch beschaulich.

Gravensteen | Begijnhofdries | Bus: Brugsepoort | www.elisabeth begijnhof.be

14 Sint-Michielsbrug 🏷 B2

Nirgendwo hat man einen schöneren Blick auf die drei Türme der Stadt. Nur wer sich auf die St.-Michaelsbrücke stellt, kann sie gleichzeitig sehen. Majestätisch erscheinen sie hintereinander aufgereiht als steinerne und stumme Zeugen der einstigen Macht Gents: der Turm der St.-Niklaaskerk im Stil der Scheldegotik, der um 1300 gebaute Belfried und der Turm der

im 14. und 16. Jh. errichteten St.-Bavo-Kathedrale.
Torens | Bus: Sint-Michielsplein

⑮ Sint-Niklaaskerk   B/C 2
Diese dem Schutzpatron der Kaufleute, dem hl. Nikolaus, geweihte Kirche entstand zwischen 1300 und 1500. Mit ihren hohen Säulen und den runden, alle Bauteile flankierenden Türmen ist sie eines der schönsten Beispiele der Scheldegotik. Das einst prachtvolle Kircheninnere ist dem Bildersturm zum Opfer gefallen. Führungen auf Anfrage: Tel. 09/2 34 28 69.
Torens | Cataloniestraat | Tram/Bus: Korenmarkt | Mo 14–17, Di–So 10–17 Uhr

⑯ Sint-Pietersstation   südl. A 4
Der Bahnhof entstand für die Weltausstellung 1913 und ist ein eindrucksvolles Beispiel des frühen Art déco. In der Umgebung stehen viele weitere Jugendstil- und Art-déco-Gebäude: Nach dem Ersten Weltkrieg wählte das begeisterte Bürgertum das frei gewordene Areal der Weltausstellung als Baugelände für seine Herrenhäuser und Villen. Auch viele Architekten bauten sich hier ein Haus. An der Ecke zur Kriegsallee (Krijgslaan) entwarf Architekt Oscar Van de Voorde 1925 sogar ein erstes richtiges Hochhaus. Seit 1994 steht das »Millionenviertel« unter Denkmalschutz.
Citadelpark | Tram/Bus: Sint-Pietersstation

⑰ Sint-Pieterskerk   C 4
Dieses Gotteshaus im Süden der Stadt wurde 1629 auf den Resten einer romanischen Abteikirche gebaut. Wer sie sieht, versteht, warum sie nach dem Petersdom in Rom benannt wurde. Der Innenraum ist beeindruckend, vor allem das vergoldete filigrane Gitter, das den Chor abtrennt – ein Meisterwerk, das Joseph Maniette aus Cambrai von 1742 bis 1749 realisierte.
Pietersplein | Sint-Pietersplein | Bus: Sint-Pietersplein˝ | Di–So 10–12.30, 13.30–17 Uhr

> **Ein Hauch von Provence**
>
> In der mittelalterlichen Sint-Pietersabdij finden renommierte Ausstellungen statt. Verwunschener Klostergarten mit Weinberg, eine ebenso romantische wie grüne Oase der Ruhe in der Stadt (▶ S. 14).

⑱ Stadhuis   C 2
Zwei Baustile beherrschen die Fassade des Genter Rathauses, das in Etappen zwischen 1500 und 1800 erbaut wurde. Der älteste, an der Hoogstraat gelegene Teil besticht durch seine flammende spätgotische Fassade (1518–1535). Sie kontrastiert mit dem schlichten Renaissancestil des Teils am Botermarkt, der zwischen 1595 und 1620 fertiggestellt wurde. Auch innen herrschen die verschiedensten Stilrichtungen. Sehenswert ist u. a. der **Pacificatiezaal,** der ehemalige Gerichtssaal. Hier wurde 1576 die sogenannte Pacificatie von Gent unterzeichnet: Katholiken und Protestanten verbündeten sich gegen die Habsburgermacht. Schuld am Stilmix des Rathauses waren die aufmüpfigen Genter selbst: Weil sie sich mal wieder quergestellt hatten, verdonnerte Karl V. sie zu einer Geldstrafe, und die Bauarbeiten wurden ausgesetzt.

Spielstraße für Graffiti-Künstler: In der Werregarenstraatje dürfen Sprayer mit dem Segen der Stadtväter Mauern und Wände verschönern (▶ S. 122).

Torens | Botermarkt 1 | Bus: Stadhuis | www.gent.be | Mo–Sa 8–19 Uhr | Besichtigungen nur mit Führung für 5 €

⓳ Stadsbrouwerij Gruut C3

Jahrhundertelang war Gent Zentrum der Bierbrauer. Diese Tradition wird in der Brauerei lebendig gehalten, und deshalb wird hier auch ganz traditionell statt Hopfen die einzigartige Kräutermischung Gruut verwendet.

Kouter | Grote Huidevettershoek 10 | Tram: Brabantdam | www.gruut.be | Mo–Do 11–18, Fr–Sa 11–23, So 14–19 Uhr | Eintritt inkl. Bierprobe 9 €

⓴ Stadshal Gent 🚩 C2

So mancher reibt sich am Emile Braunplein die Augen: Inmitten von Meisterwerken der Gotik und Renaissance prangt dort frech die neue Stadthalle der Architekten Robbrecht en Dame und Marie-José van Hee: ein Doppeldach-Bau auf vier Pfeilern, die einen 40 m breiten öffentlichen Raum überspannen. Unter diesem Dach finden Konzerte und Märkte statt, unter ihnen wiederum liegt ein großes Café mit Restaurant für 300 Menschen. Der Bau ist umstritten, »Schafstall« heißt er im Volksmund. Sogar die UNESCO musste schlucken und mit einem Entschuldigungsschreiben beschwichtigt werden: Denn die neue Stadthalle macht sich direkt neben dem Belfort breit, und der steht auf der Weltkulturerbe-Liste. Trotz aller Kritik wurde die Stadthalle 2013 mit dem Architekturpreis für beispielhaftes Bauen in der historischen Altstadt ausgezeichnet.

Torens | Emile Braunplein | Tram: Korenmarkt | www.destadshal.be

21 Vismarkt   B1

Über der monumentalen Eingangspforte wacht Neptun, flankiert von den beiden Flussallegorien Schelde und Leie. Hinter dem Portal in der Vismijn, der imposanten renovierten Markthalle aus dem Jahr 1872, befindet sich seit 2010 ein Fischrestaurant.
Graslei | Sint-Veerleplein | Tram: Gravensteen

22 Vlaamse Opera ▶ S. 53

23 Werregarenstraatje   C2

Eines der beliebtesten Fotomotive von Gent. In dieser Gasse dürfen sich Graffiti-Künstler austoben – mit dem Segen der Stadtväter. Auf diese Weise erhofft man sich, dass die denkmalgeschützten Mauern unbesprüht bleiben.
Torens | Tram: Emile Braunplein | www.ghentizm.be

24 Zwembad Van Eyck   D2

Ältestes Hallenbad Belgiens mit schöner Art-déco-Einrichtung. In der Loungebar Au Bain im ersten Stock hat man eine schöne Aussicht über das Schwimmbad und den Jachthafen.
Vrijdagmarkt | Veermanplein 1 | Tram: Julius de Vigneplein | Öffnungszeiten unter Tel. 09/2 66 80 00 erfragen | Eintritt 5 €

Leseratten aufgepasst! 10

An der Ajuinlei findet von April bis September sonntags ein Büchermarkt statt. Herrlich entspannend, am Wasser entlang von einem Antiquariatsstand zum anderen zu schlendern (▶ S. 15).

MUSEEN UND GALERIEN
MUSEEN
25 **Design Museum** ▶ S. 140
26 **Huis van Alijn** ▶ S. 140
27 **Museum Arnold van der Haeghen** ▶ S. 140
28 **Museum industriele Archeologie en Textiel (MIAT)** ▶ S. 141
29 **Museum voor Schone Kunsten** ▶ S. 141
30 **STAM** ▶ S. 142
31 **Stedelijk Museum voor Actuele Kunst (S. M. A. K.)** ▶ S. 143
32 **De Wereld van Kina** ▶ S. 143

GALERIEN
33 **Galerie Design 7** ▶ S. 143
34 **Galerie Fortlaan 17** ▶ S. 143
35 **Galerie St. John** ▶ S. 143

ESSEN UND TRINKEN
RESTAURANTS
36 **Balls & Glory** ▶ S. 34

37 Bij den Wijzen en den Zot   B1

Heimelig – Belgisch-französische Gerichte in einem Backsteinhäuschen aus dem 16. Jh. im Mittelalterviertel Patershol. Berühmt für seine Genter Spezialitäten: Die »Gentse viswaterzooi« nach altem Rezept wurde zur besten von Belgien gekürt.
Gravensteen | Hertogstraat 42 | Tram: Gravensteen | Tel. 09/2 23 42 30 | www.bijdenwijzenenendenzot.be | Di–Sa 12–14, 18.30–22 Uhr | €€

38 Bord'eau   B1

Luxusbrasserie – In der ehemaligen Fischhalle von Gent, der Vismijn. Mit Meeresfrüchte-Bar, schwebender Küchenbox und einer Terrasse direkt am Wasser mit Aussicht auf die Korenlei.

Gravensteen | Sint-Veerleplein 5 | Bus: Gravensteen/Vismarkt | Tel. 09/2 23 20 00 | www.oudevismijn.be | Di–Do 12–14.30 und 18.30–22.30, Fr, Sa 12–14.30 und 18.30–23.30, So 12–14.30 Uhr | €€

39 C-Jean C2
Tafeln im Schatten der Türme – Mitten im Zentrum liegt dieses kleine, feine Restaurant mit nur zehn Tischen, das durch seine edel-schlichte Einrichtung besticht. Umso bunter und abenteuerlustiger ist die Speisekarte: Egal, ob Quitte, Lamm, Kürbis, wilde Ente, Feigen oder Ziegenjoghurt – Gaumenfreuden dank der Mischung aus frischen Zutaten sind garantiert.
Torens | Cataloniëstraat 3 | Tram: Emile Braunplein/Korenmarkt | Tel. 09/2 23 30 40 | www.c-jean.be | Di–Sa 12–14, 19–21.30 Uhr | €€€

40 Cœur d'Artichaut ▶ S. 34

41 De Drie Biggetjes B1
Fernöstlicher Touch – Zwischen uralten Gemäuern aus dem 16. Jh. sorgt Chefkoch Ly Chi Cuong, ein ehemaliger vietnamesischer Bootsflüchtling, für belgisch-französische Gaumenfreuden und auch für eine Prise Asien. Wegen des guten Preis-Leistungsverhältnisses hat er seit 2003 jedes Jahr in Folge von Michelin die Auszeichnung »Bib Gourmand« bekommen, hier werden also sorgfältig zubereitete, preiswerte Speisen angeboten.
Gravensteen | Zeugsteeg 7 | Tram: Gravensteen | Tel. 09/2 24 46 48 | www.de3biggetjes.com | Mo–Mi 12–14, Fr–Sa 12–14 und 19–21, Sa 19–21 Uhr | €€

42 Ha' ▶ S. 34

Gut besucht: Im Café Labath (▶ S. 124) gibt es neben leckeren Kuchen auch eine große Auswahl an Tees, die hinter dem Tresen mit den markanten Fliesen frisch aufgebrüht werden.

43 Hof van Herzele · C 2

Rustikaler Schick – Unter Holzbalkendecke mit glitzerndem Kronleuchter essen, was die Jahreszeit bietet. Bekannt für Eis, Pfannkuchen und gutes Gebäck. Trotz Zentrumslage ruhiger Innenhof.

Torens | St. Baafsplein 34 | Tram: Korenmarkt | Tel. 09/2 33 01 33 | www. hofvanherzele.be | Di–Do 11–17.15, Fr–Sa 11–21.30 Uhr | €€

Horseele ▶ S. 34

44 Jan van den Bon · B 4

Kulinarisches im Kunstviertel – Eines der drei Genter Restaurants, die mit einem Michelin-Stern aufwarten können. Malerisch am Citadelpark in elegantem Herrenhaus unweit vom SMAK-Museum gelegen, mit schönem Garten.

Citadelpark | Koning Leopold II-Laan 43 | Tram: Bahnhof Gent Sint-Pieters | Tel. 09/2 21 90 85 | www.janvandenbon.be | Di–Fr 12–14.30 und 19.30–21.30 Uhr, Sa 19.30–21.30 Uhr | €€€

45 J. E. F · B 1

Überraschende Erlebnisse – J. E. F wie Jason und Famke. Das Pärchen hat sich mit diesem minimalistisch eingerichteten Restaurant einen Traum erfüllt. Auch die Menükarte kommt ohne Firlefanz aus. Stattdessen stellt Chefkoch Jason Blanckaert überraschende Menüs zusammen wie geräucherte Forelle mit Joghurt, Gurke und Radieschen.

Gravensteen | Lange Steenstraat 10 | Tram: Langesteenstraat | Tel. 09/3 36 80 58 | www.j-e-f.be | Di–Fr 12–14 und 19–22, Fr 12–14 und 19–1, Sa 19–22 Uhr | €€

46 Du Progres ▶ S. 34

47 Vrijmoed · C 2

Neuer Stern am Gourmethimmel – Einer der berühmten »jungen Wilden« unter Belgiens Köchen verwöhnt hier seine Gäste: Michael Vrijmoed, 33, der seine Sporen beim Hof van Kleve verdiente, einem der drei belgischen Drei-Sterne-Restaurants. Seit 2013 hat er sein eigenes Restaurant und wurde noch im selben Jahr mit einem eigenen Michelin-Stern ausgezeichnet.

Kouter | Vlaanderenstraat 22 | Bus: Duivelsteen | Tel. 09/2 79 99 77 | www. vrijmoed.be | Di–Sa 12–13.30 und 19–21.30 Uhr | €€€

48 Wasbar · B 3

Schräg und hip – In diesem Waschsalon kann man essen und trinken, sich mit Freunden treffen und Parties feiern. Freitags und samstags gibt's Livemusik und DJs, sonntags Brunch für 18 €. Die beiden jungen Wasbar-Unternehmer aus Gent haben ihre Idee inzwischen exportiert: Auch in Antwerpen gibt es eine Wasbar.

Bijloke | Nederkouter 109 | Tram: verloren kost | www.wasbar.com | Di–Fr 10–22, Sa–So 10–18 Uhr | Tel. 04 85/42 34 32 | €

CAFÉS

49 Café Labath · B 2

Im Retro-Stil eingerichtetes Mekka für Liebhaber von Kaffee und Kuchen, bekannt für seine rot-weiß-braunen Metrofliesen hinter der Theke.

Kouter | Tram: Theresianenstraat | Oude Houtlei 1 | Tel. 04 76/99 42 81 | www.cafelabath.be | Mo–Fr 8–19, Sa 9–19, So 10–18 Uhr

Gent | 125

50 Café Théatre ▶ S. 53
51 Charlatan ▶ S. 53

BARS
52 Belga Queen ▶ S. 53

53 Limonada C2
Trendy Cocktailbar beim Korenmarkt, hip und loungy eingerichtet
Torens | Heilig Geeststraat 7 | Tram: Korenmarkt | Tel. 09/2 33 78 85 | www.limonada.be | Mo–Sa ab 20 Uhr

54 Pink Flamingo's C1
Beliebte Cocktailbar in der Nähe vom Vlasmarkt, die neben der Getränkekarte auch ihr Interieur immer wieder neu gestaltet und sich dabei von Themen wie »David Lynch« inspirieren lässt.
Vrijdagmarkt | Onderstraat 55 | Tram: Bij Sint Jacob | Tel. 09/2 33 47 18 | www.pinkflamingos.be | Mo–Mi 12–24, So–Fr 12–3, Sa 14–3, So 14–24 Uhr

EINKAUFEN
BÜCHER
55 Atlas & Zanzibar ▶ S. 46

KULINARISCHES
56 Etablissement Max C2
Die Konditorei ist bekannt für ihre Brüsseler Waffeln, sie gelten als die leckersten von ganz Belgien: leicht, luftig, knusprig und aus genau 20 kleinen Quadraten bestehend. Benannt wurde das Geschäft übrigens nach dem Genter Max Conseil, der als Erfinder der Brüssler Waffel gilt.
Torens | Gouden Leeuwplein 3 | Tram: Korenmarkt | Tel. 09/2 23 97 31 | www.etablissementmax.be | Mo, Mi 9–22, Fr–So ab 9 Uhr

57 Hilde Devolder Chocolatier ▶ S. 47
58 Himschoots ▶ S. 47
59 Temmerman ▶ S. 47

60 Tierentyn-Verlent B1/2
Hier gibt es Lebensmittel wie zu Großmutters Zeiten, z.B. Senfkörner in großen Gläsern und Gewürze. Dieser Nostalgieladen ist seit 1790 ein Fest für die Sinne! Hier decken sich auch die Genter Chefkochs ein.
Torens | Groentenmarkt 3 | Tram: Korenmarkt | Tel. 09/2 25 83 36 | www.tierentyn-verlent.be

61 Vits-Staelens C1
Kräuterwalhalla und Mekka für Freunde von Bio-Lebensmitteln.
Torens | Bij Sint Jacobs 14 | Bus: Korenmarkt | Tel. 09/2 23 14 69

62 Yuzu C3
Fernöstliche Schokokunst: Pralinen mit Jasmin-, Tee- oder Zitrusfüllung in japanischem Ambiente, auch japanischer Tee und japanisches Porzellan.
Kouter | Tram: Kouter | Walpoortstraat 11/A | Tel. 04 73/96 57 33

MODE
63 Bleu c'est Gris C/D3
Exklusive Boutique für Damenmode, auch Jeans und Accessoires.
Zuid | Vlaanderenstraat 98 | Tram: Lippensplein | Tel. 09/2 24 36 28 | www.gris.be

DCouture ▶ S. 47

64 Mer du Nord C2
Belgisches Modelabel, mit dem sich die ganze Familie einkleiden kann.

Vater-und-Sohn-Betrieb, der seit 1988 auf Casual Chic setzt.
Kouter | Kortedagsteeg 16 | Tram: Kouter | Tel. 09/2 23 80 02 | www.merdunord.com

65 Oorcussen   C1
Designerkleidung von belgischen Berühmtheiten wie Anne Demeulemeester oder Dries Van Noten. Teuer, aber hinreißend schön! Auch Taschen und Accessoires.
Vrijdagmarkt | Vrijdagmarkt 7 | Tram: Sint Jakobs | Tel. 09/2 33 07 65 | www.oorcussen.be

KINDERKLEIDUNG
66 Filou & Friends   C2
So wie in Antwerpen auch bei den Genter Müttern sehr beliebt. Schöne Belgische Kinderkleidung zum vernünftigen Preis.
Torens | Mageleinstraat 23 | Tram: Korenmarkt | www.filoufriends.be

67 Ginger & Fred ▶ S. 46

WOHNEN
68 Le Jardin Bohémien   B1
Reinkommen und sich wie zu Hause fühlen – zwischen beindruckenden Vintage-Designmöbelstücken, darunter Klassiker von Arne Jacobsen, Maarten van Severen, Charles und Ray Eames. Auf denen kann man sich bei selbst gebackenen Torten nicht nur ausruhen: Man kann sie auch kaufen, denn Le Jardin Bohémien ist ein Mix aus Kaffeebar und Showroom. Ein Piano ist Zeuge dafür, dass hier außerdem regelmäßig Hauskonzerte (Jazz, Blues und Klassik) stattfinden. Ausstellungen gibt es ebenfalls, alle sechs Monate darf ein anderer Künstler seine Werke zeigen.
Gravensteen | Burgstraat 19 | Bus: Gravensteen | www.lejardinbohemien.be | Mo, Mi–Sa 9–18, So 9–13 Uhr

Wollen Sie's wagen?

Ab September können Sie im Le Jardin Bohémien ein Insektenmenu bestellen. Grillen, Mehlwürmer oder Heuschrecken sind umweltfreundlich und für einen großen Teil der Menschheit die normalste Sache der Welt – aber für europäische Gaumen noch gewöhnungsbedürftig.

69 Huiszwaluw   B1
Alles, was Wohnen schöner macht – Kissen, Teppiche, Wanduhren, Lampen, Kommoden, Handtücher … ein Stück schöner als das andere! Angebot wechselt wöchentlich.
Gravensteen | Hoogpoort 3b | Tram: Gravensteen | Tel. 09/2 33 27 37 | www.huiszwaluw.com

70 Priem   C1
Tapeten in allen Mustern und Farben und im Retrolook, zusammengestellt von zwei alten Genter Damen, die mit ihrem Laden über die Grenzen der Stadt hinaus ein Begriff geworden sind. Das Geschäft, in dem die Zeit stillzustehen scheint, ist auch als »Tapetenmuseum« bekannt.
Gravensteen | Zuivelbrugstraat 1 | Tram: Gravensteen | Tel. 09-2 23 25 37

SPITZE
71 Kloskanthuis ▶ S. 47

SONSTIGES
72 Het Tijdreisbureau ▶ S. 47
73 The Fallen Angel ▶ S. 47

74 Phulkari B 1
Liebevoll eingerichteter kleiner Laden, benannt nach altem indisch-pakistanischen Stick-Stil, mit wunderschönen bunten Schals, Taschen und Schmuck.
Graslei | Jan Breydelstraat 40 | Tram: Gravensteen | Tel. 09/2 25 18 95 | www.phulkari.be

KULTUR UND UNTERHALTUNG
MUSIK UND KONZERTE
75 Capitole ▶ S. 53
76 Handelsbeurs ▶ S. 53

77 Kinky Star C 1
Alternatives Musikzentrum am Vlasmarkt und Talentschmiede, in dem angehende Musiker bei Live-Shows (Eintritt frei) ihr Können präsentieren, auch Themenparties und DJ-Nights.
Vrijdagmarkt | Vlasmarkt 9 | Tram: Korenmarkt | Tel. 09/2 23 48 45 | www.kinkystar.com

KUNSTZENTREN
78 Vooruit ▶ S. 53

KINO
79 Kinepolis C/D 4
Einst größter Kinokomplex der Welt mit zwölf Sälen, den die Genter auch heute noch gern besuchen. Platzt beim internationalen Filmfestival von Gent aus allen Nähten. Im Süden der Stadt gelegen.
Sint Pietersplein | Ter Platen 12 | Tram: Heuvelpoort | Tel. 09/2 65 06 00 | www.kinepolis.be

Groot Vleeshuis (▶ S. 117): Der ehemalige Fleischmarkt wurde erst vor Kurzem restauriert. Die imposante Halle bietet heute Platz für Liebhaber regionaler Spezialitäten.

Im Fokus
Jan van Eyck und das Rätsel um das »Lamm Gottes«

Bis heute werfen die Tafeln des Genter Altars Fragen auf: Inwiefern war Hubert van Eyck an der Ausführung beteiligt? Und wo sind die »rechtvaardige rechters«? An der Suche nach der verschwundenen Tafel beteiligte sich zeitweilig die ganze Stadt.

Ein angenehmer Zeitgenosse dürfte er nicht gewesen sein: Jan van Eyck (um 1390–1441) galt als Emporkömmling, als Höfling – extrem scharf aufs Geld, penibel und überheblich. Aber der flämische Meister konnte es sich leisten. Nur wenige Künstler haben ihre Zeitgenossen so zum Staunen gebracht wie er. Mit einem nie dagewesenen Realismus und einer ungekannten Farbenpracht sorgte van Eyck für einen entscheidenden Wendepunkt in der europäischen Malerei. Selbst seine Kollegen südlich der Alpen und auf der Iberischen Halbinsel waren beeindruckt.
Auf einmal hatte der Hintergrund Tiefe bekommen – und die abgebildeten Personen individuelle Gesichtszüge. Die kostbaren Stoffe, in die sie gehüllt waren, schienen so täuschend echt, dass man sie am liebsten anfassen wollte! Kein Knick, keine Falte, und war sie auch noch so klein, entging dem Künstler – auch nicht auf den Gesichtern seiner Figuren.

◀ Die Festtagsseite des Genter Altars wird
nur an hohen Feiertagen gezeigt.

Eines der größten Meisterwerke van Eycks ist der 1432 vollendete und aus zwölf Tafeln bestehende Genter Altar. Er gilt als Höhepunkt des Werks der Flämischen Primitiven, als belgisches Nationalheiligtum. Jan van Eyck hatte dieses Meisterwerk zusammen mit seinem Bruder Hubert im Auftrag des reichen Genter Bürgers Jodocus Vijd und seiner Frau Elisabeth Borluut geschaffen. Das Stifterehepaar ist auf der geschlossenen »Werktagsseite« des Altars dargestellt, kniend vor Johannes dem Täufer und Johannes dem Evangelisten. Auf der Innenseite, der Fest- oder Sonntagsseite, erscheint das Lamm Gottes als Sinnbild Jesu Christi. Es steht auf einem Altar, mitten in einer paradiesischen Landschaft, über einem Brunnen als Quell des Lebens. Aus seiner Brust strömt Blut in einen Messkelch. Über dem Lamm thront Gott als Weltenherrscher, flankiert von Maria und Johannes dem Täufer sowie, auf den Seitentafeln, von Adam und Eva und zwei Engelscharen.

EIN MEISTERWERK MIT VIELEN RÄTSELN

Bis heute gibt der Genter Altar viele Rätsel auf: Was hat Hubert van Eyck gemalt, was sein Bruder Jan? Hubert starb bereits 1426, kein anderes Werk ist von ihm erhalten geblieben. Am unteren Rahmen des Altars findet sich zwar eine Inschrift, auf der steht, Hubert van Eyck sei der Bruder von Jan, und Jan habe die von seinem Bruder begonnene Arbeit nur vollendet. Aber die Echtheit der Inschrift ist fragwürdig; aller Wahrscheinlichkeit nach wurde sie im Nachhinein angebracht.

Ebenfalls ungeklärt ist die genaue Zusammensetzung der Ölfarbe, die allen Werken Jan van Eycks einen so unvergleichlichen Glanz verleiht und die abgebildeten Diamanten und Perlen wie echte strahlen lässt: Zwar ist Jan van Eyck – wie oft angenommen wird – nicht der Erfinder der Ölfarbe, aber was genau er den gemahlenen Halbedelsteinen wie Lapislazuli, dem Blattgold oder den Pflanzenextrakten zusammen mit dem Öl als Bindemittel unterrührte, konnte bis heute nicht geklärt werden.

Auch die verschwundene Altartafel mit der Darstellung der »Gerechten Richter«, der »rechtvaardige rechters«, stellt die Kunstwelt immer noch vor ein Rätsel und ist seit Jahrzehnten eine dankbare Quelle für die wildesten Spekulationen.

Den Bildersturm hat das Meisterwerk versteckt im Kirchturm überlebt. Und trotz mehrerer Diebstähle, bei denen der Altar als Ganzes oder Teile von ihm geraubt worden waren, blieb er wunderbarerweise fast immer komplett und kehrten die fehlenden Tafeln zurück nach Gent. So auch nach der Niederlage Napoleons bei Waterloo 1815: Die Franzosen mussten den Mittelteil des Altars, den kaiserliche Soldaten nach der Eroberung Flanderns als Kriegsbeute nach Paris gebracht hatten, zurückgeben. Die Seitenflügel waren in der Zwischenzeit zwar verkauft worden und über einen englischen Kunsthändler 1821 bei niemand Geringerem als Friedrich Wilhelm III. von Preußen gelandet. Aber auch der wurde gezwungen, sie zurückzugeben: Der Vertrag von Versailles nach der Niederlage im Ersten Weltkrieg verpflichtete ihn dazu.

STOFF FÜR EINEN HOLLYWOODFILM

Der Altar war daraufhin wieder vollständig – aber nur für kurze Zeit: In den frühen Morgenstunden des 11. April 1934 drangen unbekannte Täter in die Kathedrale ein und brachen zwei Tafeln heraus, um dann eine Million belgische Franc Lösegeld zu fordern – damals eine astronomische Summe. Die Tafel mit der Abbildung von Johannes dem Täufer wurde kurz danach in einem Schließfach im Brüsseler Nordbahnhof gefunden – von den »Gerechten Richtern« jedoch fehlte weiterhin jede Spur.

Das hielt Hitler nicht davon ab, den Altar erneut zu stehlen. Die Stadtväter von Gent hatten damit zwar gerechnet und den Altar nach dem Einfall der Nazis in Belgien 1940 wohlweislich demontiert und auf Lastwagen verfrachtet. Die sollten ihn in den Vatikan in Sicherheit bringen, kamen aber nur bis Frankreich. Dort konnte das Meisterwerk zwar noch eine Zeitlang in einem Schloss bei Pau versteckt werden, doch es dauerte nicht lange, bis die Nazis es dort entdeckten: Sie verschleppten die Altartafeln zunächst nach Neuschwanstein und brachten sie dann 1944 in ein österreichisches Salzbergwerk. Dort wurde der Altar im April 1945 zusammen mit mehr als 6500 anderen Meisterwerken von einer US-Spezialtruppe gefunden, den »Monuments Men« – so auch der Titel von George Clooneys Kinofilm (2014), der diese Geschichte erzählt und dem Altar eine prominente Rolle einräumt.

Den Monuments Men jedenfalls ist es zu verdanken, dass der Genter Altar an seinen angestammten Platz zurückkehrte. Seit 2012 wird er nun fünf Jahre lang aufwändig restauriert und soll seine ursprüngliche Farbenpracht zurückerhalten – Tafel für Tafel. Die Restaurierung findet im Museum für Schöne Künste (▶ S. 141) statt, wo Interessierte den Experten durch eine Glasscheibe bei der Arbeit zuschauen können. Vor allem die Genter machen davon dankbar Gebrauch, ganze Schulklassen rücken an.

Wer sich zwischen die Schaulustigen stellt, die sich vor der Glasscheibe drängen, hört regelmäßig wilde Spekulationen über das Versteck der »Gerechten Richter«, jener Tafel, die nach dem Diebstahl von 1934 nach wie vor verschollen ist und durch eine Kopie ersetzt wurde.

Einer der mutmaßlichen Täter, der Makler und Küster Arsène Goedertier, hatte kurz vor seinem Tod am 25. November 1934 auf dem Sterbebett zwar gebeichtet, er wisse als Einziger, wo sich die Tafel befinde. Doch er nahm das Geheimnis mit in den Tod.

Das Versteck ist bis heute nicht gefunden worden, auch wenn so mancher Genter das Gegenteil behauptete und damit die ganze Stadt hysterisch machte. So auch 2003, als ein pensionierter Taxifahrer versprach, die Polizei zum Fundort zu führen: »Des Rätsels Lösung ist nahe«, versprach er auf seiner Website und gab den Hinweis, dass sich das Bild in einem 149 mal 55,5 cm großen Versteck befinde. Worauf Scharen von Bürgern ihre Keller und Speicher nach entsprechenden Kisten durchforsteten.

KEINE SPUR VON DEN »GERECHTEN RICHTERN«

Doch die Suche endete mit einem gewaltigen Kater: Zwar führte der Taxifahrer die Polizei wie versprochen zum angeblichen Versteck, einer Dorfkirche im ostflämischen Wetteren, wo Arsène Goedertier einst gewohnt hatte. Gleich hinter dem Altar mit den vier Engeln sollte sich das Bild befinden – immerhin hatte ein Verwandter von Goedertier einst behauptet, die Tafel lagere »zwischen den Englein«. Tatsächlich entdeckte die Polizei dort einen hölzernen Verschlag in passender Größe – allerdings leider ohne Bild.

Von den »rechtvaardige rechters« fehlte weiterhin jede Spur, die Aufregung verebbte wieder. Bis Anfang April 2014, kurz bevor sich der Diebstahl zum 80. Mal jährte, der Genter Bischof im Fernsehen zur Überraschung der gesamten Nation ohne Namen zu nennen an eine führende Familie in Gent appellierte, die fehlende Altartafel zurückzugeben. Es soll sich um ein altes und reiches Genter Geschlecht handeln, das sie in seinem Besitz habe. Aus Angst vor einem Skandal und Sorge um ihren guten Namen habe es die Familie jedoch bislang nicht gewagt, die Tafel zurückzugeben. Fortsetzung folgt.

Museum voor Schone Kunsten 🖼 C 4

Citadelpark | Fernand Scribedreef 1 |
Tram: Sint-Pietersstation | www.msk
gent.be | Di–So 10–18 Uhr | Eintritt 8 €

MUSEEN UND GALERIEN

Angefangen bei Jan van Eyck über Peter Paul Rubens bis zu Gegenwartskünstlern wie Luc Tuymans oder Berlinde de Bruyckere: Ein Streifzug durch die Museen von Antwerpen, Brügge und Gent führt entlang einer Reihe von Meisterwerken.

Durch das neue **Museum aan de Stroom** 9 ist das Angebot an hochkarätigen Kulturinstituten in Antwerpen noch größer geworden, als es mit seiner Vielzahl von hochkarätigen Museen und Sammlungen ohnehin schon war. Einziger Wermutstropfen: die renovierungsbedingte Schließung des Museums voor Schone Kunsten (noch bis 2017), des wichtigsten Museums von Antwerpen. Ein Besuch im schicken Viertel Zuid ist dennoch anzuraten, immerhin befinden sich hier das Fotomuseum und das Museum van Hedendaagse Kunst MuHKA (Museum für zeitgenössische Kunst). Zu den ganz besonderen Museen der Stadt zählen das Museum Plantin-Moretus/Prentenkabinet (Druckereimuseum), das einen einzigartigen Einblick in die frühe Buchdruckerkunst Europas gewährt, das Museum Mayer van den Bergh mit Werken von u. a. Pieter Brueghel d. Ä. sowie das Modemuseum im Modeviertel Sint-Andries.

Museen und Galerien | 133

◄ Besucher im MuHKA (Museum für zeitgenössische Kunst) in Antwerpen (► S. 135).

Insgesamt 24 Museen hat Brügge zu bieten, viele von ihnen sind wunderschön in ehemaligen Stadtpalästen und Patrizierhäusern reicher Kauf-
manns- und Adelsfamilien untergebracht. Brügges Museen entführen
ihre Besucher in das goldene 15. Jahrhundert, als Brügge bereits das war,
was es offiziell erst 2002 wurde: Kulturhauptstadt Europas. Ein Muss für
die Liebhaber altniederländischer Malerei ist das **Groeningemuseum** 10
mit Meisterwerken von Jan van Eyck und Hans Memling. Weitere Mem-
ling-Werke finden sich im Memlingmuseum im Sint-Jan. Aber Brügge ist
auch Spitzen- und Schokoladenstadt: Daran erinnern das Kantcentrum
(Spitzenzentrum) sowie das Schokoladenmuseum Choco-Story.

UNKONVENTIONELL UND INNOVATIV: KUNST IN GENT

Dass sich Gent als Kunststadt über die Grenzen Belgiens hinweg einen
Namen gemacht hat, ist nicht zuletzt Jan Hoet (1936 bis 2014) zu verdanken, einem Tausendsassa in Sachen Kunst: Der Museumsdirektor, Kurator und Ausstellungsmacher, der 1992 auch die Dokumenta IX in Kassel
leitete, brachte Gent mit aufsehenerregenden Kunstaktionen immer wieder in die Schlagzeilen. Zum Beispiel 1986 mit den »chambres d'amis«, als
die Bürger von Gent ihre Wohnzimmer als Ausstellungssäle zur Verfügung stellten und wildfremde Menschen einließen, die die Kunst sehen
wollten. Oder 14 Jahre später mit »over the edges«, als Kunst im öffentlichen Raum gezeigt wurde, völlig unvermutet an überraschenden Plätzen.
Auch eines seiner interessantesten und schönsten Museen verdankt Gent
Jan Hoet: das Städtische Museum für aktuelle Kunst S. M. A. K. Durch
seine guten Kontakte zu Künstlern und Mäzenen konnte er eine beeindruckende Kollektion zusammentragen, angefangen bei Marcel Broodthaers und Josef Beuys über Munoz und Warhol bis hin zu Luc Tuymans.
Es dauerte allerdings mehr als 20 Jahre, bis das S. M. A. K ein eigenes Gebäude bekam und zum autonomen Museum wurde: 1999 öffnete es im
ehemaligen Casino im Citadelpark seine Pforten und gehört seitdem zu
den dynamischsten Museen Europas.

Das S. M. A. K. und das KMSK sind die beiden wichtigsten Museen der
Stadt und liegen im Citadelpark-Viertel im Süden. Die bislang jüngste
Kulturattraktion von Gent ist das Stadtmuseum STAM, das 2010 in einem
alten Klosterkomplex eröffnet wurde und die Geschichte der Stadt erzählt. Für Kunstfreunde ein Grund mehr, Gent nicht länger zu übersehen.

Antwerpen
MUSEEN

Fotomuseum B4
Das Fotomuseum ist Fotografie-Interessierten in ganz Europa ein Begriff, kann es doch mit Werken so bekannter Namen wie Man Ray, Robert Adams, Cartier-Bresson oder Charles Nègre aufwarten. Daneben überraschen Arbeiten unbekannter Fotografen. Bei aufwendigen Erweiterungsarbeiten hat das Fotomuseum einen neuen Flügel bekommen. Seitdem gilt es nicht nur als eines der besten, sondern auch als eines der schönsten der Stadt.
Zuid | Waalsekaai 47 | Tram: Lambermontplaats | www.fotomuseum.be | Di–So 10–18 Uhr | Eintritt 8 €

Modemuseum C3
Spätestens seitdem die berühmt-berüchtigten »Sechs von Antwerpen« in den 1980er-Jahren die internationale Modeszene kräftig aufmischten, ist Antwerpen auch eine internationale Modestadt. Bei den sechs handelt es sich um Dries Van Noten, Walter Van Beirendonck, Dirk Van Saene, Ann Demeulemeester, Marina Yee und Dirk Bikkembergs – alle Absolventen der Antwerpener Modeakademie, die im selben Gebäude wie das Modemuseum untergebracht ist. Dort laufen dem Besucher nicht nur die Talente von morgen über den Weg, er kann auch das Flanders Fashion Institute besuchen, die Mode-Bibliothek sowie hochinteressante Wechselausstellungen über Geschichte und Trends in der Mode.
Sint-Andries | Nationale Straat 28 | Tram: Kammenstraat/T. Van Rijswijckplaats | www.momu.be | Di–So 10–18, 1. Do im Monat 10–21 Uhr | Eintritt 8 €

Museum aan de Stroom (MAS)
D1
Ebenso eigenwilliger wie wuchtiger Backsteinbau, 60 m hoch, aus zehn übereinandergestapelten roten Backsteinblöcken. Der Entwurf stammt vom Rotterdamer Architekturbüro Neutelings-Riedijk, das in die Fassade Tausende von kleinen, glänzenden »antwerpse handjes« eingearbeitet hat: das Symbol der Stadt, das an den römischen Krieger Brabo erinnert, der die Stadt vom Terror eines Riesen befreite. Das MAS erzählt die Geschichte der Stadt und des Hafens und beherbergt verschiedene städtische Sammlungen, u. a. vom Völkerkunde- und Schifffahrtsmuseum. Es besteht aus zehn Ausstellungssälen, jeweils 24 mal 36 m groß, die wie gigantische Koffer übereinandergestapelt sind – und zwar versetzt, jeweils um 90 Grad gedreht. Dadurch bietet jeder Saal einen anderen Ausblick über die Hafenstadt.
Das gilt auch für die verglaste Galerie, die sich spiralförmig wie eine gigantische Wendeltreppe außenherum nach oben schraubt. Sie ist ein öffentlicher Weg und damit ohne Museumsbesuch frei zugänglich: Auf jeder Etage kann man entscheiden, ob man das Museum betreten will oder nicht. Ganz oben hat man einen fantastischen Blick über die Stadt und auf den Museumsvorplatz mit seinem 1600 qm großen Mosaik. Dieser Platz wurde von Luc Tuymans geschaffen, einem der weltweit erfolgreichsten Gegenwartskünstler und neben Rubens berühmter Malersohn der Stadt. Tuymans setzte sein Gemälde »Dead Skull« aus der Londoner National Gallery in Granitsteine um. Vorbild für beide Werke war eine Gedenkplatte

Museen und Galerien | 135

an der Seitenwand der Antwerpener Kathedrale, die Quinten Matsijs gewidmet ist, dem Mitbegründer der Antwerpener Malerschule. Auf diese Weise wollte Tuymans für eine Verbindung zwischen MAS und Kathedrale, dem neuen und dem alten Wahrzeichen der Stadt, sorgen.

Eilandje | Hanzestedenplaats 1 | Bus: Rijnkaai/Sint-Pietersvliet, Tram: Sint-Pietersvliet | www.mas.be | Museum April–Okt. Di–Fr 10–17, Sa, So 10–18, Nov.–März Di–So 10–17 Uhr, MAS-Boulevard April–Okt. Di–So 9.30–24, Nov.–März 9.30–22 Uhr | Eintritt 10 €

Museum Mayer van den Bergh 🚩 D 3

Verborgene Perle in Patrizierhaus mit der Sammlung des Privatgelehrten Mayer van den Bergh (1858 bis 1901). Dem hatten es vor allem die niederländischen Maler des späten Mittelalters und der Renaissance angetan; die flämischen Primitiven gehören zu den Höhepunkten des Museums, das Prunkstück ist die »Dulle Griet« (»Tolle Grete«) von Pieter Brueghel dem Ä. von 1562. Das Museum ist wie ein Wohnhaus gehalten. Die Mutter des Sammlers hat es nach dem Tod ihres Sohnes 1901 bis 1904 bauen lassen.

Theaterbuurt | Lange Gasthuisstraat 19 | Metro: Meir, Mecheleseplein oder Nationale Bank, Bus: Komedieplaats oder Nationale Bank | www.museummayervandenbergh.be | Di–So 10–17 Uhr | Eintritt 8 €

Museum Plantin-Moretus/
Prentenkabinet 🚩 C 3

Dieses Museum ist der legendären Druckerfamilie Plantin-Moretus gewidmet. Dass es sich als einziges der

Welt seit 2001 auf der UNESCO-Liste des Weltkulturerbes befindet, kommt nicht von ungefähr, schließlich beherbergt es die einzige Druckerei samt Verlag aus der Zeit von Renaissance und Barock, die es vollständig erhalten in die Gegenwart geschafft hat. Damit kann das Museum einen einmaligen Einblick in die Geschichte der frühen Buchdruckerkunst sowie in das Leben von Christoph Plantin und seinem Schwiegersohn Jan Moretus geben, die als die besten Buchdrucker ihrer Zeit galten. Monatlich wechselnde Sonderausstellungen und zusätzliche Angebote für Kinder machen den Besuch dieses Museums nicht nur informativ, sondern auch sehr unterhaltsam.

Historisch Centrum | Vrijdagmarkt 22–23 | Tram: Groenplaats | www.plantin-moretus.be | Di–So 10–17 Uhr | Eintritt 8 €

Museum voor Hedendaagse Kunst
🚩 B 4

In einem ehemaligen Getreidesilo aus dem Jahr 1922 ist seit 1987 das Museum für zeitgenössische Kunst untergebracht, das Museum voor Hedendaagse Kunst, kurz MuHKA. Auf 4000 qm wird Kunst von 1970 bis in die Gegenwart gezeigt, die Sammlung umfasst 150 Werke belgischer und internationaler Künstler aus der Matta Clark Foundation. Die restlichen Arbeiten sind Eigentum der flämischen Gemeinschaft, darunter auch Fotos und Skulpturen, Hörspiele und Musik. Im MuHKA finden regelmäßig Wechselausstellungen statt. Oben unterm Dach gibt es ein schönes Café mit einem Wandgemälde von Keith Haring und einer Terrasse mit prächtiger Aussicht.

Zuid | Leuvenstraat 32 | Tram: Leopold de Waelplaats | www.muhka.be | Di, Mi, Fr–So 11–18, Do 11–21 Uhr | Eintritt 8 €

Museum voor Schone Kunsten

🏷 B/C 4

Das wichtigste Museum der Scheldestadt ist noch bis 2017 geschlossen; der neoklassizistische Prunkbau wird aufwendig renoviert. Die berühmte Sammlung umfasst Werke aus mehr als fünf Jahrhunderten – angefangen bei flämischen Primitiven wie Jan van Eyck und Hans Memling über das Barock-Trio Rubens, Jordaens und van Dyck bis hin zu Margritte, Rik Wouters und James Ensor.

Auch wenn das Museum selbst nicht zugänglich ist: Die Treppenstufen im Eingangsbereich sind ein beliebter Treff der Antwerpener, die sich hier zum Lesen oder Schwatzen niederlassen, oder einfach nur das Wasserkunstwerk »Diepe Fontein« von Künstlerin Cristina Iglesia auf sich wirken lassen, das alle 20 Minuten leer strömt, um dann wieder vollzulaufen.

Zuid | Leopold de Waelplaats | Tram: Leopold de Waelplaats | www.kmsk.be

Einige Werke können während der Umbauphase an anderen Orten bewundert werden:

Onze-Lieve-Vrouvekathedraal

Die Werke alter Meister von Quinten Metsijs bis Rubens aus der Museumskollektion sind bis Ende 2017 in der Liebfrauenkathedrale zu sehen.

Historisch Centrum | Groenplaats 21 | Tram/Metro: Groenplaats | www. dekathedraal.be | Mo–Fr 10–17, Sa 10–15, So 13–16 Uhr | Eintritt 6 €

Schepenhuis Mechelen

Liebhaber der Arbeiten Rik Wouters' müssen nach Mechelen ausweichen. Dort werden seine Arbeiten bis Ende 2017 ausgestellt.

Mechelen | Steenweg 1 | www. Stedelijkemusea.mechelen.be | Do–Di 10–12.30 und 13–17 Uhr | Eintritt 8 € ca. 25 km südl. von Antwerpen

Stedelijk Museum Wuyts-van Campen & Baron Caroly

Wer die Brueghels sehen will, muss ins benachbarte Lier reisen, dort findet bis Ende 2017 die Ausstellung »Bruegelland« statt.

Lier | Florent Van Cauwenbergh-straat 14 | www.bruegelland.be | Di–So 10–12, 13–17 Uhr | Eintritt 4 € ca. 21 km südöstl. von Antwerpen

Red Star Line Museum 🚩 🏷 nördl. D 1

Europa, adé! Dieses erste und einzige Auswanderermuseum Europas erzählt die Geschichte der mehr als zwei Millionen Europäer, die zwischen 1870 und 1935 alle Zelte hinter sich abbrachen, um auf den Schiffen der Red Star Line ein neues Leben in der Neuen Welt aufzubrechen. Das Museum ist in drei unter Denkmalschutz stehenden Hafenhallen untergebracht, in denen die Schifffahrtsgesellschaft einst Papiere und Gesundheit der »landverhuizers«, wie sie in Flandern genannt werden (»Land-Umzieher«), kontrollierten und ihr Gepäck desinfizierten. Museumsbesucher können an den Originalschauplätzen in die Fußspuren der Auswanderer treten.

Eilandje | Montevideostraat 3 | Bus: Rijnkaai | www.redstarline.be | Di–Fr 10–17, Sa, So 10–18 Uhr | Eintritt 8 €

Das Modemuseum (▶ S. 134) ist im gleichen Haus wie die Antwerpener Modeakademie untergebracht und zeigt die vielfältigen kreativen Impulse der jungen Designer.

GALERIEN

Axel Vervoordt Gallery C2

Galerie, die der exzentrische belgische Sammler und Ausstellungsmacher Axel Vervoordt 2010 im historischen Vlaeykensgang in der Altstadt eröffnet hat. Die erste Ausstellung zeigte im 4 m hohen Hauptraum Arbeiten von Günther Uecker aus dem Zyklus »Black Rain«. Pro Jahr will Vervoordt acht Solo-Ausstellungen moderner und zeitgenössischer Kunst präsentieren.
Historisch Centrum | Vlaeykensgang | Tram: Groenmarkt | www.axelvervoordt.com | Mi–Sa 14–18 Uhr

Studio Job Gallery D4

Das junge, belgisch-niederländische Designer-Duo Job Smeets und Nynke Tynagel hat nach seiner Ausbildung an der Design Academy in Eindhoven, der »School of Cool«, geradezu schwindelerregend schnell Karriere gemacht. Seit Herbst 2009 leisten sie sich einen eigenen Design-Verkaufstempel mit ihren Entwürfen – ein Muss für alle Designfreaks!
Zuid | Begijnenvest 8 | Tram: Kasteelpleinstraat | www.studiojob.be | Öffnungszeiten erfragen per Mail gallery@studiojob.be oder Tel. 3-2 32 25 15

Xeno X Gallery `östl. F3`

Inhaber Frank Demaegd gilt als Antwerpener Galerist mit dem richtigen Kunstgespür. Am westlichen Stadtrand verkauft er nicht nur die Werke namhafter Künstler, wie der in den Niederlanden lebenden Südafrikanerin Marlene Dumas, sondern ist und war von Anfang an der Galerist von Luc Tuymans.

Borgerhout | Godtsstraat 15–2140 Antwerpen-Borgerhout | Tram: Borgerhout-de Roma | www.zeno-x.com | nur während der Ausstellungen Mi–Sa 13–17 Uhr, an Feiertagen geschl.

Brügge
MUSEEN

Choco-Story `D2`

In diesem Museum erfährt der Besucher alles über die Geschichte der Schokolade – angefangen bei den Mayas über die spanischen Eroberer bis in die Gegenwart. Mit Pralinen-Workshops, bei denen natürlich auch genascht werden darf. Für Kinder wird eine Schokoladensuche veranstaltet.

Sint-Walburga | Wijnzakstraat 2 | Tram: Sint-Jansplein | Tel. 0 50/61 22 37 | www.choco-story.be | tgl. 10–17 Uhr | Eintritt 7 €, Kinder bis 5 gratis

Diamantmuseum `D4`

Erfahren Sie alles über die Technik des Diamantschleifens, die – und das wissen die wenigsten – vor 500 Jahren zum ersten Mal in Brügge angewendet wurde. Tägliche Vorführungen zeigen, wie aus einem unspektakulären Stein ein kostbares Juwel wird. Und im Diamantlabor kann Belgiens wichtigstes Exportprodukt genauer unter die Lupe genommen werden.

Onze-Lieve-Vrouwe-Kwartier | Katelijnestraat 43 | Bus: Onze lieve Vrouwe | www.diamondmuseum.be | tgl. 10.30–17.30 Uhr, Führung tgl. um 12.15 Uhr | Eintritt 7 €

Frietmuseum `C2`

Darf im Land der Pommes frites nicht fehlen: ein didaktisches Museum in einem der schönsten Gebäude Brügges, der Saai-Hal, das die Geschichte der Kartoffel erzählt. Samt Fritten und dazugehöriger Saucen.

Centrum-Markt | Vlamingstraat 33 | Bus: Markt | www.frietmuseum.be | tgl. 10–17 Uhr | Eintritt 6 €, Kinder 4 €

Groeningemuseum 🔟 `D3`

Dieses zwischen 1929 und 1930 gebaute Museum ist das wichtigste der Stadt und bietet eine Übersicht über die Geschichte der belgischen Kunst. Höhepunkt ist die Sammlung mit Werken der sogenannten flämischen Primitiven, altniederländischen Meistern wie Jan van Eyck, Hans Memling oder Hieronymus Bosch. Zu den wichtigsten Gemälden zählen Jan van Eycks »Madonna des Kanonikus von der Paele« von 1436 und das Porträt seiner Frau Margareta von 1439, der »Marientod« von Hugo van der Goes von 1482, das »Jüngste Gericht« von Hieronymus Bosch und das »Moreel-Triptychon« aus dem Jahre 1484 von Hans Memling. Ebenfalls sehenswert: Arbeiten belgischer Maler aus dem 19. und 20. Jh., u. a. von Paul Delvaux und René Magritte.

Sint-Walburga | Dijver 12 | Bus: Wollestraat | www.museabrugge.be | Di–So 9.30–17 Uhr | Eintritt 8 €, Eintrittskarte auch für Arentshuis gültig

Museen und Galerien | 139

Gruuthusemuseum C3
Dieser mittelalterliche Stadtpalast nahe dem Dijver hat eine prächtige gotische Fassade mit Türmchen und Treppengiebeln. Hier wohnte im 15. Jh. der Heer van Gruuthuse, ein Kaufmann mit einem ganz besonderen Privileg: Er durfte Steuern erheben auf Gruut, ein importiertes Kräutergemisch, das beim Brauprozess dem Brügger Bier zugefügt wurde und lange, bevor es Hopfen gab, als Würze diente. Das Haus selbst mit den vielen Zimmern, Kaminen und Holzdecken gleicht noch heute einem Labyrinth und versetzt den Besucher zurück in das mittelalterliche Alltagsleben: Küche und Hauskapelle von 1472 sind noch in authentischem Zustand. Außerdem wertvolle (Wand-)Teppiche, Holzschnitzarbeiten, Glas, Keramik, Möbel und ein Raum mit medizinischen Apparaten. Zu den Höhepunkten zählen eine Büste von Habsburgerkaiser Karl V., die der deutsche Künstler Konrad Meit 1521 schuf, und ein Wandteppich von 1675 mit Darstellungen der Sieben Freien Künste.
Sint-Walburga | Dijver 17 | Bus: Wollestraat | www.museabrugge.be | Di–So 9.30–17 Uhr | Eintritt 8 €

Historium   C2
Interaktiver Spaziergang durch das Mittelalter: Besucher landen im Jahre 1435 und erleben, wie ein junger Maler, der im Atelier des schon damals berühmten Meisters Jan van Eyck arbeitet, die Liebe seines Lebens kennenlernt. Spezielle Effekte mit Musik, Licht, Wind und selbst Gerüchen lassen das mittelalterliche Brügge lebendig werden.
Centrum-Markt | Markt 1 | Bus: Markt | www.historium.be | tgl. 10–18 Uhr | Eintritt 11 €, Kinder 5,50 € | Dauer: ca. eineinhalb Stunden

Memlingmuseum im Sint-Jan C3
Dieses berühmte Museum befindet sich im romanischen Sint-Janshospitaal aus dem 13. Jh. Nonnen versorgten dort seit 1188 Pilger, andere Reisende und Kranke. Auch Hans Memling (1430–1494) soll der Legende zufolge hier einst Patient gewesen sein – weshalb das Hospital mit sechs seiner Meisterwerke belohnt wurde, darunter der kostbare Ursulaschrein von 1489 und die »Mystische Vermählung der Heiligen Katharina« von 1479.
Onze-Lieve-Vrouwe-Kwartier | Mariastraat 38 | Bus: Onze-Lieve-Vrouwekerk | www.museabrugge.be | Di–So 9.30–17 Uhr | Eintritt 8 €

Museum voor Volkskunde D/E2
In der malerischen Balstraat ist in einem Komplex kleiner Arbeiterhäuschen rund um einen Innenhof aus dem 17. Jh. ein kleines Volkskunstmuseum untergebracht, zu erreichen über eine kleine Kneipe, die Zwarte Kat. Jedes Häuschen ist einem anderen Aspekt des traditionellen flämischen Lebens gewidmet. Auch lernt der Besucher die verschiedensten Handwerke kennen, wie Schmied und Schuster, Hutmacher oder Zuckerbäcker.
Sint-Anna | Balstraat 43 | Bus: Kruispoort | www.museabrugge.be | Di–So 9.30–17 Uhr | Eintritt 4 €

Spitzenmuseum E2
Was wäre Brügge ohne seine berühmte Spitze! Das Spitzenmuseum (kantcent-

rum) ist um die Ecke gezogen, von der Peper- in die Balstraat, und setzt die Kunst der Spitzenklöpplerinnen ab Ende Juni 2014 noch besser ins Licht. Alles über Techniken und Geschichte, dazu Demonstrationen, Workshops und natürlich ein Shop, in dem man sich mit Spitze eindecken kann.

Sint Anna | Balstraat 16 | Bus: Gouden Handstraat | Tel. 0 50/33 00 72 | www. kantcentrum.eu | tgl. 10–17 Uhr (Achtung: Demonstrationen von Klöpplerinnen nur Mo–Fr!) | Eintritt 3 € (ab 2015: 4 €)

GALERIEN

Absolute Art Gallery   ⚑ D3

Eine der wenigen Galerien für moderne und zeitgenössische Kunst in Brügge mit Arbeiten u. a. von Carlos Mata, Christine Comyn, Koen Vanmechelen und Karel Zijlstra.

Centrum-Markt | Dijver 4–5 | Bus: Wollestraat | www.absoluteartgallery.com | Do–Di 11–18.30 Uhr

Antiquariat Marc Van de Wiele ⚑ C3

Egal, ob Stundenbücher oder Inkunabeln – Van de Wiele ist spezialisiert auf illustrierte Bücher vom 15. bis 20. Jh. Für Liebhaber eine echte Fundgrube, denn er zählt zu den Besten in Belgien.

Centrum-Markt | Sint Salvatorkerkhof 7 | Tram/Bus: Sint Salvatorskerk | www.marcvandewiele.com | Tel. 0 50/ 33 63 17 | Mo, Do 14–18, Fr, Sa 10–12 und 14–18 Uhr

Gent
MUSEEN

Design Museum   ⚑ B1

Im Rokoko-Palast De Coninck mit angrenzendem Neubau ist eines der besten Designmuseen Europas mit einer Sammlung untergebracht, die von alten kostbaren Möbeln bis hin zu frechem jungen Design reicht. Auch eine große Jugendstilabteilung fehlt nicht und gehört zu den schönsten Belgiens. Exponate u. a. von Victor Horta, Marcel Breuer und Ludwig Mies van der Rohe.

Graslei | Jan Breydelstraat 5 | Tram: Gravensteen | www.design.museum. gent.be | Di–So 10–18 Uhr | Eintritt 8 €

Huis van Alijn 🚶‍♂️   ⚑ C1

Dieses Museum für Volkskultur im historischen Zentrum bei Vrijdagmarkt und Gravensteen gefällt auch Kindern, denn es hat eine große Puppen- und Spielzeugsammlung und organisiert in seinem Puppentheater das ganze Jahr über Vorstellungen. Das Museum befindet sich in einem Komplex ehemaliger Armenhäuser, die 1363 um einen Innenhof gebaut wurden. Heute laden sie zu einer Zeitreise ein und dokumentieren das Alltagsleben der Genter im Laufe der Jahrhunderte. Auch die verschiedensten Handwerksberufe sind mit Werkstätten vertreten. Schöner Museumsshop.

Gravensteen | Kraanlei 65 | Tram: Gravensteen | www.huisvanalijn.be | Di–So 11–17.30 Uhr | Eintritt 6 €

Museum Arnold van der Haeghen   ⚑ B2

Patrizierhaus eines Genter Textilbarons aus dem 18. Jh. im Übergangsstil zwischen Louis-quinze und Louis-seize. Innen befindet sich ein einzigartiger chinesischer Salon mit Seidentapeten und Wandgemälden. Hier war Napoleons Erzfeind Wellington vor der

Schlacht von Waterloo zu Gast. Seit 1997 ist das Haus ein Museum, in dem auch die Rekonstruktion des Arbeitszimmers des Genter Nobelpreisträgers für Literatur, Maurice Maeterlinck, zu bewundern ist.

Kouter | Veldstraat 82 | Tram: Koophandelsplein | Infos über www.visit gent.be | Mo–Fr 10–12 und 14–16 Uhr, Führungen Fr, Sa 14.30 Uhr | Eintritt 6 €, Ticket auch gültig für Hotel d'Hane-Steenhuyse

Museum industriele Archeologie en Textiel (MIAT) C1

Das Museum für industrielle Archäologie und Textil befindet sich in einer alten Baumwollspinnerei. Auf 1800 qm wird die Entwicklung der alten Textilstadt Gent erzählt – vom Mittelalter über die industrielle Revolution bis heute. Eine Sonderausstellung ist der Baumwollproduktion gewidmet und erklärt, wie eine Baumwollpflanze zum T-Shirt wird. Im Museumsgarten wachsen Pflanzen, die zur Herstellung von Textilfarben dienen. Mit Workshops.

Vrijdagmarkt | Minnemeers 9 | Tram: Vlasmarkt | www.miat.gent.be | Di–So 10–18 Uhr | Eintritt 6 €

Museum voor Schone Kunsten C4

Im neoklassizistischen Prachtbau von Charles van Rysselberghe wird Kunst vom Mittelalter bis 1950 ausgestellt. Der Schwerpunkt der Sammlung liegt auf südniederländischer Malerei (flämische Impressionisten, die expressionistische Schule von Sint-Martens-Latem), aber auch die deutschen Expressionisten und französische Ma-

Radios, Fernsehgeräte, Waschmaschinen und Kühlschränke aus den 50er- und 60er-Jahren im Museum für industrielle Archäologie und Textil (MIAT) (▶ S.141).

Zeugen des Mittelalters: Die steinernen Köpfe im neuen Stadtmuseum STAM (▶ S. 142) sind ein Vorgeschmack auf die Eindrücke im historischen Stadtkern von Gent.

ler sind gut vertreten. Zu den Höhepunkten zählen die »Kreuztragung« von Hieronymus Bosch und das »Porträt eines Kleptomanen« von Théodore Géricault. Ein Saal ist dem Leben der Bauern und Arbeiter im 19. Jh. gewidmet.

Bis 2017 findet im Museum die Restaurierung des weltberühmten Genter Altars statt. Besucher können den Restauratoren durch eine Glasscheibe über die Schulter gucken und mitverfolgen, wie die zwölf Altarteile des »Lamm Gottes« der Brüder van Eyck, eines der größten Meisterwerke der europäischen Kunstgeschichte, seinen ursprünglichen Glanz zurückerhält.

Citadelpark | Fernand Scribedreef 1 | Tram: Sint-Pietersstation | www.msk gent.be | Di–So 10–18 Uhr | Eintritt 8 €

STAM   B 3

Das neue Stadtmuseum wurde 2010 in einer alten Abtei aus dem 14. Jh. eröffnet. Es erzählt die Geschichte Gents anhand von 300 Ausstellungsstücken und mithilfe interaktiver Medien. Besucher machen eine Zeitreise und können alles, was sie im Museum erfahren, später in der Stadt nacherleben.

Bijloke | Godshuizenlaan 2 | Tram: Bijlo-
kehof | Tel. 09/2 67 14 00 | www.stam-
gent.be | Di–So 10–18 Uhr | Eintritt 8 €

Stedelijk Museum voor Actuele Kunst (S. M. A. K.)   B/C 4

Das Museum ist durch Jan Hoet weltberühmt geworden und gehört zu den
dynamischsten in Europa. Der Leiter
der Documenta IX von 1992 hat mithilfe von Künstlern und Mäzenen eine
beeindruckende Sammlung von Werken unterschiedlichster Genres zusam-
mengebracht (u. a. Luc Tuymans, Marcel Broodthaers, Joseph Beuys, Juan
Muñoz, Andy Warhol, Panamarenko).
Es dauerte allerdings mehr als 20 Jahre,
bis das S. M. A. K ein eigenes Gebäude
bekam: 1999 öffnete es im ehemaligen
Casino im Citadelpark seine Pforten,
gegenüber dem MSK. Das Künstlercafé
ist bis 1 Uhr nachts geöffnet.

Citadelpark | Bus: Fortlaan/Ledeganck-
straat | www.smak.be | Di–So 10–
18 Uhr | Eintritt 8 €

De Wereld van Kina – Die Welt von Kina 🧑‍🤝‍🧑   C 4

Naturmuseum für Kinder und Jugend-
liche, wo sie in die Haut großer Erfinder wie Einstein oder da Vinci schlüp-
fen oder den Geheimnissen der Natur
auf die Spur kommen können. Das
Museum besteht aus dem **Huis Kina**
und dem **Garten Kina**, der mit Vogel-
spinnen, Bienenkolonien und 1000
Pflanzensorten aufwarten kann.

Huis Kina

Sint Pietersplein | Sint Pietersplein 14 |
Tram/Bus: Sint Pietersplein | Tel. 09/2 44
73 73 | Mo–Fr 9–17, So 14–17.30 Uhr |
Eintritt 3 €

Garten Kina

Gravensteen | Berouw 55 | Tram:
Spaarstraat | Tel. 09/2 25 05 42 | www.
dewereldvankina.be | Mo–Fr 9–17, So
14–17.30 Uhr | Eintritt 3 €

GALERIEN

Galerie Design 7   C 1

Paradies für Fans von Vintage-Design,
denn das ist die Spezialität des Inha-
bers Frederic Rozier. Hinter der kleinen Schaufensterscheibe breiten sich
auf 1000 qm Schaustücke aller Stilrichtungen aus.

Vrijdagmarkt | Nieuwpoort 7 | Tram:
Vlasmarkt | www.design7.be | Do–Sa
15–18 Uhr und nach Absprache

Galerie Fortlaan 17   südl. B 4

Seit 1989 Plattform für internationale
zeitgenössische Kunst, die mit ausgefallenen Ausstellungen immer wieder
Aufsehen erregt und auch bei den
wichtigsten Messen vertreten ist.

Sint Pietersplein | Fortlaan 17 | Tram:
van Monckhovenstraat | Tel. 09/2 22
00 33 | www.fortlaan17.com | Mi–Fr 14–
18, Sa 12–18 Uhr und nach Absprache

Galerie St. John   C 1

Sammlerherzen schlagen bei diesem
Anblick höher: Mehr als 3000 Kunstwerke und Antiquitäten, Gemälde,
Skulpturen, Silber, Möbelstücke, Spiegel und auch Bücher von 1700 bis 1970
sind hier versammelt. An- und Verkauf. Spezialgebiet: Art nouveau und
Art-déco-Silber.

Vrijdagmarkt-Viertel | Bij Sint Ja-
kobs 15 a | Tram: Vrijdagsmarkt | Tel.
09/2 25 82 62 | www.st-john.be | Fr, Sa
10–12 und 14–18, So 10–12, Mo 14–18, Mi,
Do 14–18 Uhr

AUF DEN SPUREN DER MALER RUBENS, VAN DYCK UND JORDAENS

Dieser Spaziergang führt zu den Stationen des Lebens von Peter Paul Rubens. Im Rubenshaus glaubt man, der barocke Malerfürst könne jeden Moment zur Tür hereinkommen. In der Sint-Jacobskerk hat er geheiratet und ließ seine Kinder taufen, hier liegt er auch begraben. Auf diesem Spaziergang wird das Antwerpen um 1600 wieder lebendig – und mit ihm Rubens' Freunde und Mäzene sowie seine Malerkollegen Jordaens und van Dyck, deren Aufstieg ebenfalls an der Schelde begann.

◄ Eingang mit Blick in den Garten des Rubenshuis' (▶ MERIAN TopTen, S. 78).

START Rubenshuis
Tram/Metro: Groenplaats
ENDE Onze-Lieve-Vrouwekathedraal
Tram/Metro: Groenplaats
LÄNGE 4 km

Der Spaziergang beginnt mit einer der bedeutendsten Sehenswürdigkeiten Flanderns, dem **Rubenshuis** 🔻 am Wapper 9–11, wo Peter Paul Rubens von 1610 bis zu seinem Tod im Jahr 1640 lebte und hohe Gäste aus ganz Europa empfing. Die ehemaligen Wohnräume und das an einen italienischen Palazzo erinnernde Atelier können ebenso besichtigt werden wie der von Rubens selbst angelegte Renaissancegarten. Er diente für viele Gemälde, darunter das Hochzeitsporträt »Spaziergang im Garten«, als Vorlage und konnte deshalb rekonstruiert werden.

Luxus in historischem Gewand
Biegen Sie beim Verlassen des Rubenshauses nach rechts ab Richtung Meir, der Antwerpener Prachteinkaufsstraße mit ihren vielen Stadtpalästen und Patrizierhäusern.
Wenn Sie dort ein Stück weiter nach rechts Richtung Hauptbahnhof laufen, sehen Sie an der Kreuzung Meir/Otto Veniusstraat das Standbild von Rubens' Malerkollegen Anthonis van Dyck. Die Otto Veniusstraat ist nach dem letzten und einflussreichsten Lehrer von Rubens benannt, der hier einst im Haus mit der Nr. 21 wohnte.
Drehen Sie um und laufen Sie die Meir wieder in westlicher Richtung zurück. Links liegt der Stadsfeestzaal,

der zu einem barocken Luxuseinkaufszentrum umfunktioniert wurde. Im prächtigen Atrium können Sie sich bei einem Kaffee stärken oder sich ein Glas Champagner gönnen.
Dann geht es weiter zur Sint-Jacobskerk, wo Rubens begraben liegt. Dazu biegen Sie auf dem Meir rechts in die Eikenstraat ab und gehen immer geradeaus bis zur Lange Nieuwstraat. Die **St.-Jakobskirche** liegt dann direkt vor Ihnen. Sie war die Pfarrkirche von Peter Paul Rubens, hier heiratete er am 6. Dezember 1630 seine zweite Frau Hélène Fourment, ließ seine Kinder taufen und wurde hier auch bestattet.

Eine Marienfigur als Krönung
Wie viele renommierte Antwerpener Familien hatte auch der Malerfürst seine eigene Familiengrabkapelle. Sie befindet sich in der Liebfrauenkapelle hinter dem Hauptaltar. Rubens hat es sich nicht nehmen lassen, sie selbst angemessen zu gestalten: Bereits 1634, sechs Jahre vor seinem Tod, schuf er dafür das Altargemälde der »Madonna im Kreis von Heiligen«, auf dem er sowohl seine eigenen als auch die Gesichtszüge seiner beiden Frauen Isabella Brant und Hélène Fourment verewigt hat. Über dem Gemälde schwebt – sozusagen als Krönung – eine Marienskulptur aus Marmor, die Rubens' Lieblingsschüler Lucas Faydherbe geschaffen hat.
Biegen Sie beim Verlassen der Kirche rechts ab und folgen Sie weiter der Lange Nieuwstraat. In der Ferne sehen Sie bereits den filigranen Turm der Kathedrale. In dem Haus mit der Nr. 51 wohnte jahrelang der Leibarzt und Freund von Rubens, Lazarus Marcquis.

Und bei Nr. 11 stand einst das Haus, in dem **Jan Brueghel d. Ä.** (1568–1625) und danach auch dessen Schwiegersohn **David Teniers d. J.** (1610–1690) gewohnt und gearbeitet haben. Die beiden Künstler waren wie Rubens Mitglieder der Antwerpener Malergilde, der Lukasgilde, benannt nach dem Schutzpatron der Maler, dem Heiligen Lukas. Brueghel, der wegen seiner prachtvollen Blumengemälde auch »Blumen-Brueghel« genannt wurde, hat ab und zu mit Rubens zusammengearbeitet. Er malte dann die Landschaften auf den Bildern von Rubens und Rubens wiederum die Figuren auf einigen von Brueghels Werken. Teniers ist vor allem mit Darstellungen des bäuerlichen Milieus bekannt geworden. 1637 heiratete er Anna, die Tochter von Jan Brueghel d. Ä., und erhielt dadurch Zugang zur Maler-Elite Flanderns: Annas Vormund und Trauzeuge war Peter Paul Rubens.

Folgen Sie der Lange Nieuwstraat bis zur Markgravestraat, dort biegen Sie rechts ab und gehen geradeaus. Sie überqueren die Kipdorpstraat und biegen dann an einer T-Kreuzung auf die Keizerstraat links ab. Etwa 100 m weiter, auf der linken Seite, liegt das **Rockoxhuis** (Keizerstraat 10–12), benannt nach Nicolaas Rockox, Bürgermeister von Antwerpen sowie enger Freund und Mäzen von Rubens. Dieser verdankte ihm viele Aufträge und nannte ihn seinen »Freund und Beschützer«. Das Haus wurde mit originalen Möbeln und Gemälden eingerichtet und ist heute ein beliebtes Museum, in dem auch viele der Meisterwerke, die Rockox als Kunstliebhaber sammelte, bewundert werden

können, u. a. von Rubens, van Dyck, Jordaens, Frans Snijders oder Pieter Brueghel d. J.

Biegen Sie nach dem Verlassen des Rockoxhauses links ab und gehen Sie bis zum Ende der Keizerstraat. Dort biegen Sie wieder links ab und erblicken dann bereits die Türme der **St.-Carolus Borromeuskerk.** Diese Jesuitenkirche, nach dem Vorbild von Il Gesu in Rom gebaut, gehört zu den schönsten der Stadt und liegt auch an einem der schönsten Plätze Antwerpens, dem **Hendrik Conscienceplein.** Ein idealer Ort für eine Verschnaufpause, denn hier laden zahlreiche Caféterrassen zum Verweilen ein, und der Besucher kommt sich vor wie in südlichen Gefilden.

Ein barockes Juwel

Rubens war an der Ausstattung und Errichtung der Jesuitenkirche beteiligt und auch für die Gestaltung des Hochaltars und der Fassade verantwortlich. Zusammen mit dem erst 21 Jahre alten van Dyck, der ihn als Gehilfe unterstützen durfte, schuf Rubens hier 1620 auch 39 Deckengemälde, die jedoch bei einem verheerenden Brand im Jahr 1718 komplett zerstört wurden.

Überqueren Sie beim Verlassen des Hendrik Conscienceplains die Wollestraat und gehen Sie rund 300 m auf der Minderbroedersrui geradeaus, bis Sie an einer T-Kreuzung an die Lange Koepoortstraat kommen. Biegen Sie dort links ab, um dann auf der anderen Straßenseite gleich wieder rechts in die Zwartzustersstraat einzubiegen, der Sie bis zum Veemarkt folgen. Dort liegt die **St.-Pauluskerk,** die Klosterkirche der Antwerpener Dominikaner: Sie waren

die Ersten, die bei Rubens nach seiner Rückkehr aus Italien Arbeiten in Auftrag gaben. Die Pauluskirche gilt als barockes Juwel in einem gotischen Schrein mit wunderschönen Holzschnitzereien, 200 Bildhauerarbeiten und mehr als 50 Gemälden, darunter die »Geißelung Christi« von Peter Paul Rubens.

Kunst gegen Handelsprivilegien

Biegen Sie nach Verlassen der Kirche links ab, überqueren Sie die Zwartzustersstraat und auch die Zirkstraat, bis Sie zur Oude Beurs kommen. Dort biegen Sie links und dann gleich wieder rechts ab und sehen den **Grote Markt** mit Stadhuis und Gildehäusern bereits vor sich liegen. Im **Rathaus** kannte sich Rubens gut aus: Erstens wirkte sein guter Freund Rockox hier als Bürgermeister, zweitens weilte Rubens als Diplomat selbst auch regelmäßig in den Ratssälen. Im Jahr 1609 malte er eine »Anbetung der Könige« für das Stadhuis, doch die Stadträte schenkten es bereits 1611 dem spanischen Botschafter als Dank für gewährte Handelsprivilegien, und so landete das Gemälde in Madrid.

Für einen Einkehrschwung an der Schelde verlassen Sie den Marktplatz über die Suikerrui und gelangen zum Flussufer. Hier finden Sie das schöne Café-Restaurant Zuiderterras. Wenn Sie nicht einkehren wollen, verlassen Sie den Marktplatz in derselben (südwestlichen) Richtung wieder, in der Sie ihn betreten haben, überqueren die Suikerrui und folgen dann der Hoogstraat. Hier wurde Jacob Jordaens geboren, eine Gedenktafel am Haus mit der Nr. 13 erinnert daran. Gewohnt und gearbeitet hat Jordaens eine Straße weiter um die Ecke, dazu folgen Sie weiter der Hoogstraat und biegen dann nach links in die Reyndersstraat ab: Im Haus Nr. 4, wo Jordaens mit Lehrlingen und Gehilfen einst seine Gemälde, Radierungen und Zeichnungen schuf, befindet sich heute ein Zentrum für Gegenwartskunst.

Alte Schulfreunde

Gehen Sie nach diesem Abstecher in die Reyndersstraat wieder zurück zur Hoogstraat, biegen Sie dort links ab und gehen Sie weiter bis zur nächsten Querstraße, der Stoofstraat/H. Geetstraat, um dort gleich erneut links abzubiegen.

Sie erreichen nun den Vrijdagmarkt, wo das **Museum Plantin-Moretus** liegt, das der Buchdruckerkunst gewidmet ist. Mit Balthazar Moretus, dem Enkel einer dieser beiden berühmten Buchdruckerfamilien, war Rubens geschäftlich und freundschaftlich eng verbunden. Die beiden Männer kannten sich von der Lateinschule, wo sie gemeinsam in der Bank saßen, später arbeiteten sie eng zusammen. So illustrierte Rubens für die Druckerdynastie Bücher und entwarf Titelseiten. Und Balthazar bestellte bei ihm Porträts sei-

ner Familienmitglieder und anderer prominenter Zeitgenossen. Zahlreiche dieser Werke hängen noch heute an den Wanden des Museums, das einen einzigartigen Einblick in die frühe Buchdruckerkunst gibt.

Biegen Sie beim Verlassen des Museums nach rechts ab und dann am Steenhouwersvest gleich wieder links. Folgen Sie dieser Straße, bis sie an der Ecke zur Kammenstraat, wo der auffällige Modepalast von Dries Van Noten steht, in den Lombardenvest übergeht. Biegen Sie dort in die erste Seitenstraße links ein, die Pandstraat. Nun steuern Sie auf den Groenplaats zu mit dem Hilton-Hotel, einem Prunkbau der Belle Époque: Hier steht das imposante Standbild, das die Stadt Antwerpen zum 200. Todestag von Peter Paul Rubens 1840 aufstellen ließ.

Gehen Sie dann Richtung **Onze-Lieve-Vrouwekathedraal** ⭐2 und verlassen Sie den Groenplaats in nordwestlicher Richtung über die Jan Blomstraat. Sie führt zum Handschoenmarkt mit der Kathedrale, dem krönenden Abschluss des Spaziergangs: Diese siebenschiffige Pfeilerbasilika ist nicht nur die größte gotische Kirche der Beneluxländer. Hier hängen auch gleich vier Meisterwerke von Rubens: Die »Kreuzaufrichtung« und die »Kreuzabnahme«, die »Auferstehung Christi« und »Maria Himmelfahrt«. Die »Kreuzabnahme«, 1612 im Auftrag der Antwerpener Schützengilde erstellt, gehort zu den berühmtesten Werken des Malers.

Nach Besichtigung der Kathedrale lässt sich der Nachmittag auf dem Handschoenmarkt auf einer der vielen Terrassen abschließen – bei einem »bolleke« oder einer Portion Miesmuscheln.

Literarische Streifzüge durch die Welt –
mit beliebten Autoren die schönsten Regionen
und Metropolen entdecken.

MERIAN
erzählt

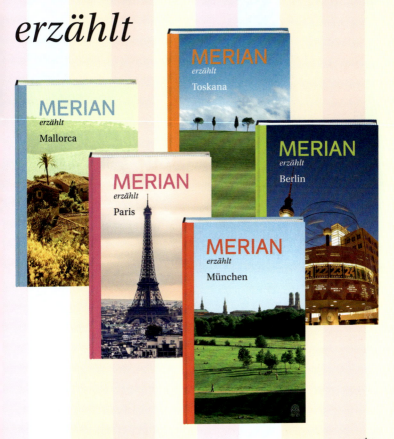

Hoffmann und Campe

BRÜGGES GOLDENES JAHR-
HUNDERT ENTDECKEN

Die Herzöge von Burgund mit ihrem verschwenderischen Hofleben haben viele Spuren in Brügge hinterlassen. Bewundern Sie das Prachtgrab von Maria von Burgund, der ganz Brügge zu Füßen lag, Michelangelos Madonna und die Meisterwerke des deutschstämmigen Malers Hans Memling. Wandeln Sie auf den Spuren der reichen Kaufleute aus ganz Europa, die in Brügge noch reicher wurden, und lassen Sie sich in der ältesten Brauerei der Stadt ein typisches Brügger Bier schmecken!

◀ UNESCO-Weltkulturerbe: der Grote Markt von Brügge mit Belfried (▶ S. 100).

START	Grote Markt
	Bus: Markt
ENDE	Grote Markt
	Bus: Markt
LÄNGE	3,5 km

Verlassen Sie den Grote Markt in nördlicher Richtung über die Vlamingstraat. Diese war im 15. Jh. die Geschäftsstraße des Hafenviertels, viele Banken hatten hier eine Filiale, und es gab auch zahlreiche Weinschenken.

Malerische Brücken

Der Prachtbau in der Mitte der Vlamingstraat links mit seiner eklektischen Fassade ist die **Koninklijke Stadsschouwburg** (Königliches Stadttheater), errichtet im Jahr 1869. Es gilt als eines der besterhaltenen Theater Europa dieser Epoche. Gehen Sie weiter bis zur Gracht und biegen dort rechts in den Kortewinkel ein. Hier liegt eines von zwei erhalten gebliebenen Häusern mit einer einmaligen Holzfassade aus dem 16. Jh. sowie, hinter der Nr. 10, das Jesuitenkloster.
Der Kortewinkel geht über in den Spaanse Loskaai, zu Burgunderzeiten der Hafen der spanischen Kaufleute. Die malerische Brücke links ist die 700 Jahre alte Augustijnenbrug. Auf den steinernen Bänken boten die Händler einst ihre Waren zum Verkauf an.
Biegen Sie rechts zum Oosterlingenplein ab: An diesem Platz hatten in der Blütezeit Brügges die deutschen Kaufleute (die aus dem Osten kamen) ihr Stammquartier. Vom imposanten deutschen Hansekontor ist nur der

rechte Teil übrig geblieben. Er wird heute als Hotel genutzt.
Der Oosterlingenplein führt zum Mittwochsmarkt, dem Woensdagmarkt. Hier befindet sich das zweite mittelalterliche Haus mit einer Holzfassade sowie das Standbild des Malers Hans Memling. Wenn Sie weiter geradeaus in südliche Richtung gehen, erreichen Sie den Jan van Eyckplein mit einem Standbild Jan van Eycks. Zu den wichtigsten Auftraggebern des Malers zählten die Herzöge von Burgund. Das Gebäude mit den Hausnummern 1 bis 2 ist das Zollhaus. Daneben steht das schmalste Haus von Brügge, das Pijnderhuisje, benannt nach den »pijnders«, Lastenträger, die vom Laden und Löschen der Ballen und Fässer oft einen krummen Rücken hatten. An der Ecke zur Academiestraat befindet sich die Bürgerloge mit ihrem auffallenden Turm, im 15. Jh. eine Art Privatclub für Bürger und Händler aus dem Ausland. In der Mauernische steht das Symbol der Stadt, das »Brugs Beertje«.

Auch die Medici waren hier

Folgen Sie der Academiestraat bis zu dem kleinen Platz, an dem sie in die Grauwwerkersstraat übergeht. Diese Stelle war jahrhundertelang als **Beursplein** bekannt, als Börsenplatz, da hier die Hansekontoren von Genua (Frietmuseum), Florenz (Restaurant de Florentijnen) und Venedig (Buchhandlung de Slegte) standen. An diesem Platz befindet sich auch das Huis ter Beurze von 1276, in dem Kaufleute aus ganz Europa ihre Handels- und Wechselgeschäfte tätigten.
Biegen Sie weiter links in die Naaldenstraat ein. Hier liegt der **Hof van Bla-**

delin mit seinem auffallenden Turm, wo die Florentiner Bankiersfamilie Medici im 15. Jh. eine Filiale unterhielt. Heute ist der Hof von Nonnen bewohnt, aber wer zwischen 10–12 und 14–17 Uhr klingelt, darf den zauberhaften Innengarten bewundern.

Die älteste Brauerei der Stadt

Biegen Sie weiter rechts in das gepflasterte Gässchen Boterhuis ab. Es führt zur St.-Jacobskerk. Biegen Sie am Ende der Boterhuis-Gasse kurz nach rechts ab und dann hinter der St.-Jakobskirche gleich wieder links in die Moerstraat. Folgen Sie der Moerstraat bis zur nächsten Straße links, der Geerwijnstraat: Sie führt zum Muntplein, wo einst die Münzen geschlagen wurden. Wenn Sie am Ende des Platzes rechts in die Muntstraat abbiegen, erreichen Sie das Hotel Kempinski. Hier befand sich einst der Prinsenhof, Lieblingsresidenz der Herzöge von Burgund und ihr politisches, wirtschaftliches und kulturelles Zentrum.

Überqueren Sie die Munt/Noordzandstraat, um in die Kopstraat zu gelangen. Folgen Sie erst der Kopstraat und dann der Kemelstraat bis zum Simon Stevinplein. Verlassen Sie den Platz, indem Sie nach rechts in die St.-Salvatorskoorstraat abbiegen. Hier befindet sich mit der St.-Salvatorskathedraal die älteste Pfarrkirche von Brügge. In der Schatzkammer hängen Gemälde von Hugo van der Goes und Pieter Pourbus. Verlassen Sie die Kirche südlich über den St.-Salvatorkerkhof und biegen Sie links in die Heilige Geeststraat ein: Sie führt zur Onze-Lieve-Vrouwekerk mit ihrem 122 m hohen, markanten Backsteinturm. Hier befinden sich

die Prachtgräber der letzten Herzogin von Burgund, Maria, und ihrem Vater Karl dem Kühnen sowie seit 1514 Michelangelos berühmte »Madonna mit Kind«.

Gegenüber, auf der anderen Seite der Mariastraat, liegt das berühmte **St.-Janshospitaal** (Memlingmuseum im Sint-Jan) aus dem 13. Jh. mit Meisterwerken von Hans Memling, darunter der Ursulaschrein. Folgen Sie der Mariastraat über die Gracht weiter nach Süden bis zur nächsten Seitenstraße, der Stoofstraat. Hier können Sie im Bistro Les Malesherbes einkehren und eine kleine Pause machen. Folgen Sie dann der Stoofstraat bis zum Walplein mit der ältesten Brauerei der Stadt, **Halve Maan,** wo noch heute typisches Brügger Bier verkauft wird. Biegen Sie am Ende des Walplein nach rechts in die Wijngaardstraat ein, gehen Sie bis zum Wijngaardplein und dann über die Gracht. Vor Ihnen liegt der **Begijnhof** ⭐, für viele der schönste Beginenhof Flanderns.

Tolle Fotomotive

Verlassen Sie den Hof nach dem Durchqueren am südlichen Ende, biegen Sie dann links ab über die Gracht und gehen geradeaus, bis Sie wieder auf den Wijngaardplein gelangen. Folgen Sie der Wijngaardstraat bis zu ihrem Ende, überqueren Sie dann die Maria/ Katalijnestraat, um schräg links gegenüber in den Nieuwe Gentweg einzubiegen. Folgen Sie ihm bis zur ersten Seitenstraße und biegen Sie dann links in den Groeninge ab. Gehen Sie immer geradeaus, über die erste Brücke und dann links über eine zweite, die romantische kleine **Bonifaciusbrücke,** eines

Spaziergang | 153

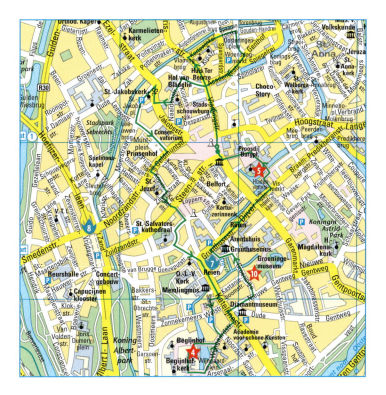

der beliebtesten Fotomotive der Stadt. Zu Ihrer Linken ist nun wieder die Liebfrauenkirche, rechts das Gruuthusemuseum, das stattliche Patrizierwohnhaus von Ludwig von Gruuthuse, Heerführer von Karl dem Kühnen und Leibwächter von Maria von Burgund. Der Weg führt weiter zur Gruuthusestraat mit dem Guido Gesselleplein. Biegen Sie hier rechts ab. Nach ein paar Metern erreichen Sie das elegante Arentshuis-Museum aus dem 18. Jh. und, noch ein paar Meter weiter den Dijver entlang gelangen Sie zum wichtigsten Museum von Brügge, dem **Groeningemuseum** 10.

Folgen Sie dem Dijver über die Wolstraat und biegen Sie dann links ab zum Huidenvettersplein, dem Gerberplatz. Er führt zur Blinde Ezelstraat, einem malerischen kleinen Gässchen, und weiter geradeaus zum Vismarkt. Wenn Sie links in die Blinde Ezelstraat abbiegen, gelangen Sie zur **Burg,** dem schönsten Platz der Stadt, mit dem prachtvollen gotischen **Stadhuis** und der **Heilig-Bloedbasiliek,** in der eine Reliquie mit dem Blut Jesu aufbewahrt wird.

Über die Breydelstraat erreichen Sie dann wieder den Startpunkt des Spaziergangs, den Grote Markt.

SPAZIERGANG DURCH DIE ALTSTADT VON GENT

Auf dem abwechslungsreichen Spaziergang durch die Genter Altstadt, »Kuip« (= Kübel) genannt, kommen Sie an allen wichtigen Sehenswürdigkeiten vorbei: Sie können den Genter Altar und die Kathedrale bestaunen, das Mittelalterviertel Patershol, die Prachtufer von Koren- und Graslei – und Sie haben immer wieder die Gelegenheit, in einladenden Lädchen zu stöbern, flämische Designermode anzuprobieren oder auf einer der vielen Caféterrassen eine Pause einzulegen.

◀ Neptun schmückt das mächtige Eingangsportal des Genter Vismarkts (▶ S. 122).

START Belfort
Bus: Markt
ENDE Kouter
Tram: Kouter
LÄNGE 3 km

Startpunkt ist der stattliche Belfort am Emile-Braunplatz. Hier steht seit 2012 eine neue städtische Mehrzweckhalle samt kleinem Stadtpark.

Ruhe und klassische Musik

Gehen Sie weiter vom Belfort zur **Sint-Baafskathedraal** 🔟 auf dem gleichnamigen Platz, in der eine prachtvolle Rokokokanzel von 1795 zu bewundern ist, ein monumentales Gemälde von Rubens (»St. Bavos Eintritt ins Kloster«) sowie eines der wichtigsten Werke der europäischen Kunstgeschichte: der **Genter Altar** der Gebrüder Jan und Hubert van Eyck.

Biegen Sie beim Verlassen von Kathedrale und St.-Baafsplein nach rechts in die Biezekapelstraat ab, eine Oase der Ruhe, mit etwas Glück von klassischer Musik untermalt, denn der Sikkel, das Gebäude mit dem markanten Turm, ist der Sitz des Konservatoriums.

Folgen Sie der Biezekapelstraat bis zum Ende und biegen dann nach links auf den Hoogpoort ab. Folgen Sie der Straße, bis diese die Belfortstraat kreuzt. An der Ecke rechts steht der Sint-Jorishof, ältestes Hotel Westeuropas, mit seinem Treppengiebel. Hier verweilte 1477 die letzte Herzogin von Burgund, Maria, um ihren zukünftigen Ehemann erstmals zu sehen, der aus dem Süden angereist kam: Maximilian von Österreich, der spätere Kaiser Maximilian I.

Links gegenüber liegt das **Stadhuis** von Gent, das nur zur Hälfte mit einer Fassade im spätgotischen Stil aufwarten kann. Der Teil am Botermarkt ist im Stil der Renaissance gehalten. Er entstand rund 80 Jahre später, da den aufmüpfigen Gentern das Geld ausgegangen war. Karl V. hatte sie wegen Ungehorsams mit finanziellen Sanktionen gestraft.

Biegen Sie rechts in die Belfortstraat ein und folgen Sie ihr bis zur zweiten Querstraße, der Kammerstraat. Dort biegen Sie links ab und laufen geradeaus bis zum Vrijdagmarkt. Das älteste Haus hat ein Türmchen, auf dem eine Meerjungfrau dem Wind die Richtung weist: Hier hatte die Gilde der Gerber einst ihren Sitz.

Verlassen Sie den Vrijdagmarkt über die Meerseniersstraat mit ihren vielen Boutiquen und überqueren Sie die Zuivelbrug. Links steht seit über 400 Jahren eine große Kanone, aus der noch nie geschossen wurde, im Volksmund »Tolle Grete« genannt, Dulle Griet.

Vorbildlich sanierte Baudenkmäler

Auf der anderen Seite der Brücke gelangen Sie auf die Kraanlei. Das Haus Nr. 7, ein bekannter Naschladen mit flämischen Süßigkeiten, zeigt in seiner Fassade Reliefs mit den Werken der Barmherzigkeit. Ebenfalls einst von einem reichen Bürger bewohnt und deshalb reichlich mit Reliefs geschmückt ist die Kraanlei 79. Hier sind ein fliegender Hirsch zu sehen, die Allegorien der fünf Sinne sowie die drei theologischen Tugenden Glaube, Liebe und Hoffnung.

Geradeaus über die Kraanlei gelangen Sie in das mittelalterliche Handwerkerviertel **Patershol** mit seinen vielen kleinen Gässchen. Es wurde vorbildlich saniert und hat sich dank seiner vielen Restaurants zum kulinarischen Zentrum Gents entwickelt.

Verlassen Sie das Patershol über die Kraanlei und folgen Sie ihr, das Wasser zu Ihrer Linken. Rechts liegt das **Huis van Alijn,** ein schönes Volkskundemuseum in einem historischen Gebäudekomplex.

Barock, Gotik und Renaissance

Folgen Sie der Kraanlei weiter nach Westen, das Wasser weiterhin zu Ihrer Linken, bis Sie auf den **Vismarkt** kommen, mit seinem Portal, auf dem ein von Schelde und Leie flankierter Neptun prangt. Dahinter befindet sich die ehemalige Fischhalle, die Vismijn, vor Kurzem zu einer riesigen Luxus-Fischbrasserie saniert.

Links jenseits der Brücke, an der anderen Seite des Wassers, erhebt sich die 1406 bis 1419 erbaute **Vleeshal,** die Fleischhalle, ebenfalls vorbildlich saniert mit einem imposanten offenen Eichenholzdachstuhl, unter dem sich ein Restaurant und viele Spezialitätengeschäfte befinden.

Wenn Sie nach rechts blicken, sehen Sie die mächtige Burg der Grafen von Flandern, **Gravensteen** ⭐, in der diese bis 1353 residierten. Sie wurde um 1000 nach dem Vorbild syrischer Kreuzritterburgen gebaut und kann besichtigt werden.

Gehen Sie weiter Richtung Brücke und über das Wasser. Hier beginnt die Burgstraat. Das Haus Nr. 4 zeigt die Häupter der 14 flandrischen Grafen

und heißt aus diesem Grund »Haus der gekrönten Häupter«, »Huis de gekroonde Hoofden«.

Biegen Sie nach links auf die Jan Breydelstraat ab, eine pittoreske Ladenstraße, in der auch das sehenswerte **Design Museum** liegt. Nun sind es nur noch ein paar Meter bis zum schönsten und malerischsten Teil von Gent: die **Gras- und Korenlei** 🔟. Diese beiden Prachtufer säumten im 11. Jh. den ersten Handelshafen von Gent, hier lag das wirtschaftliche Herz der Handelsstadt. An der Korenlei finden sich vor allem beschwingte Barockfassaden, gegenüber auf der Graslei liegen die mittelalterlichen Treppengiebel der Lager- und Gildehäuser. Das Haus aus Sandstein mit der Nr. 14 wurde 1531 im Stil der Brabanter Gotik gebaut und ist das Haus der freien Schiffer. Das Haus Nr. 9 im Stil der flämischen Gotik und mit Elementen der Renaissance war der Sitz der Getreidemesser, das geduckte kleine Häuschen gleich daneben das Zollhaus, und neben ihm wiederum steht der schlichte romanische Getreidespeicher aus dem 13. Jh. mit einem der ältesten Treppengiebel der Welt.

Folgen Sie der Korenlei bis zur Sint-Michielsbrug und schauen Sie auf dieser Brücke dann nach Osten: Nur hier sind die drei beeindruckenden Wahrzeichen von Gent auf einmal zu sehen: St.-Niklaaskerk, Belfort und Sint-Baafskathedraal.

Steuern Sie dann auf die von 1300 bis 1500 erbaute St.-Niklaaskerk zu, eines der schönsten Beispiele für Scheldegotik. Schräg gegenüber an der Ecke zur Niklaasstraat liegt das Metselaarshuis (Haus der Steinmetzgilde) aus

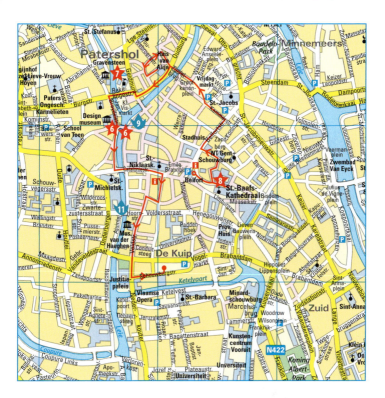

dem 16. Jh. mit seinen sechs tanzenden Teufeln auf dem Treppengiebel.
Biegen Sie nach rechts ab in die St.-Niklaasstraat und dann gleich wieder rechts in den Bennesteeg. Folgen Sie ihm bis zur **Veldstraat,** der wichtigsten Einkaufsstraße Gents. Richten Sie Ihren Blick ab und zu nach oben, die Fassaden sind prachtvoll. Für einen Einkehrschwung biegen Sie an der Hornstraat rechts ab, überqueren das Wasser und gehen bis zum Onderbergen. Hier können Sie im beliebten Restaurant **Cœur d'Artichaut** einkehren.
Gehen Sie dann zurück zur Veldstraat: In der Veldstraat 55 befindet sich das **Hotel d'Hane-Steenhuyse,** ein Stadtpalast mit prachtvoller Rokokofassade. In diesem Gebäude waren schon Zar Alexander I. und der französische König Ludwig XVIII. zu Gast. Gegenüber liegt das **Museum Arnold van der Haeghen.**
Zum Abschluss des Spaziergangs folgen Sie der Veldstraat bis zur **Vlaamse Opera,** einem Prachtbau von 1840. Biegen Sie links in die Schouwburgstraat ab. So erreichen Sie den Kouter. Von hier aus können Sie in Belgiens größter Fußgängerzone shoppen gehen oder sich in einem Café einen Kaffee oder einen Drink genehmigen.

DAS UMLAND ERKUNDEN

Das Wasserschloss Ooidonk im Renaissancestil in der Nähe von Bachte-Maria-Leerne.

KUNST IM FREIEN RAUM:
DIE VERBEKE FOUNDATION

CHARAKTERISTIK: Besuch der Verbeke Foundation, eine der größten und ungewöhnlichsten privaten Kunstinitiativen Europas: Auf dem 20 ha großen, verwilderten Gelände einer ehemaligen Speditionsfirma sind rund 2000 Arbeiten zeitgenössischer belgischer und internationaler Künstler zu sehen **ANFAHRT:** Mit dem Auto, ca. 30 km von Anwerpen entfernt rechts neben der A 34 Richtung Knokke, Ausfahrt 11 **DAUER:** ein Vor- oder Nachmittag **EINKEHRTIPP:** Auf dem Gelände gibt es eine empfehlenswerte Cafeteria **AUSKUNFT:** info@verbekefoundation.com, Tel. 03/7 89 22 07
KARTE: Klappe vorne

Der Parkplatz gleicht einem Schrottplatz, auf dem sich Gerümpel türmt, dazwischen Parkuhren, die bei genauerem Hinsehen aus Brüssel stammen und nicht nur kaputt sind, sondern auch uralt, da sie noch mit belgischen Francs gespeist werden wollen.

Soll das etwa ein Museum sein? Und wo überhaupt ist hier der Eingang?

Diese Fragen stellt sich so mancher, der zum ersten Mal auf dem Gelände der ehemaligen Speditionsfirma Verbeke steht. Bis er den großen Container mit den Türen entdeckt, hinter denen sich zum Auftakt zwei Bahnhofswartehäuschen samt Bank breitmachen. Auch die weißen Neonleuchtschilder mit den Ortsnamen fehlen nicht, muten allerdings etwas seltsam an: »Partout« und »Nulle part«, also Überall und Nirgendwo. Dieses Kunstwerk der Belgierin **Delphine Deguislage** gibt einen Vorgeschmack auf die ungewöhnliche Kollektion des Ehepaars Geert und Carla Verbeke. 2007 haben sie ihr Unternehmen verkauft, aber das zwölf Hektar große Firmengelände behalten und zu einer der spannendsten Ausstellungsstätten für zeitgenössische Kunst gemacht, die außerhalb Belgiens immer noch als Geheimtipp gilt.

Ein Teil der rund 2000 Kunstwerke wird auf 20 000 qm in ehemaligen Lagerhallen und Treibhäusern gezeigt, darunter belgische Collagen und Assemblagen, aber auch ein riesiges Werk von **Keith Haring,** das einst für den Surfclub von Knokke bestimmt war, sowie die täuschend echt von der Decke baumelnden geschlachteten Kühe aus einem Film von Peter Greenaway. Weitere Arbeiten stammen von Jan Fabre, Panamarenko, Koen Vanmechelen oder Luc Tuymans.

Ein Schwerpunkt liegt auf **Bio-Art,** Kunstwerke, die mithilfe von Tieren oder Pflanzen geschaffen werden: Algen, Efeu oder Bienen, die einer Skulptur zu völlig neuen Formen verhelfen. Einen prominenten Platz hat der Hühnerstall des belgischen Konzeptkünstlers **Koen Vanmechelen** bekommen, der vor fast 20 Jahren damit begann, aus sämtlichen Hühnerrassen das »cosmopolitan chicken« zu züchten – also eines, das die Gene aller Hühner dieser

Kunst im freien Raum | 161

Die Verbeke Foundation versammelt auf einem ehemaligen Industriegelände ungewöhnliche Gegenwartskunst wie diese filigran wirkende Arbeit aus Knochen.

Welt in sich trägt: »Genial, oder?«, findet Sammler Verbeke. »Und eine Metapher für die Menschheit: Wir müssen offen sein für andere Kulturen!«

Es empfiehlt sich, auf Pumps zu verzichten und wetterfeste Kleidung mitnehmen – sowie viel Zeit. Denn viele Arbeiten, vor allem die Bio-Kunstwerke, werden draußen gezeigt, in einem abenteuerlichen Waldgebiet mit Gestrüpp und Teichen, in dem urplötzlich lebensgroße und völlig verwitterte Pferdeskulpturen auftauchen oder die an Vögel erinnernden kreisenden Propeller einer Metallinstallation.

Wer länger als einen Tag durch diese Kunstlandschaft streifen will, findet einen angemessenen Übernachtungsort: In einer Waldlichtung liegt der überdimensionale Dickdarm vom Enfant terrible **Joep van Lieshout,** knallrot und begehbar, mit Schlafzimmer, Bad und WC. Kosten pro Nacht: 120 €.

INFORMATIONEN
Verbeke Foundation
Westakker | 9190 Kemzeke (Stekene) | Tel. 03/7 89 22 07 | www.verbekefoundation.com | Do–So 11–18 Uhr | Eintritt 10 €, unter 16 J. gratis

RADTOUR IM SÜDEN VON GENT

CHARAKTERISTIK: Die Rundtour mit dem Fahrrad führt durch das malerische Leiegebiet südlich von Gent. Von Deinze geht es zum Wasserschloss Ooidonk und über das Künstlerdorf Sint-Martens-Latem zurück nach Gent **ANFAHRT:** Mit dem Zug vom Genter Bahnhof Sint-Pieters nach Deinze. Die Radtour ist ausgeschildert, Sie folgen immer den sechseckigen weiß-roten Schildern mit der Aufschrift »Leiestreekroute 55 km« **DAUER:** Tagesausflug **LÄNGE:** 30 km **EINKEHRTIPP:** De Notelaer, Leernsesteenweg 87, Bachte-Maria-Leerne, www.denotelaer.info, Mo 11.30–14, Mi–So 11.30–21 Uhr, €€ **AUSKUNFT:** Die Tour kann im Internet bestellt werden unter www.tov.be oder bei Dienst Toerisme, Tel. 09/3 80 46 01, www.vvvleiestreek.be
KARTE: S. 163

Startpunkt ist der Bahnhof Sint-Pieters im Süden von Gent, wo auch Fahrräder ausgeliehen werden können. Dann nehmen Sie den Zug und fahren bis nach Deinze.

Deinze ▶ **Stokerij Fillier**
Am Bahnhof von Deinze angekommen, verlassen Sie diesen und radeln vor dem Gebäude nach links in die G. Maartensstraat. Folgen Sie ihr, bis aus ihr die Guido Gezellelaan wird, radeln Sie über die Leie hinweg, um dann gleich links in die Kalkhofstraat einzubiegen. Nun radeln Sie ein Stück am Flussufer entlang bis zum Markt von Deinze mit seiner Dorfkirche im Stil der Scheldegotik aus dem 14. Jh. Sie können hier eine erste Verschnaufpause einlegen und das **Museum van Deinze en de Leiestreek** besuchen: Neben Ausstellungsstücken, die das traditionelle Leben der Landbevölkerung veranschaulichen, zeigt es auch eine Reihe von Werken impressionistischer und expressionistischer belgischer Maler. Zudem gibt es im Ort eine Galerie mit den Arbeiten belgischer

Maler und Bildhauer aus dem 19. und 20. Jh.

Lassen Sie die Kirche von Deinze rechts liegen, überqueren Sie den Markt und radeln Sie immer geradeaus bis zum Schipdonk-Kanal, im Volksmund »de Stinker« genannt. Doch keine Sorge: Seit dem Verschwinden der Flachsindustrie geht vom Wasser kein übler Geruch mehr aus. Am Kanal biegen Sie nach rechts ab und folgen dem Wasserlauf auf dem Vaart-Rechteroever rund einen Kilometer bis zum Filliersdreef. Biegen Sie hier nach rechts ab und radeln immer geradeaus bis zur **Stokerij Fillier,** einer in der fünften Generation geführten alten Jenever-Brennerei. Wenn Sie die Zeit haben, können Sie an einer Führung teilnehmen.

Stokerij Fillier ▶ **Bachte**
An der Brennerei überqueren Sie den Leernsesteenweg und radeln auf der Neerstraat weiter, der Sie bis zum Ende folgen. Dort biegen Sie erst links ab, dann gleich wieder rechts und erneut links. Sie sind nun auf dem Rekkelinge, der wieder zum Leernsesteenweg

Radtour im Süden von Gent | 163

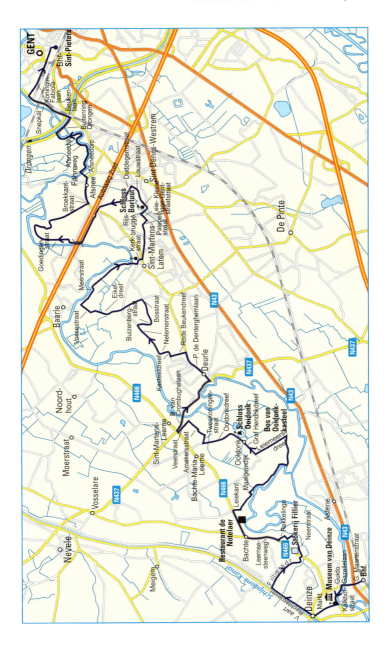

führt, wo Sie nach rechts abbiegen. Folgen Sie dieser Straße durch das Dörfchen Bachte hindurch. Hier können Sie einen kurzen Abstecher nach rechts runter zum Flussufer mit der Dorfkirche machen. Folgen Sie dem Leernsesteenweg, der N466, dann weiter. Bei der Hausnummer 87 können Sie Rast machen. Hier befindet sich das Ausflugslokal **De Notelaer.**

Bachte ▶ Schloss Ooidonk

Radeln Sie dann weiter auf dem Leernsesteenweg bis zur Leiekant, wo Sie rechts abbiegen. Nun beginnt der malerischste Teil der Route. Sie radeln immer geradeaus am Ufer der Alten Leie entlang, erst auf dem Leiekant, dann auf dem Maaigem-Deich. Nach einer Flussbiegung nach rechts folgen Sie dem Maaigemdijk nach links bis zum Leiemeersdreef, wo der Wald beginnt. Dort biegen Sie links ab. Sie nähern sich nun **Schloss Ooidonk.** Radeln Sie bis zur T-Kreuzung und biegen nach rechts auf den Graaf Hendrikdreef ab, der zum Schloss führt.

Eine Besichtigung des Wasserschlosses lohnt sich. Mit seinem Burggraben, den vielen Zwiebeltürmchen und Treppengiebeln im flämisch-spanischen Renaissancestil des 16. Jh. gilt Ooidonk als schönstes Schloss von ganz Belgien und weckt Erinnerungen an französische Loireschlösser wie Chambord. Es wird immer noch bewohnt, kann aber an Sonn- und Feiertagen besichtigt werden.

Schloss Ooidonk ▶ Sint-Martens-Latem

Vom Schloss aus folgen Sie weiter dem Graaf Hendrikdreef bis zum Ooidonkdreef: Biegen Sie dort links ab und radeln Sie durch die Schlosspforte

zum Dorfzentrum von Bachte-Maria-Leerne. Bei der Kirche biegen Sie nach rechts in die Tweekoningenstraat, 100 m weiter nach links in die Amakersstraat und an deren Ende nach links in die Veerstraat ab. Sie erreichen nun das Zentrum des nächsten Dörfchens Sint-Martens-Leerne. Vor der Kirche müssen Sie eine scharfe Rechtskurve auf die Burgemeester van Crombrugghelaan machen. Wenn Sie die Leie überquert haben, erreichen Sie den nächsten Ort, Deurle. Folgen Sie der Straße bis zur P. de Denterghemlaan, biegen Sie dort links ab und radeln Sie bis zur vierten Seitenstraße links, dem Rode Beukendreef. Folgen Sie ihm bis zum Ende, biegen Sie dort nach rechts auf den Kasteeldreef ab und dann gleich wieder nach links auf die Nelemeersstraat. Sie macht hier eine 90-Grad-Kurve nach rechts um den schicken Golfclub von Sint Marten-Latem von 1909 herum. Hier schlägt zuweilen auch der belgische König ab. Biegen Sie an der nächsten Seitenstraße rechts in die Buizenbergstraat ein. Nach einer Linksbiegung radeln Sie geradeaus auf der Bosstraat weiter und biegen an der nächsten Kreuzung nach links in den Eikeldreef ab.

Nun geht es mehr als einen Kilometer geradeaus, bis Sie rechts in den Vossestaart abbiegen und am Ende wieder rechts in die Meersstraat. Sie radeln nun am Wasser entlang, das zu Ihrer Linken fließt, bis zur großen Flussschleife mit ihren weißen, alten Häusern: Dieser schönste Teil des Künstlerdorfes **Sint-Martens-Latem** ist von vielen flämischen Impressionisten und Expressionisten wie Permeke verewigt worden; diese Maler, heute unter dem Begriff Latemer Schule bekannt, hatten sich im 19. Jh. aus dem von der industriellen Revolution verschmutzten Gent hierher zurückgezogen.

Sint-Martens-Latem ▶ Afsnee

Radeln Sie auf die Kirche zu, und biegen Sie dort nach links in die Kerkstraat ab. Überqueren Sie die Mortelputstraat, eine Durchgangsstraße, und biegen Sie auf der anderen Seite schräg nach links in die Palepelstraat ein. Folgen Sie ihr bis zum Ende, biegen Sie rechts auf die Leieriggestraat und an deren Ende gleich wieder links und 200 m weiter wieder nach rechts auf die Rijsbrugge ab. Vor Ihnen liegt das neoklassizistische Schloss Borluut mit Park und Rokoko-Gartenpavillon. Radeln Sie um das Schloss herum nach links auf die kleine Gentstraat und an der nächsten Seitenstraße links auf die Lauwstraat.

An der nächsten Seitenstraße rechts geht es auf der Duddegemstraat weiter. Sie folgen ihr bis zur E 40 und biegen vor der Autobahn nach links auf den Autoweg Zuid ab. Radeln Sie parallel zur Autobahn bis zur Leie, dort führt ein Tunnel unter der E 40 hindurch auf die Goedingenstraat. Folgen Sie dieser Straße am Flussufer entlang bis zum Dorf Afsnee. Dort müssen Sie mit einem kleinen Fährfloß ans andere Ufer der Leie übersetzen.

Afsnee ▶ Gent

Von hier aus können Sie wahlweise nach links, immer am Fluss entlang über die Ortschaft Drongen nach Gent zurück radeln oder – kürzer – nach rechts, ebenfalls immer der Leie entlang, bis Sie wieder den Ringvaartkanal erreichen.

Vor dem Kanal biegen Sie nach rechts ab und über die erste Brücke wieder nach links. Sie folgen den Gleisen zu Ihrer Rechten, radeln unter der Unterführung hindurch bis zur Konigin Fabiolalaan, biegen dort nach rechts ab und landen wieder vor dem Genter Bahnhof Sint-Pieters.

INFORMATIONEN

Die Radtour kann für 3 € im Internet bestellt werden unter www.tov.be oder bei

Dienst Toerisme

Deinze | Emiel Clausplein 4 | www.vvvleiestreek.be

Fähre Afsnee

Afsnee | 1. Mai–30. Sept. tgl. 9–18.30, 1. Okt.–30. April Sa, So, Feiertage 9–18.30 Uhr

Museum van Deinze

Luc. Matthyslaan 3–5 | Tel. 09/3 81 96 70 | www.museumdeinze.be | Di–Fr 14–17.30, Sa, So 10–12, 14–17 Uhr | Eintritt 2,75 €

Galerie Ooidonk Fine Arts

9800 Deinze Bachte – Maria-Leerne | Ooidonkdreef 12 | Tel. 09/2 81 17 24 | www.ooidonkfinearts.be | Do–Fr 14–18, Sa, So 15–1.30 Uhr

Schloss Ooidonk

Bachte-Maria-Leerne | Ooidonkdreef 9 | Tel. 09/282 26 38 | www.ooidonk.be | 1. April–15. Sept. So, Feiertage 14–17.30, Juni, Aug. auch Sa | Eintritt 7 €, Kinder unter 12 Jahren 2 €

ANTWERPEN BRÜGGE GENT ERFASSEN

Süßes Flandern: Allein in Brügge gibt es 52
Chocolatiers und Pralinenläden (▶ S. 42).

AUF EINEN BLICK

Hier erfahren Sie alles, was Sie über Antwerpen, Brügge und Gent wissen müssen – kompakte Informationen über Land und Leute, von Bevölkerung und Sprache über Geografie und Politik bis Religion und Wirtschaft.

BEVÖLKERUNG

Antwerpen liegt zum größten Teil am rechten Ufer der Schelde und ist mit mehr als 514 000 Einwohnern die größte Stadt Flanderns. Den zweiten Platz nimmt Gent ein, mit mehr als 250 000 Einwohnern. Auf Platz drei liegt Brügge mit rund 117 000 Einwohnern.

LAGE UND GEOGRAFIE

Flandern ist der nördliche Teil Belgiens, in dem Niederländisch gesprochen wird. Dieses Gebiet umfasst fünf Provinzen: West- und Ostflandern, die Provinz Antwerpen mit der gleichnamigen Hauptstadt sowie die Provinzen Vlaams-Brabant und Limburg.

POLITIK UND VERWALTUNG

Die Ängste der Bürger vor Überfremdung haben die rechtsextreme Partei **Vlaams Blok** groß werden lassen. Sie ist auch ein Hauptvertreter des flämischen Separatismus, also der Abspaltung Flanderns von Wallonien. Der Vlaams Blok wurde 2004 wegen Aufruf zu Rassismus und Diskriminierung verboten und nennt sich seitdem

◀ Der Hauptbahnhof von Antwerpen, im Volksmund »Eisenbahnkathedrale« genannt.

Vlaams Belang. In den 1990er-Jahren erzielte er vor allem in Antwerpen unter seinem lokalen Parteichef Filip de Winter große Erfolge: Bis zu 33 % aller Wähler gaben ihm ihre Stimme. Auch in Gent bekam die Partei bis zu 25 %. Bei den Parlamentswahlen 2010 erhielt der Vlaams Belang 12 der insgesamt 150 Sitze im belgischen Parlament.

Wahlsieger wurde 2010 die ebenfalls separatistische neu-flämische Allianz **N-VA**. Die N-VA ist weniger ausländerfeindlich als der Vlaams Belang, ihr Hauptziel ist die Spaltung Belgiens in einen flämischen und einen frankophonen Teil. Trotz ihres Sieges landete sie in der Opposition: Sozialisten, Christdemokraten und Liberale konnten sich auf eine Koalition einigen.

Bei den Kommunalwahlen 2012 sorgte die N-VA erneut für einen politischen Erdrutsch: In den flämischen Gemeinden erzielte sie gut 30 % aller Stimmen, in Antwerpen fast 38 %. Die Galionsfigur der N-VA Bart de Wever ist in der Scheldestadt seitdem Bürgermeister. Aus den Parlamentswahlen am 25. Mai 2014 ging seine N-VA erneut als Wahlsieger hervor – auf Kosten vom Vlaams Belang, der massive Verluste hinnehmen musste.

SPRACHE

Die offizielle Landessprache ist »Nederlands«, Niederländisch. 1980 haben sich die Flamen mit den Niederländern zu einer **Sprachen-Union** (»taalunie«) zusammengeschlossen. Seitdem aktualisieren Sprachwissenschaftler auf beiden Seiten der Grenze regelmäßig eine Wörterliste der niederländischen Sprache. Manche Wörter gibt es aber nur in Flandern, nicht in den Niederlanden. Im Gegensatz zum niederländischen »Nederlands«, das immer mehr englischen und amerikanischen Einflüssen ausgesetzt ist, achten die Flamen mehr auf den Erhalt und die Reinheit ihrer Sprache.

WIRTSCHAFT

Im 19. Jh. war Flandern sehr arm, viele Flamen arbeiteten als Gastarbeiter im reichen Süden, in den wallonischen Minen. Heute ist es umgekehrt: Wallonien ist verarmt, Flandern hingegen aufgeblüht. Diesen neuen Reichtum spiegeln auch Antwerpen, Brügge und Gent wider. Zu verdanken haben sie ihn der Tatsache, dass alle drei an einem Fluss liegen und einen Hafen haben. Der Hafen von Antwerpen ist zusammen mit Hamburg nach Rotterdam sogar der zweitgrößte Europas.

AMTSSPRACHE: Niederländisch
BEVÖLKERUNG: 16,5 % Ausländer (Antwerpen), 10,9 % Ausländer (Gent), 3,3 % Ausländer (Brügge)
EINWOHNER: 514 000 (Antwerpen), 117 000 (Brügge), 250 000 (Gent)
FLÄCHE: 204,51 qkm (Antwerpen), 138,4 qkm (Brügge), 156,18 qkm (Gent)
INTERNET: www.antwerpen.be, www.brugge.be, www.gent.be
RELIGION: schätzungsweise 40 % katholisch, alle übrigen evangelisch, jüdisch, orthodox, muslimisch
VERWALTUNG: 9 Stadtteile (Antwerpen), 8 Stadtteile (Brügge), 25 Stadtviertel (Gent)
WÄHRUNG: Euro

GESCHICHTE

Egal, ob Burgunderherzöge oder Habsburger, Bildersturm oder Geburt Belgiens, Sprachenstreit oder Aufstieg des Vlaams Blok: Die Geschichte Flanderns ist bewegt – und hat die von Europa immer wieder entscheidend mitgeprägt.

1369 Blüte Brügges und Burgunderzeit

Mit der Hochzeit von Margareta von Male mit Philipp dem Kühnen 1369 in Brügge beginnt die Herrschaft der vier Herzöge von Burgund: Nach dem Tod von Margaretas Vater Ludwig von Male 1384 erbt ihr Mann Philipp der Kühne die Grafschaft Flandern. Zusammen mit seinen Nachfolgern Johann ohne Furcht (1404–1419), Philipp III. der Gute (1419–1467) und Karl dem Kühnen (1467–1477) vereinigt er alle Gebiete der Niederlande (das heutige Benelux und ein Teil von Nordfrankreich) zum nördlichen Teil des **Doppelherzogtums Burgund,** das zu einem der wirtschaftlich stärksten Gebiete Europas aufsteigt. Eine Zeit unermesslichen Reichtums bricht an; Brügge und Gent werden neben Brüssel und Lille Hauptresidenzstädte der Burgunderherzöge. **Herzog Karl der Kühne** und seine Tochter Maria liegen in Brügge begraben.

1477 Beginn der Habsburgerzeit

Mit dem Tod von Karl dem Kühnen in der Schlacht von Nancy 1477 fällt das reiche Erbe Burgunds an das Haus Habsburg, denn noch im selben Jahr heiratet Karls Tochter **Maria von Burgund,** reichste Erbin ihrer Zeit, **Maximilian von Österreich,** den späteren Kaiser Maximilian I. Die Vermählung findet in Gent statt, wo Maria auch auf-

Philipp II. der Kühne heiratet Margarete von Flandern (1350–1405), Brügge und Gent fallen an das Burgunderreich. Das Goldene Zeitalter von Brügge beginnt.

826

1369

Die Grafschaft Flandern entsteht, der auch Brügge und Gent angehören. Antwerpen ist als Markgrafschaft Teil des Heiligen Römischen Reichs deutscher Nation.

1429

Philipp III. der Gute von Burgund, ein Enkel von Philipp dem Kühnen, lässt den Prinsenhof bauen, die Residenz der burgundischen Herzöge in Brügge.

Geschichte | 171

gewachsen ist. Damit ist es Maximilians Vater Friedrich III. gelungen, dem Hause Habsburg die burgundischen Erblande zu sichern: Maximilian ist Herzog von Burgund geworden. Als die vom Volk geliebte Maria nach einem Jagdunfall im Alter von nur 25 Jahren in der Brügger Burgunderresidenz stirbt, verschlechtern sich die Beziehungen zwischen Maximilian und seinen Untertanen, denn die wollen von den Habsburgern nicht viel wissen. Als Maximilian 1488 ausgerechnet in Zeiten einer schweren Wirtschaftskrise neue Steuern einführen will, sperren ihn die aufgebrachten Bürger von Brügge fünf Monate lang auf dem Markt ein, sein Vater muss zur Befreiung Truppen schicken. Den Aufstieg der Habsburger zur Weltmacht aber können auch die Bürger von Brügge damit nicht verhindern – ebensowenig wie den von Maximilians und Marias Enkelkind, benannt nach seinem Urgroßvater Karl dem Kühnen, zum mächtigsten Habsburger aller Zeiten: Als Karl V. soll dieser Spross in die Geschichte eingehen.

1500 Geburt von Karl V. in Gent

Karl V. wird am 24. Februar 1500 in Gent in die mächtige Dynastie der Habsburger hineingeboren und in der Sint-Baafskathedrale getauft. Er gilt als »letzter Kaiser des Mittelalters« und ist ein Sohn von Johanna der Wahnsinnigen und Philip I. dem Schönen, Spross aus der Ehe von Maximilian von Österreich mit Maria von Burgund. 1516 wird Karl König von Spanien, drei Jahre später, nach dem Tod seines Großvaters Maximilian 1519, erbt er die Gebiete der Habsburger in Österreich. Er regiert auch über die neu entdeckten Gebiete in Amerika und damit über ein »Reich, in dem die Sonne nie untergeht«. 1530 lässt er sich in Bologna vom Papst zum Kaiser krönen. Unter seiner Herrschaft steigt die Einwohnerzahl Antwerpens auf 100 000 an.

1555 Abdankung von Karl V.

Schwer gichtkrank, dankt Karl V. am 25. Oktober 1555 ab, das Habsburgerreich wird geteilt in eine österreichische und eine spanische Linie: Die österreichische geht samt Ungarn und

Ende 15. Jh. Brügge und Gent verlieren durch Versandung ihren direkten Meereszugang, Antwerpen steigt zum wichtigsten Handelszentrum auf.

1530

1477 Beginn der Habsburgerzeit: Maria von Burgund wird die letzte burgundische Herzogin und heiratet noch im selben Jahr Maximilian von Österreich.

In Bologna bestätigt der Papst die Krönung von Karl V. zum letzten römisch-deutschen Kaiser.

Böhmen an seinen Bruder Ferdinand, die restlichen Gebiete (Spanien, die amerikanischen Kolonien, Burgund, die Niederlande, Sizilien, Sardinien, Mailand und Neapel) an seinen Sohn **Philipp II.**, seit 1543 König von Spanien – ein frommer Katholik, der mit harter Hand alle Andersgläubigen unterdrückt.

Bei seiner Abdankung im Goldenen Saal des kaiserlichen Palastes in Brüssel stützt sich Karl V. auf einen jungen Prinzen, den er mit zwölf Jahren an seinen Hof gerufen hat, um ihm eine standesgemäße katholische Erziehung zukommen zu lassen: **Willem von Oranien,** 1533 im deutschen Dillenburg geboren – jener Mann, der die calvinistischen nördlichen Niederlande in den Freiheitskampf gegen das katholische Spanien und Karls Sohn Philipp II. führen wird.

1566 Bildersturm und der Freiheitskrieg der Niederländer

Mit der Plünderung eines Klosters am 10. August 1566 in der Nähe von Steenvoorde bei Dünkirchen in Westflandern, heute zu Frankreich gehörend, beginnt der Bildersturm. In den folgenden Monaten breitet er sich auf weitere Klöster und Kirchen aus. Zwei Jahre später, am 23. Mai 1568, proben die Niederländer unter der Führung von **Willem von Oranien** erstmals den Aufstand gegen die Spanier und besiegen die feindlichen Truppen bei der Schlacht von Heiligerlee. Im selben Jahr beschließt der Vater von Peter Paul Rubens, ein bekehrter Protestant, aus Angst vor Verfolgung mit seiner Familie Antwerpen zu verlassen. Die Rubens' lassen sich in Deutschland nieder, wo 1577 ihr zweiter Sohn Peter Paul geboren wird. 1581 sagen sich die nördlichen Provinzen von Spanien los und rufen die unabhängige Republik der Vereinigten Niederlande aus. Der Krieg geht weiter.

1585 Scheldeblockade und Niedergang von Antwerpen

Antwerpen hat sich bereits 1577 dem aufständischen Norden angeschlossen, wird jedoch am 17. August 1585, nach einer Belagerung von knapp einem

1568 Beginn des Freiheitskampfs der nördlichen Niederlande gegen die spanische Herrschaft.

1577 In Siegen in Westfalen wird Peter Paul Rubens geboren.

Die nördlichen Provinzen sagen sich von Spanien los und rufen die unabhängige Republik der vereinigten Niederlande aus.

1581

1585 Antwerpen bleibt spanisch, Zehntausende Kaufleute flüchten in den freien Norden.

Geschichte | 173

Jahr, von den spanischen Truppen in die Knie gezwungen – Bürgermeister Marnix muss kapitulieren. Als Folge sperren die Aufständischen die Schelde. Mit der Macht von **Philipp II.** ist es zwar schon drei Jahre später vorbei: 1588 wird die spanische Armada von den Engländern besiegt. Aber sein Schreckensregime hat 8000 Protestanten das Leben gekostet. Auch der Niedergang Antwerpens ist nicht mehr aufzuhalten: 1589 ist die Einwohnerzahl der Stadt von einst 100 000 auf 42 000 geschrumpft. Tausende von Bürgern, darunter Kaufleute, Intellektuelle und Künstler, sind in den Norden geflüchtet, die meisten nach Amsterdam, das daraufhin sein Goldenes Zeitalter erlebt. Peter Paul Rubens kehrt 1590 zurück: Nach dem Tod seines Vater 1587 in Köln beschließt seine Mutter, sich mit den Kindern wieder in Antwerpen niederzulassen, und konvertiert zum Katholizismus.

1648 Friede von Münster

Mit dem Westfälischen Frieden, in den Niederlanden unter dem Namen Frieden von Münster bekannt, endet der 80 Jahre andauernde Unabhängigkeitskrieg der nördlichen Niederlande gegen Spanien. Die Verhandlungen ziehen sich über zwei Jahre hin, aber am 15. Mai 1648 kann im Münsteraner Rathaus schließlich doch der Friedensvertrag zwischen Spanien und der Republik der Vereinigten Niederlande feierlich unterzeichnet und der Frieden verkündet werden. Die Abspaltung der südlichen katholischen Gebiete und das Ausscheiden der nördlichen Niederlande aus dem Heiligen Römischen Reich Deutscher Nation sind damit beschlossene Sache.

1815 Belgien und die Niederlande wieder vereint

Nach dem Wiener Kongress 1814–1815 werden die südlichen und nördlichen Niederlande wieder vereint. Das Königreich der Vereinigten Niederlande unter dem Haus Oranien entsteht. Es umfasst das heutige Belgien, Luxemburg und die freien niederländischen Provinzen im Norden, die sich einst vom spanischen König losgesagt hat-

In Antwerpen wird Jacob Jordaens geboren.

1599

Friede von Münster und Ende des 80-jährigen Krieges, die Abspaltung der nördlichen Niederlande wird offiziell.

1593

In Antwerpen wird Anthonis van Dyck geboren.

1648

1792

Holland und Zeeland heben die Scheldeblockade auf, Antwerpen blüht wieder auf.

ten. König dieses neuen Reiches wird Prinz Willem Frederik, Sohn des letzten Statthalters der nördlichen Niederlande: Zusammen mit seinem Vater war er 1795 vor den Franzosen ins Exil nach England geflüchtet. Als Napoleon bei der Schlacht von Leipzig im Oktober 1813 eine vernichtende Niederlage erleidet, kehrt er in die Niederlande zurück: Am 13. November 1813 landet er mit einer englischen Fregatte am Strand von Scheveningen, um als **König Willem I. der Vereinigten Niederlande** in die Geschichte einzugehen.

1830 Aufstand in Brüssel, der belgische Staat entsteht

Willem I. regiert autokratisch und antikatholisch, das führt in Wallonien und Brüssel 1830 zum Aufstand. Die Aufständischen kämpfen gegen das Haus Oranien und die Vorherrschaft der calvinistischen Niederlande, sie fordern eine liberale bürgerliche Verfassung und die Unabhängigkeit der katholischen und ehemals spanischen Niederlande. Mit Erfolg: An 21. Juni 1831 entsteht das Königreich Belgien, sein erster König ist **Leopold I. von Sachsen-Coburg-Gotha.**

Nach 1830 Unterdrückung der Flamen und Beginn des Sprachenstreits

Französisch wird zur Sprache der gebildeten Belgier und ersetzt die Amtssprache Niederländisch; Wallonien mit Brüssel wird politisches und wirtschaftliches Zentrum des neuen Staates. Flandern hingegen fällt zurück und gilt bis ins 20. Jh. hinein als Land der Bauern und Dienstboten. »Nederlands« wird unterdrückt, Französisch auferlegt. Kinder werden bestraft, wenn sie auf dem Schulhof Niederländisch sprechen. Erst 1898 erhält Niederländisch denselben Status wie Französisch und erst 1930 bekommt Belgien eine Universität, auf der in »Nederlands« gelehrt werden darf. Sitz dieser Universität ist Gent.

1994 Der Aufstieg des Vlaams Blok in Antwerpen

Bei den Kommunalwahlen 1994 in Antwerpen wird der radikale, frem-

Bau des Gent-Terneuzen-Kanals; Gent wird erneut Seehafen und dadurch zur Textilmetropole.

1826

Gent wird zur Universitätsstadt und bekommt die erste Universität Belgiens, auf der in »Nederlands« gelehrt werden darf.

1930

1830

Aufstand der südlichen Niederlande und Trennung vom Norden: Das unabhängige Königreich Belgien wird proklamiert.

Geschichte | 175

denfeindliche **Vlaams Blok** größte Partei. In den 1990er-Jahren feiert er weiterhin große Erfolge, vor allem in seiner Hochburg Antwerpen. Parteigründer ist Filip Dewinter. Mit Slogans wie »Eigen Volk eerst« (eigenes Volk zuerst) gelingt es ihm, Wähler zu binden. 2004 löst die Partei sich aufgrund einer Verurteilung wegen Diskriminierung von Ausländern auf, woraufhin die Nachfolgepartei **Vlaams Belang** (Flämische Interessen) gegründet wird. Bei den Parlamentswahlen 2010 erzielte der Vlaams Belang zwölf der 150 Sitze im belgischen Parlament.

2012 Antwerpen bekommt separatistischen Bürgermeister

Bei den Kommunalwahlen 2012 wird der flämische Separatist Bart de Wever Bürgermeister von Antwerpen. Seine neu-flämische Allianz, die **N-VA,** hat einen politischen Erdrutsch verursacht und in den flämischen Gemeinden gut 30 Prozent der Stimmen erhalten; in Antwerpen sind es fast 38 Prozent. Dort gehen 80 Jahre Herrschaft der Sozialdemokraten zu Ende, die Partei des bisherigen regierenden Bürgermeisters kommt nur auf 28,6 Prozent.
Im belgischen Abgeordnetenhaus ist die N-VA bereits 2010 mit 27 von 150 Sitzen größte Fraktion geworden, befindet sich aber in der Opposition. Die Koalitionsverhandlungen haben 541 Tage gedauert.

2014 Erneuter Sieg der Separatisten

Aus den Parlamentswahlen vom 25. Mai 2014 geht die N-VA erneut als überzeugender Sieger hervor. Wieder betonen die wallonischen Parteien, nicht mit Bart de Wever zusammenarbeiten zu wollen. Seine N-VA ist weniger ausländerfeindlich als der Vlaams Belang, ihr Ziel ist die Spaltung Belgiens in einen flämischen und einen frankophonen Teil – auch, weil eine wachsende Zahl von Flamen genug hat von den jährlichen Transferzahlungen an das wirtschaftsschwache Wallonien. Seit der Gründung des belgischen Staates 1830 ist vieles anders geworden: Hier und nicht mehr in Wallonien wird das meiste Geld verdient.

Der fremdenfeindliche Vlaams Blok wird bei den Kommunalwahlen in Antwerpen größte Partei.

Die N-VA gewinnt die Parlamentswahlen. Ziel der Partei: die Spaltung Belgiens in einen flämischen und einen frankophonen Teil.

2014

1994

2000 Die Innenstadt von Brügge wird zum UNESCO-Weltkulturerbe erklärt.

KULINARISCHES LEXIKON

A

aardappelen – Kartoffeln
ajuin – Zwiebel (flämisch)
asperges – Spargel
asperges à la flamande – Spargel mit
    Butter, Ei und Petersilie

B

bieslook – Schnittlauch
bloemkool – Blumenkohl
bolleke – typisches Antwerpener Bier
    in runden Gläsern
broodje – Brötchen
bol – Kugel
brusselse wafel – rechteckige Waffel

C

cake – Kuchen
carbonnades flamandes – in Bier
    geschmortes Rind- oder Schweine-
    fleisch
courgette – Zucchini

D

dagschotel – Tagesgericht
doperwten – Erbsen

E

eend – Ente
elixir d'Anver – Antwerpener
    Kräuterlikör
everzwijn – Wildschwein

F

filodeeg – Blätterteig
friet – Pommes frites
friet special – Pommes frites mit
    Mayo, Ketchup und Zwiebeln
fazant – Fasan

flensje – Crêpe
forel – Forelle
fruit – Früchte

G

gandaham – Genter Schinken
garnalen – Shrimps / Garnelen
garnaalkroketten – Kroketten mit
    Shrimps-Füllung
gehaktballetjes – Fleischklößchen
gerookte zalm – Räucherlachs
gevogelte – Geflügel
groenten – Gemüse

H

ham – Schinken
haring – Hering
hesp – Schinken (flämisch)
huisbereid/huisgemaakt – haus-
    gemacht
hutsepot – Eintopf mit Gemüse
    und Fleisch

I

ijs – Eis

J

jakobsschelpen – Jakobsmuscheln

K

kaas – Käse
kabeljauw – Kabeljau
kalkoen – Truthahn
kalfvlees – Kalbfleisch
kip – Huhn
knoflook – Knoblauch
koekjes – Kekse
komkommer – Salatgurke
konijn – Kaninchen

konijn op zijn vlaams – in Bier geschmortes Kaninchen mit Pflaumen oder Kirschen
kreeft – Hummer
krieken – Kirschen

L
lamsvlees – Lamm
luikse wafel – schwere, runde Waffel

M
melk – Milch
mosselen – Miesmuscheln
mosterd – Senf

O
olijfolie – Olivenöl
oester – Auster

P
paddestoelen – Pilze
pannekoek – Pfannkuchen
patat – Pommes frites
pens – Blutwurst
pint – ein Glas Bier vom Fass
plat water – stilles Mineralwasser
pompoen – Kürbis

R
rijst – Reis
rode wijn – Rotwein
roerei – Rührei
roggeverdommeke – Roggenbrot mit Rosinen
rundvlees – Rindfleisch

S
sap – Saft
schol – Scholle
sla – Salat
slagroom – Sahne
sneeuwwitje – Radler (Bier mit Zitronenlimo)

smos – Brötchen mit Käse und/oder Schinken und Salat/Tomaten/Gurken
snoek – Hecht
soep – Suppe
spuitwater – Mineralwasser mit Kohlensäure
sperziebonen – grüne Bohnen
stoofpot – Schmorgericht
suiker – Zucker

T
taart – Torte
toetje – Nachtisch
tonijn – Thunfisch

U
uien – Zwiebeln
uitsmijter – Strammer Max

V
varkensvlees – Schweinefleisch
varkenshaasjes – Schweinsmedaillons
vers – frisch
vis – Fisch
voorgerecht – Vorspeise

W
wafel – Waffel
waterzooi met vis/vlees/kip – Gemüserahmsuppe mit Fisch/Fleisch/Hühnchen
wit bier – Weißbier
witte wijn – Weißwein
wortels – Karotten
worst – Wurst

Z
zalm – Lachs
zeeduivel – Seeteufel
zeetong – Seezunge
zout – Salz
zuurkool – Sauerkraut

SERVICE

Anreise und Ankunft

MIT DEM AUTO UND FÄHRE

Belgiens Autobahnen bringen selbst Astronauten immer wieder zum Staunen: Vom All aus ist nicht nur die Chinesische Mauer zu erkennen, sondern auch das helle Linienspiel der belgischen Autobahnen, denn sie sind die ganze Nacht über erleuchtet. Das belgische Autobahnnetz ist gut ausgebaut und Antwerpen als Verkehrsknotenpunkt über mehrere Autobahnen gut erreichbar: von Aachen aus über die A13/E313, von Eindhoven über die A21/E34, von Rotterdam über die A1/E19 und von Brüssel über die A12 oder ebenfalls die A1/E19. Brügge und Gent liegen auf der Achse der A10/E40, die von Brüssel nach Oostende führt. Brügge ist zudem von Lille und Kortrijk über die A17/E403 zu erreichen; Gent über die A14/E17, sowohl von Antwerpen im Nordosten als auch von Lille und Kortrijk im Südwesten aus. Reisende aus der Schweiz erreichen Brüssel am besten über Metz und Nancy, diese Route ist auch für Touristen aus Süddeutschland und Österreich interessant.

MIT DEM ZUG

Direkt erreichbar ist Antwerpen mit dem Zug nur von Paris und Amsterdam aus. Wer von Deutschland oder Österreich kommt, muss in Brüssel umsteigen. Das gilt auch für Brügge und Gent. Der ICE International fährt dreimal täglich von Frankfurt über Köln, Aachen und Lüttich nach Brüssel, der Thalys siebenmal täglich von Köln über Aachen nach Brüssel. Die Weiterfahrt mit Thalys oder IC von Brüssel nach Antwerpen dauert ca. 35 Min. Von dort aus gelangt man – ebenfalls mit Thalys oder IC – in ca. 55 Min. nach Gent und von Gent aus in ca. 25 Min. nach Brügge. Vom Brüssler Südbahnhof (Zuid/Midi) ist Gent in ca. 35 Min. erreichbar, Brügge in ca. 1 Std. Achtung: In Antwerpen halten Thalys- und IC-Züge nicht am Hauptbahnhof, sondern in Antwerpen-Berchem. Reisende müssen dort kurz umsteigen und dann 4 Min. weiter zum Hauptbahnhof fahren.

Informationen: Nationale Maatschappij oder Belgische Spoorwegen (NMBS/SNCB) | www.nmbs.be, www.sncb.be

Thalys-Buchungen

Hotline 0 18 07 07 07 07 | www.thalys.com

MIT DEM FLUGZEUG

Antwerpen hat zwar einen Flughafen (www.antwerp-airport.be), aber dort landen nur Flüge aus Großbritannien. Wer mit dem Flugzeug aus Deutschland, Österreich oder der Schweiz (Direktflug ab Genf) anreisen will, muss in Brüssel-Zaventem landen und kann dort den SN Brussels Airlines-Bus nach Antwerpen bis zum Hauptbahnhof nehmen. Dauer: 45 Minuten, Abfahrt stündlich, Abfahrtszeiten unter www.brusselsairport.be.

Der Flughafen Brüssel-Zaventem hat einen eigenen Bahnhof (Brüssel-National-Flughafen), der unter dem Flughafen liegt. Von hier aus fahren regelmäßig und mehrmals stündlich verschiedene Züge nach Antwerpen, Brügge und Gent. Reisende müssen allerdings in Brüssel-Nord umsteigen. Die Zugfahrt nach Antwerpen und Gent dauert ca. 1 Std, nach Brügge ca. 1,5 Std.

MIT DEM BUS

Antwerpen und Gent sind von Deutschland aus auch direkt mit den Bussen der Deutschen Touring zu erreichen. Die Fahrt von Frankfurt am Main nach Antwerpen dauert ca. 7 Std. (Hin- und Rückfahrt ab 81 €), die nach Gent rund 8 Std. (Hin- und Rückfahrt ab 81 €).
Informationen: www.eurolines.de

Auskunft und Visabeschaffung
FÜR DEUTSCHLAND, ÖSTERREICH UND DIE SCHWEIZ
Tourismus Flandern-Brüssel
Cäcilienstr. 46, 50667 Köln | Tel. 02 21/2 70 97 77 | www.flandern.com

IN ANTWERPEN
Toerisme Antwerpen
Tel. 03/2 32 01 03
– Historisch Centrum | Grote Markt 13–15 | Tram: Groenmarkt | www.visitantwerpen.be und www.antwerpen.be (website der Stadt) C2
– Hauptbahnhof | Astridplein 1 | Meir | Tram: Hauptbahnhof F3

IN BRÜGGE
Toerisme Brugge
Tel. 0 50/44 46 46 | www.brugge.be/toerisme, www.toerismebrugge.be oder www.visitbruges.be

– Bahnhof | Centrum Markt | Stationsplein | Bus: Station
– Concertgebouw | Westbruggekwartier | 't Zand 34 | Bus: 't Zand
– Historium Markt | Centrum Markt | Markt 1 | Bus: Markt

IN GENT
Toerisme Gent
Sint Veerleplein 5 | Gravensteen | Tel. 09/2 66 56 60 | Tram: Gravensteen | www.visitgent.be oder www.gent.be (website der Stadt)

Buchtipps

Hugo Claus: Der Kummer von Belgien (Klett-Cotta, 2008) Im Zentrum steht ein dunkles Kapitel der belgischen Geschichte: die Besetzung Flanderns durch deutsche Truppen, das Aufkeimen des Faschismus und die Kollaboration mit dem Naziregime während des Zweiten Weltkriegs, gesehen durch die Augen eines Kindes.

Georges Rodenbach: Brügge, tote Stadt (Manholt Verlag, 2003). Fin-de-Siècle-Klassiker, erstmals 1892 erschienen: Ein Mann zieht nach dem frühen Tod seiner geliebten Frau von Paris nach Brügge. Auf seinen Spaziergängen durch die nebligen, melancholischen Straßen und Gassen trifft er eine junge Tänzerin, die seiner verstorbenen Frau verblüffend ähnelt.

Siggi Weidemann: Gebrauchsanweisung für Flandern und Brüssel (Piper, 2007) Amüsante Städtetrip-Lektüre mit vielen Anekdoten und feinem Spott.

CityCards

ANTWERPEN

Mit der **Antwerpen-CityCard** haben Sie freien Eintritt in zahlreiche Museen und Kirchen, darunter auch das **Museum aan de Stroom** 🔴9 sowie die **Liebfrauenkathedrale** 🔴2. Außerdem bekommen Sie vielerorts 25 % Rabatt bei Attraktionen und beim Fahrradverleih. Die Karte gilt 24, 48 oder 72 Std. und kostet jeweils 19, 25 oder 29 €. Sie kann übers Internet bestellt (www.antwerpen.be) oder an den Infoschaltern von Toerisme Antwerpen am **Grote Markt** 🔴 und im Hauptbahnhof gekauft werden.

BRÜGGE

Eine ähnliche Karte gibt es auch in Brügge, die **Brugge-CityCard.** Für 48 Stunden kostet sie 40 €, für 72 Stunden 45 €. Sie bietet Gratis-Zutritt zu 27 Museen und Sehenswürdigkeiten, darunter das Schokoladenmuseum Choco-Story und den Belfried. Die Karte bietet auch eine kostenlose Rundfahrt auf den Grachten (1. März bis 15. Nov.) und mindestens 25 % Ermäßigung auf Konzerte, Tanz-, Theater- und Filmvorstellungen. Mehr Infos unter www.bruggecitycard.be.

GENT

Auch **Gent** hat eine Citycard für 48 oder 72 Stunden (30 bzw. 35 €). Da der Zutritt zu den meisten Genter Museen für alle unter 19 Jahren gratis ist, lohnt sich die Card nur für Erwachsene. Mit ihr hat man auch freie Fahrt mit Bussen und Straßenbahnen. Sie kann online bestellt werden (www.visitgent.be) oder beim Fremdenverkehrsamt am Sint Veerleplein 5 sowie bei allen teilnehmenden Museen und Sehenswürdigkeiten.

Diplomatische Vertretungen

Deutsche Botschaft

Jacques de Lalainstraat 8, 1140 Brüssel | Tel. 02/7 87 18 00 | www.bruessel.diplo.de

Honorarkonsul der Bundesrepublik Deutschland

Wouter de Geest, Haven 725, Scheldelaan 600, 2040 Antwerpen 4 | Tel. 03/5 61 49 49 | antwerpen@hk-diplo.de

Österreichische Botschaft

Place du Champs de Mars 5, 1050 Brüssel | Tel. 02/2 89 07 00 | botschaft.brussel@brutele.be

Schweizer Botschaft

Rue de la Loi 26b, 1040 Brüssel | Tel. 02/2 85 43 50 | www.eda.admin.ch/bruxelles

Feiertage

1. Januar Neujahr
Ostermontag
1. Mai
Christi Himmelfahrt
Pfingstmontag
11. Juli Feiertag der flämischen Gemeinschaft
21. Juli Belgischer Nationalfeiertag
15. August Mariä Himmelfahrt
1. November Allerheiligen
11. November Waffenstillstandstag
15. November Königsfest
25. Dezember Weihnachten
Fällt ein Feiertag auf einen Sonntag, so gilt der darauffolgende Montag ebenfalls als Feiertag.

Geld

An den meisten Geldautomaten kann man mit der EC/Maestro-Karte Geld abheben. Kreditkarten sind sehr gebräuchlich. Banken haben in der Regel Mo–Fr 9–16.00 Uhr geöffnet, teilweise auch samstags.

Internetcafés

In der Umgebung der Bahnhöfe finden sich viele Internet- und Telefonläden. WiFi-Hotspots gibt es in den teureren Hotels und Restaurants. Wer 1. Klasse mit dem Thalys anreist, kann WiFi kostenlos nutzen; in der 2. Klasse ist WiFi gegen einen Aufpreis von 13 € auch unbeschränkt möglich (eine Stunde: 6,50 €). In Antwerpen sind Internetcafés eher selten, dafür offerieren einige Hotels und Cafés WiFi. Gratisangebote versammelt unter www.hierisgratiswifi.be.
In Gent können Sie sich sogar auf der Straße gratis ins Internet einwählen. Um möglichst vielen Bürgern einen gebührenfreien Internetzugang zu ermöglichen, wurde im Jahr 2010 die gesamte Graslei inklusive Michaelsbrücke und Korenlei in eine einzige kostenlose WiFi-Zone verwandelt.
Brügge und Antwerpen haben zahlreiche Internetcafés zu bieten, darunter die Wasbar in Antwerpen im Stadtteil Zuid, Graaf Van Egmontstr. 5.
Tel. 04 85/42 34 32 oder Bean Around the World in Brügge: Sint-Walburga | Genthof 5 | Bus: Koningsbrug

Links und Apps
LINKS

www.tov.be
Informationen über Gent und die Provinz Ostflandern.

www.westtoer.be
Tourismusseite für Brügge und die Provinz Westflandern.

www.tpa.be
Die Website gibt Auskunft über Touren, Gastronomie und Veranstaltungen in Antwerpen und der gleichnamigen Provinz. Außerdem praktische Informationen.

www.flanders.be
Informationen über die Provinz Flandern.

www.resto.be
Die Website listet die besten belgischen Restaurants (englisch und französisch) auf.

www.dekust.org
Informationen über die belgische Nordseeküste und ihre Badeorte plus Veranstaltungen, auch auf Deutsch.

www.bedandbreakfastflanders.be
Überblick und Buchungsmöglichkeit von B&B-Unterkünften in ganz Flandern.

www.fashioninantwerp.be
Infos über Mode-Events in Antwerpen sowie zwei Stadtpläne mit den wichtigsten Adressen zum Downloaden.

APPS

Fashion in Antwerp
Fünf Spaziergänge durch die Stadt entlang 64 Locations erzählen die Geschichte der Mode von 1600 bis heute. Für iPhone und und Android, 2,69 €

Medizinische Versorgung
KRANKENVERSICHERUNG

Die Vorlage einer Europäischen Krankenversicherungskarte (EHIC) ist ausreichend. Als zusätzlicher Versicherungsschutz empfiehlt sich bei einer Reise der Abschluss einer Auslandskrankenversicherung, da bei dieser Krankenrücktransporte mitversichert sind.

KRANKENHAUS

ANTWERPEN

AZ Monica Antwerpen

Harmoniewijk | Harmoniestraat 68 |
Tram: Harmonie | Tel. 03/2 40 20 20 |
www.monica.be

BRÜGGE

Campus Sint-Franciscus Xaverius

Sint-Gillis | Spaanse Loskaai 1 | Bus:
Jan van Eyckplein | Tel. 0 50/47 04 70 |
www.azbrugge.be

GENT

**AZ Maria Middelares – Campus
Maria Middelares**

Citadelpark | Kortrijksesteenweg 1026 |
Tram: Bf. Sint-Pieters | Tel. 09/2 60
60 60 | www.azmmsj.be

APOTHEKEN

Apotheken sind in der Regel Mo–Fr
9–18 und Sa 9–14 Uhr geöffnet. Nachts
oder an Wochenenden ist an jeder
Apotheke die Adresse der jeweils
diensthabenden Apotheke angeschrie-
ben. **Apothekennotdienst:** Tel. 00 32/
(0)90 01 05 00, www.apotheek.be

Nebenkosten

1 Tasse Kaffee	2,50–5 €
1 Bier	ab 3 €
1 Cola	2 €
1 Brot (ca. 1 kg)	1 €
1 Schachtel Zigaretten	1 €
1 Liter Benzin	0,80 €
Mietwagen/Tag	ab 90 €

Notruf

Euronotruf 112
Ambulanz 100
Feuerwehr 100
Polizei 101

Öffnungszeiten

Es gibt keine gesetzlich geregelten Öffnungszeiten. Die meisten Geschäfte
sind Mo–Sa von 9–12 und 14–18 Uhr
geöffnet, teils länger. Die meisten Antiquitätenhändler und Modemacher öffnen ihre Läden erst ab 10.30 Uhr. Die
großen Supermärkte an der Peripherie
sind meist bis 20 Uhr geöffnet.

Post

Die Briefkästen in Belgien sind rot.
Briefmarken erhält man in allen Post-
filialen, die von Mo–Fr von 9–17 Uhr
geöffnet sind. Eine Postkarte in andere
EU-Länder kostet 0,80 €, außerhalb
der EU 0,90 €.

Reisedokumente

Deutsche, Österreicher und Schweizer
können mit einem gültigen Reisepass
oder Personalausweis (Identitätskarte)
einreisen. Kinder unter 16 Jahren müssen im Pass eines Elternteils einge-
tragen sein oder benötigen einen Kin-
derausweis.

Reisewetter

Das Klima Flanderns ist ozeanisch mit
rund 800 mm Jahresniederschlag. Das
bedeutet, dass die Winter selten sehr
kalt und die Sommer selten sehr heiß
sind. Die gemittelten Temperaturen liegen im Januar bei ca. 3 °C, im Juli bei
ca. 17 °C. Das Wetter an der Küste ist
aufgrund des Golfstroms mit dem auf
den britischen Inseln zu vergleichen.
Von der Nordsee her ist es oft stür-
misch, was aber den Vorteil hat, dass
Wolken schnell vertrieben werden.
Die beste Reisezeit ist von Juni bis September, wenn es durchschnittlich 19 °C
warm wird, auch das Meer diese Tem-

peraturen erreicht und die Sonne bis zu fünf Stunden pro Tag scheint. Dann fällt auch am wenigsten Regen.

Doch auch im Winter sind Reisen nach Antwerpen, Brügge und Gent empfehlenswert, da diese Städte dann weitaus weniger überlaufen sind.

Telefon

VORWAHLEN

D, A, CH ▶ **Belgien** 00 32
Belgien ▶ **D** 00 49
Belgien ▶ **A** 00 43
Belgien ▶ **CH** 00 41

Antwerpen hat die Vorwahl 3 (innerhalb Belgiens 03), Brügge 50 (innerhalb Belgiens 0 50), Gent 9 (innerhalb Belgiens 09).

Auch in Belgien werden die Münzfernsprecher zunehmend von Kartentelefonen abgelöst. **Telefonkarten** (Telecards) gibt es mit 20 Einheiten für 5 € und mit 105 Einheiten für 25 € bei allen Postämtern und in den meisten Tabakgeschäften. Für Notrufe benötigt man weder Münzgeld noch eine Karte.

Tiere

Hunde und Katzen benötigen zur Einreise einen EU-Heimtierausweis (stellt der Tierarzt aus) mit Nachweis einer Tollwutimpfung. Das Tier muss durch einen Mikrochip identifizierbar sein.

Trinkgeld

Der Service ist in Restaurants und Brasserien zwar im Preis mit eingeschlossen, aber es ist üblich, nach oben oder unten zu runden. Wer sehr zufrieden war mit der Bedienung, gibt 10 % Trinkgeld. Dieser Prozentsatz ist auch bei Taxifahrten üblich.

Verkehr

AUTO

Es ist grundsätzlich besser, das Auto stehen zu lassen, zumal die meisten Sehenswürdigkeiten sowieso gut zu Fuß zu erreichen sind. Parkplätze sind nur schwer zu ergattern, am besten stellt man sein Auto in einer der vielen Tiefgaragen ab. Infos über öffentliche Parkplätze/Tiefgaragen: www.q-park.be, www.interparking.be, www.vincipark. be, www.apcoa.be.

Auf Autobahnen gilt **Tempolimit** 120 km/h, in geschlossenen Ortschaften 50 km/h und auf Landstraßen 90 km/h. Bei Überschreitungen drohen hohe Bußgelder.

Klima (Mittelwerte)

	Januar	Februar	März	April	Mai	Juni	Juli	August	September	Oktober	November	Dezember
Tages-temperatur	5	6	10	13	16	20	22	22	19	14	10	6
Nacht-temperatur	1	0	3	4	8	11	13	13	10	6	4	2
Sonnen-stunden	1	2	3	5	6	6	6	6	4	3	2	1
Regentage pro Monat	14	9	13	10	11	11	10	10	10	11	13	13

Während der Autofahrt zu telefonieren ist auch in Belgien verboten. Die **Alkoholgrenze** liegt bei 0,5 Promille. Informationen über die aktuelle Verkehrslage gibt es beim Vlaamse Automobilistenbond VAB (www.vab.be) oder bei Touring (www.touring.be). Bei Autopannen ist die zentrale Notfallnummer 0 70/34 47 77 Tag und Nacht erreichbar.

FAHRRAD

In Antwerpen gibt es beim Tourismus-Büro auf dem Grote Markt oder im Hauptbahnhof Informationen über Radtouren. Es gibt mehrere Verleihstationen, etwa Freewieler, Historisch Centrum, Steenplein, Tram: Groenplaats, www.v-zit.be/freewieler, 1 Std. 4 €, ein Tag 15 €.
Neu in Antwerpen: Im Stadtgebiet gibt es 80 Velo-Stations, an denen man ein Stadtrad ausleihen und auch wieder abgeben kann. Infos: www.velo-antwerpen.be

Die Fahrradstadt Gent hat mehr als 30 km an Radwegen zu bieten. Beim Tourismusbüro gibt es Infos zu Radtouren sowie eine Liste mit Hotels, die Räder vermieten: www.visitgent.be. Fahrrad können bei folgenden Stationen ausgeliehen werden:

Biker

www.bikerfietsen.net | halber Tag 6,50 €, 1 Tag 9 €

Max Mobiel

www.max-mobiel.be | halber Tag 7 €, 1 Tag 9 €, 1 Woche 25 € (zzgl. 30 €/Fahrrad Kaution)

Fahrradverleih in Brügge:

Infos über Verleihstationen: www.toerismedamme.be/Fietsenverhuur Brugge.htm

Fietsen Populier

www.fietsenpopulier.be | 1 Std. 4 €, 4 Std. 8 €, 1 Tag 12 €

Entfernungen (in Minuten) zwischen Sehenswürdigkeiten in Antwerpen

	Bourla-schouwburg	Diamant-kwartier	Grote Markt	Het Stehen	MAS	Meir	Onze-Lieve-Vrouwe-kathedraal	Rockoxhuis	Rubenshuis	Isaaksplatz
Bourlaschouwburg	–	17	13	15	19	5	12	11	4	9
Diamantkwartier	17	–	20	25	24	10	18	14	14	15
Grote Markt	13	20	–	7	14	13	3	7	12	3
Het Stehen	15	25	7	–	15	16	7	13	17	9
MAS	19	24	14	15	–	19	14	10	20	12
Meir	5	10	13	16	19	–	11	8	1	8
Onze-Lieve-Vrouwekathedraal	12	18	3	7	14	11	–	6	10	3
Rockoxhuis	11	14	7	13	10	8	6	–	10	3
Rubenshuis	4	14	12	17	20	1	10	10	–	9
St.-Carolus Borromeuskerk	9	15	3	9	12	8	3	3	9	–

Bruges Bike Rental

www.brugesbikerental.be | 1 Std. 3,50 €,
4 Std. 7 €, 1 Tag 10 €

ÖFFENTLICHE VERKEHRSMITTEL
Bus, Straßenbahn

Alle drei Städte haben ein gutes Netz
an Bussen und Trambahnen, in Antwerpen gibt es zudem eine Metro.
Informationen unter www.delijn.be.
Einzelfahrten ab 2 € in Bus oder Tram,
im Vorverkauf (bei den Tourismusbü-
ros, an Bahnhöfen und Zeitungskiosken) etwas billiger ab 1,30 €. Am besten
kaufen Sie einen Tagespass (»dagpas«)
für ca. 5 € (in Bus oder Tram 7 €).

TAXI

Insbesondere Antwerpen hat sehr viele Taxistandplätze, zu erkennen an
einem runden orangefarbenen Schild
mit einer Hand, auf deren Innenfläche
»Taxi« steht. Es gibt ein Kombiticket
für öffentlichen Verkehr plus Taxi,
die sogenannte TOV-Karte (2,50 €):
Wer sie hat, kann bei der Rückfahrt
mit einer Ermäßigung von 2 € das Taxi
nehmen – und so bis in die frühen
Morgenstunden unterwegs sein.
Auf der Website www.taxisantwerpen.
be können Sie den Fahrpreis, der günstiger ist als hierzulande, auch selbst
berechnen.

Antwerp Tax

Tel. 03/808 47 01 | www.antwerp-tax.be

Metropole

Tel. 03/2 31 31 31 | www.metropole.be

In Brügge gibt es zwei Taxistandplätze:
auf dem Markt und am Bahnhof. Infos
auf www.taxisbrugge.be.

Brugse Taxi Service

Tel. 0 50/33 44 55 | www.brugsetaxi
service.com

In Gent finden sich Taxistandplätze
an den Bahnhöfen Sint-Pietersstation
und Station Dampoort, am Korenmarkt, am Woodrow Wilsonplein und
bei der Flanders Expo.

BVBA Arttaxi

Tel. 04 78/06 80 80 | www.arttaxi.be

CVBA Eurojet

Tel. 09/2 28 28 28, 04 79/865 433 | www.
taxi-eurojet.be

Zeitungen

In Antwerpen dürfte es kein Problem
sein, auch deutschsprachige Zeitun-
gen zu bekommen, an den Bahnhofs-
zeitungskiosken ist das in der Regel
auch in Gent und Brügge der Fall.

Zoll

Reisende aus Deutschland und Österreich dürfen Waren abgabenfrei mit
nach Hause nehmen, wenn diese für
den privaten Gebrauch bestimmt sind.
Bestimmte Richtmengen sollten jedoch nicht überschritten werden (z. B.
800 Zigaretten, 90 l Wein, 10 kg Kaffee, 10 l Schnaps und 110 l Bier). Weitere Auskünfte unter www.zoll.de und
www.bmf.gv.at/zoll. Reisende aus der
Schweiz dürfen Waren im Wert von
300 sfr abgabenfrei mit nach Hause
nehmen, wenn diese für den privaten
Gebrauch bestimmt sind. Tabakwaren
und Alkohol fallen nicht unter diese
Wertgrenze und bleiben in bestimmten
Mengen abgabenfrei (z. B. 200 Zigaretten, 2 l Wein). Auskünfte: www.zoll.be

ORTS- UND SACHREGISTER

Wird ein Begriff mehrfach aufgeführt,
verweist die **fett** gedruckte Zahl auf die Hauptnennung.
Abkürzungen: Hotel [H] · Restaurant [R]

Aahaar [R] 32
Achtersikkel 116
Afsnee 165
Amand, Den 104
Anreise 178
Apotheken 182
Aquatopia 72
A'qi [R] 33, 104
Auskunft 179
Auto 183

Bachte 162, 164
Balls & Glory [R] 20, 34, 35
Begijnhof, Antwerpen 72
Begijnhof, Brügge [MERIAN TopTen] 10
Begijnhof Onze-Lieve-Vrouw ter Hoyen 116
Belfort, Gent 116
Belfried, Brügge 100
Bevölkerung 168
Bibliotheek Permeke 72
Bij den Wijzen en den Zot [R] 122
B-IN [R] 67, 104
Blumenmarkt 61
Boekentoren 116
Boerentoren 73
Bonifacius [H] 26
Bonifaciusbrücke 26, 95, **98**, 152

Bord'eau [R] 122
Borremans, Michael 8
Botanischer Garten 59, 73
Boudewijn Seapark Brügge 98
Bourlaschouwburg 48, **50**, 69, 184
Brabobrunnen 6, 10, 69, **76**, 85
Brant, Isabella 78, 80, 91, 145
Breydel de Coninc [R] 33
Breydel, Jan 33, 61, 99, 104
Brooderie [H] 28
Brueghel d. J., Pieter 78
Buchtipps 179
Burg, Brügge 98
Bus 179

Café Labath 67, **124**
Café-Restaurant Zuiderterras [R] 85
Cambrinus [R] 104
Capitole **53**, 127
Céleste [R] 37
Chambre Eau [H] 29
Choco-Story 60, 133, **138**
CityCards 180
C-Jean [R] 123

Cœur d'Artichaut [R] **34**, 157
Cogels Osy-Laan **13**, 69, 84
Concertgebouw **51**, 57, 60, 98, 179
Coninckxpoort 73
Cozmix – Volkssternwarte Beisbroek 99
Craenenburg 99, 102, **105**, 108, 111
Cuvée 19, 105

D'aa Toert (R) 17, 85
de Bruyckere, Berlinde **8**, 132
de Coninck, Peter 61
De Foyer [R] **12**, 50, 73
Deinze 162
de Meulemeester, Ann 18, 37, 68
Design Museum 28, **140**, 156
De Wereld van Kina – Die Welt von Kina 143
Diamantkwartier **73**, 184
Diamantmuseum 74, **138**
Diplomatische Vertretungen 180
Dômr 81
Dôme sur Mer [R] 32, 82
Drie Biggetjes, De [R] 123

Eilandje 17, 19, 25, 50, 69, **74**, 77, 78, 85
Einkaufen 42–47, 180

Fahrrad 184
Faydherbe, Lucas 80, 90, 145
Feiertage 180
Feste 54
Fevery [H] 38
Fiskebar [R] 82
Flugzeug 178
Fotomuseum 132, **134**
Fourment, Hélène 80, 92, **93**, 145
Frietmuseum **138**, 151
Frituur & Veggie Eet-boetiek Royal [R] 38

Galerien Antwerpen 137
Galerien Brügge 140
Galerien Gent 143
Geld 180
Genter Altar 8, 11, 62, 112, 113, 119, **129**, 130, 154, 155
Genter Lichtplan 62
Geschichte 170
Gestern & heute 180
Gouden Harynck, Den [R] 104
Gouden Karpel, Den [R] 105
Gras- und Korenlei [MERIAN TopTen] 10, 15, **116**, 117, 156
Gravensteen [MERIAN TopTen] 11, **117**, 125, 140, 156
Groeningemuseum [MERIAN TopTen] 11,

53, 104, 109, 111, **133**, 138, 153
Groot Begijnhof Sint-Amandsberg 117
Groot Vleeshuis, 117
Groote Witte Arend, De [R] 82
Grote Markt, Antwerpen [MERIAN TopTen] 10, 56, 69, **75**
Grote Markt, Brügge 99

Ha' [R] 34, 123
Hallen, Brügge 100
Halve Maan, De **100**, 152
Handelsbeurs **53**, 67, 127
Heilig-Blut-Kapelle 56, **99**
Hertog Jan [R] 38
Het Elfde Gebod 82
Het Gebaar [R] 59, 82
Het Pand 117
Het Pomphuis [R] 82
Het Steen 75, **76**
Himschoots 15, **47**, 67, 117, 125
Historium 19, **139**, 179
Hoffy's Restaurant und Catering [R] **32**
Hof van Bladelin **101**, 109, 151
Hof van Herzele [R] 124
home@feek [H] 25
Horseele [R] 34
Horta [R] 83, 140
Hotel de Orangerie [H] 26
Hotel d'Hane-Steen-huyse **118**, 157

Hotel Harmony [H] 29
Huis Bouchotte 99
Huis de Colvenier [R] 83
Huis Koning B & B [H] 26
Huis van Alijn **140**, 156

Impérial [R] 83
Internetcafés 181

Jaintempel 59
Jan van den Bon [R] 124
J. E. F [R] 20, 124
Jeruzalemkerk 101
Jordaenshuis 76
Jordaens, Jacob 78, 80, 90, **92**, **93**, 136, 148, 173
Justizpalast 98
Jutka & Riska 37

Kanalsystem 59
Karl V. 8, 171, 172
Kathedrale 136
Kempinski Hotel Dukes' Palace [H] 26
Kino 89, 127
Klankentoren 101
Klank van de Stad, 81
Klima 183
Koninklijk Ballet/König-liches Ballett 50, 89
Koninklijke Paleis 77
Kruispoort 101
Kulinarisches Lexikon 176
Kultur und Unterhaltung 48

Lage und Geografie 168
Lamalo [R] 37

Orts- und Sachregister | 189

Lam & Yin [R] 32
Le Silence de l'Escaut [H] 39
Links und Apps 181
Lombardia [R] 37
Lotus [R] 39

Maison Le Dragon [H] 27
Malcontenta, La [R] 35
Marcel [R] 84
Maria von Burgund 170
Marriott [H] 36
Maximilian von Österreich 170
Medizinische Versorgung 181
Meir 42, 44, **76**, 83, 145
Memling, Hans 11, **109**, 133, 136, 138, 139, 150, 151, 152
Memlingmuseum im Sint-Jan 133, **139**, 152
Metselaarshuis 118
Michelangelo 14, 102
Middelheimpark **13**, 59, 69, 89
Minnewater 14, **102**, 111
Modemuseum 42, 132, **134**, 137
Mojo Visbistro [R] 32
Mosselkelder [R] 105
Museum aan de Stroom [MERIAN TopTen] 7, 11, 69, 74, 76, 85, 132, **134**, 180
Museum Arnold van der Haeghen **140**, 157
Museum industriele Archeologie en Textiel

(MIAT)/Museum für industrielle Archäologie und Textil 141
Museum Mayer van den Bergh 132, **135**
Museum Plantin-Moretus/Prentenkabinet 132, **135**
Museum van Deinze 165
Museum voor Hedendaagse Kunst/Museum für zeitgenössische Kunst **135**
Museum voor Schone Kunsten/Museum für Schöne Künste, Antwerpen 136
Museum voor Schone Kunsten/Museum für Schöne Künste, Gent 63, 119, 130, **141**
Museum voor Volkskunde **139**

Nebenkosten 182
Neues Havenhuis 17, 77
NH Gent Sint Pieters [H] 40
Nieuw Justitiepaleis 77
Notruf 182

Öffnungszeiten 182
Onze-Lieve-Vrouwekathedraal/Liebfrauenkathedrale [MERIAN TopTen] 10, 77, 136, 145, 148, 180
Onze-Lieve-Vrouwekerk 14, **102**
Oper/Vlaamse Opera, Antwerpen 51

Oper/Vlaamse Opera, Gent 53
Oude Postkantoor 118
Oud Gerechtsgebouw 118

Pakhuis [R] 40
Park Spoor Noord 78
Passeviet, De [R] **33**, 67, 105
Patershol 29, **62**, 154
Patisserie Lints 67, **86**
Pazzo [R] 84
Pirateneiland 78
Politik und Verwaltung 168
Post 182
Progres, Du [R] **35**, 67
Propstei, Brügge 98
Provinciaal Hof 99
Puur Personal Cooking [R] 32

Quatre Mains [R] 33, 105

Recollection 89
Red Star Line Museum 17, **136**
Refter, De [R] 33, 105
Reien [MERIAN TopTen] 10, **102**
Reisedokumente 182
Reisewetter 182
Rockoxhuis **78**, 146, 184
Rockox, Nicolaas 78, 91, **146**
Rosier 41 37
Rubenshuis [MERIAN TopTen] 7, 10, 68, **78**, 90, 93, 145, 184

Rubens, Peter Paul 10, 80, **90**, 91, 92, 93, 119, 132, 134, 136, 144, 145, 146, 147, 148, 155, 172, 173

Sandton Grand Hotel Reylof [H] 29, 40
Sans Cravate [R] 33, 105
Schloss Ooidonk 164, 165
Schoko-Spaziergang 60
School van Toen 118
Simon says [R, H] 29, 67
Singel, De 48, 49, **50**, 51
Sint-Baafskathedraal/St. Bavo-Kathedrale [MERIAN TopTen] 10, 11, 54, 112, **119**, 120, 155, 156
Sint-Elisabeth-Begijnhof 119
Sint-Martens-Latem 141, 162, **164**, 165
Sint-Michielsbrug 119
Sint-Niklaaskerk 120
Sint Pietersabdij 15
Sint-Pieterskerk 120
Sint-Pietersstation 120
Sint-Salvatorskathedraal 103
Soul Suites [H] 25
Sound Factory 59, 60
Spitzenmuseum/kant-centrum 7, 19, **139**
Sprache 169
Stadhuis, Antwerpen 75
Stadhuis, Brügge 98
Stadhuis, Gent 120
Stadsbrouwerij Gruut 121

Stadsfeestzaal 77
Stadshal Gent 19, **121**
Stadsschouwburg 49, **52**, 151
STAM 133, 142
St. Annatunnel 60
St.-Carolus Borromeus-kerk **79**, 146, 184
Stedelijk Museum voor Actuele Kunst (S. M. A. K.) **143**
Stedelijk Museum Wuyts-van Campen & Baron Caroly 136
St.-Jacobskerk **80**, 91, 152
Stokerij Fillier 162
St.-Pauluskerk **80**, 146

Telefon 183
Theater, Antwerpen 50
Theater, Brügge 51
Theater, Gent 53
Theater Hotel [H] 25
The Jane (R) 17, 84
The Pand [H] 27
Think Twice Antwerpen 38
Think Twice Brügge 39
Tiere 183
Tourist Run Brugge 61
Trinkgeld 183
Tuymans, Luc 7, 8, 132, 133, 134, 135, 138, 143, 160
't Zilte [R] 33

van Dyck, Anthonis 75, 76, 78, 80, **90**, 92, 93, 136, 144, 145, 146, 173
van Eyck, Jan 8, 11, 19, 62, 109, 110, 112, 119,

128, 129, 132, 133, 136, 138, 139, 142, 155
Van Noten, Dries 18, 38, 68, **87**, 88, 126, 134, 148
Veggie Day 41
Verbeke Foundation 160
Verkehr 183
Visabeschaffung 179
Vismarkt, Brügge 104
Vismarkt, Gent 122
Vitrine, De 20, 41
Vlaeykensgang **81**, 137
Vleeshuis 81
Volta [R] 20, 41
Vooruit 48, **53**, 127
Vrijmoed [R] 21, 124

Walwyck [H] 28
Wasbar [R] **21**, 124, 181
Waterfront Art & Guest-house [H] 25
Wattman [R] 13, 84
Werregarenstraatje 122
Wirtschaft 169
Witte Lelie, De [H] 26, 27

Zeitungen 185
Zivilkanzlei 98
Zoll 185
Zoo Antwerpen **38**, 81
Zug 178
Zurenborg **9**, 69
Zwembad Van Eyck 122

Impressum | 191

Liebe Leserinnen und Leser,
vielen Dank, dass Sie sich für einen Titel aus unserer Reihe MERIAN *momente* entschieden haben. Wir wünschen Ihnen eine gute Reise. Wenn Sie uns nun von Ihren Lieblingstipps, besonderen Momenten und Entdeckungen berichten möchten, freuen wir uns.
Oder haben Sie Wünsche, Anregungen und Korrekturen? Zögern Sie nicht, uns zu schreiben!
Alle Angaben in diesem Reiseführer sind gewissenhaft geprüft. Preise, Öffnungszeiten usw. können sich aber schnell ändern. Für eventuelle Fehler übernimmt der Verlag keine Haftung.

© 2015 TRAVEL HOUSE MEDIA
GmbH, München
MERIAN ist eine eingetragene Marke der
GANSKE VERLAGSGRUPPE.

TRAVEL HOUSE MEDIA
Postfach 86 03 66
81630 München
merian-momente@travel-house-media.de
www.merian.de

Alle Rechte vorbehalten. Nachdruck, auch auszugsweise, sowie die Verbreitung durch Film, Funk, Fernsehen und Internet, durch fotomechanische Wiedergabe, Tonträger und Datenverarbeitungssysteme jeglicher Art nur mit schriftlicher Genehmigung des Verlages.

BEI INTERESSE AN MASSGESCHNEIDERTEN MERIAN-PRODUKTEN:
Tel. 0 89/4 50 00 99 12
veronica.reisenegger@travel-house-media.de

BEI INTERESSE AN ANZEIGEN:
KV Kommunalverlag GmbH & Co KG
Tel. 0 89/9 28 09 60
info@kommunal-verlag.de

1. Auflage

VERLAGSLEITUNG
Dr. Malva Kemnitz
REDAKTION
Juliane Helf
LEKTORAT
Andrea Ribeaucourt
BILDREDAKTION
Nora Goth
SCHLUSSREDAKTION
Heidemarie Herzog
HERSTELLUNG
Bettina Häfele, Katrin Uplegger
SATZ
Nadine Thiel, kreativsatz, Baldham
REIHENGESTALTUNG
Independent Medien Design, Horst Moser, München (Innenteil), La Voilà, Marion Blomeyer & Alexandra Rusitschka, München und Leipzig (Coverkonzept)
KARTEN
Gecko-Publishing GmbH für MERIAN-Kartographie
DRUCK UND BINDUNG
Firmengruppe APPL, aprinta Druck, Wemding

Ein Unternehmen der
GANSKE VERLAGSGRUPPE

PEFC/04-32-0928

BILDNACHWEIS
Titelbild (Häuser am Grote Markt von Brügge),Corbis: B. Rondel
action press ullstein: Archiv Gerstenberg 172 l. | akg-images 170 l., 170 r., E. Lessing 128 | F. Jr Blondeel 123 | bridgeman 171 | bridgemanart.com 173 | B. Claasens 24 | Concertgebouw 51 | ddp images: R. Harding/Roy Ra 66 u. | A. De Decker 28 | R. Depuydt 48 | dpa picture alliance: Bildagentur-o 100 | F1online 6 | www.fotolie.be 52 | GlowImages: EyeUbiquitous 166/167, Iconotec 13r. | Groot Vleeshuis 127 | Huis de Colvenier 83 | imago: INSADCO 108 | JAHRESZEITEN VERLAG: G. Theis 64/65, 137 | Jutka & Riska/Ans Aerts 39 | P. De Kersgieter 35, 40 | E. Kleinberg 18 | M. Kneepkens 161 | S. Korres 66 o. | B. Kortekaas 46 | laif: M. Borgese/Hemispheres Images 90, Daniels/Hollandse Hoogte 112, J. Fistick 58, E. Herchaft/Reporters 30, M. Jung 60, I. Lass 4/5, 150, T. Rabsch 42, 68, P. Renault/GAMMA 79, P. Renault/Hemispheres Images 12, Reporters 72, M. Riehle 94, VU 2 | mauritius images: age 54, 63, 144, 174 r., Alamy 15, 19, 22/23, 59, 75, 103, 121, 141, 142, 154, 168, 192 o., H. Falkenstein/imageBROKER 131. | MuHKA: B. van Mol 132 | C. de Mey 67 | plainpicture: J. Franklin Briggs 17 | Prisma: J. De Meester 158/159, E. Rooney 192 u. | Red Star Line Museum: J. Casaer 16 | shutterstock: foto76 36, leungchopan 174 l., I. Pearcey 61, Pecold 14, D. Petrenko 62, O. Popova 172 r. | Stadt Brügge 175 | The Chocolate Line 107 | F. Vercruysse 86 | WASBAR 21 | De Witte Lelie 27

BRÜGGE GESTERN & HEUTE

Der **Begijnhof** (▶ MERIAN TopTen, S. 95) im mittelalterlichen Brügge wurde 1245 von der damaligen Gräfin Flanderns, Margarete von Konstantinopel, gegründet. Das Photochrom oben zeigt das Eingangstor mit Brücke über das Minnewater um 1890. Die letzte Begine von Brügge verstarb erst 1930. Der seit 1937 von Benediktinerinnen bewohnte und bewirtschaftete Hof gibt auch heute noch einen Einblick in das Leben der einstigen Bewohner.